# CATALOGUE

## DE LA BIBLIOTHÈQUE

### DE M. PARIS.

P. A. PARIS ARCHIT.ᵀᴱ DU ROI
DESSINA.ᵀᴱᵁᴿ DU CAB.ᵀ DE S. M.ᵀᴱ
LOUIS XVI
ET CHEVALIER DE Sᵗ MICHEL

P. A. Paris Del. et Sc.

1   2   3   4   5   6   7   8   9   10   11   12

# CATALOGUE

# DE LA BIBLIOTHÈQUE

## DE M. PARIS,

ARCHITECTE ET DESSINATEUR DE LA CHAMBRE DU ROI, CHEVALIER
DE SON ORDRE;

SUIVI DE LA DESCRIPTION

## DE SON CABINET.

IMPRIMÉ PAR ORDRE DU CONSEIL MUNICIPAL.

BESANÇON,

A LA LIBRAIRIE DE DEIS, GRANDE-RUE.

1821.

DE L'IMPRIMERIE DE CHALANDRE.

# A MONSIEUR

## LE MARQUIS

# DE TERRIER-SANTANS,

CHEVALIER DE L'ORDRE ROYAL ET MILITAIRE DE ST.-LOUIS, MAIRE DE LA VILLE DE BESANÇON, MEMBRE DE LA CHAMBRE DES DÉPUTÉS.

MONSIEUR LE MAIRE,

C'est à votre zèle pour les progrès de l'instruction, que nous serons redevables de voir bientôt disposer, dans un nouveau musée, les richesses que M. Paris a léguées à sa ville natale.

L'agrandissement de notre bibliothèque, la description de ses manuscrits et de son médailler, que vous favorisez d'une manière spéciale, l'établissement d'une galerie d'antiques et d'un musée de tableaux, tels seront les heureux résultats de la protection éclairée que vous accordez à tous les arts, à tous les talens.

Rappeler les titres que vous avez acquis à la reconnaissance de vos concitoyens, c'est vous louer de la seule manière qui soit digne de vous.

Veuillez agréer l'hommage du profond respect, avec lequel je suis,

MONSIEUR LE MAIRE,

Votre très-humble et très-obéissant serviteur,

CH. WEISS.

Les amis des lettres n'ont pas vu sans un vif intérêt se relever au milieu de nous une bibliothèque (1) destinée à offrir de nouveaux moyens d'instruction à une jeunesse avide de connaissances, et qui ne demande qu'à être dirigée dans la route du bien.

A peine ce bel établissement a-t-il été ouvert au public, que des citoyens zélés (2) se sont empressés d'a-

(1) La bibliothèque de Besançon, fondée par M. Boisot, abbé de St.-Vincent, s'est accrue successivement des dons de MM. Chifflet, Cl. Boisot, grand chantre de la métropole, Bouhelier de Sermanges, de Camus, etc. L'histoire de cet établissement trouvera sa place dans la *dissertation* sur les bibliothèques anciennes et modernes de la province, qui doit servir d'introduction au *Catalogue raisonné des manuscrits.*

(2) Non-seulement la plupart des écrivains, nés dans la province, y ont déposé leurs ouvrages; mais plusieurs amateurs ont offert à la bibliothèque des livres ou des manuscrits intéressans. Parmi ses nouveaux bienfaiteurs, on se bornera à citer ici MM. Barbier, conservateur des bibliothèques du Roi; Abel Remusat, membre de l'acad. des Inscrip.; Humbert, professeur d'arabe au collége de Genève; Depping, de la Soc. roy. des antiquaires; Grappin, doyen de l'académie, et Béchet, secrétaire perpétuel; Du Bouvot, adjoint et membre du conseil d'administration; Crestin, chevalier de St.-Louis;

jouter à ses richesses par des contributions volontaires ; et des acquisitions faites avec économie ont commencé à remplir les lacunes qu'avait laissées, dans les différentes parties, tout l'intervalle des trente dernières années.

Mais, on ne peut se le dissimuler, sans la générosité de M. Paris, la bibliothèque serait restée long-temps encore privée d'une foule d'ouvrages précieux qui décorent son cabinet. Les classes de l'architecture, des voyages et des antiquités sont celles qui en offrent le plus grand nombre. On distinguera dans la première : une *Suite* des meilleures éditions de Vitruve, de Palladio, de Scamozzi ; les *Recueils* de MM. Percier et Fontaine ; les *Collections* des plus beaux bâtimens d'Italie, de France, d'Angleterre, de Danemarck, etc. Parmi les *Voyages*, ceux de M. de la Borde en Suisse ; de l'abbé de Saint-Non, à Naples ; de Houel, en Sicile ; du comte de Choiseul-Gouffier, dans la Grèce ; de M. Denon, en Egypte, etc. Dans les *antiquités,*

---

Ponçot, sous-inspecteur aux revues, et le baron Daclin qui, après avoir contribué comme maire à la formation de cet établissement, l'a doté de plusieurs manuscrits, entr'autres d'*Heures gothiques*, non moins remarquables par la richesse de la reliure que par l'éclat des peintures dont elles sont ornées. Après une vie consacrée entièrement au bonheur de ses concitoyens, M. Daclin jouit, dans une honorable retraite, de l'estime et de la reconnaissance publique. La sagesse de son administration, dans des temps difficiles, ne sera jamais mieux appréciée qu'elle ne l'a été par son digne successeur, M. le marquis de Terrier-Santans, dans son discours de réception à l'académie.

la galerie de Florence, le musée Pio-Clementino , les recueils des Piranesi, les vases étrusques de d'Hancarville, de Millingen, etc. Tous ces ouvrages sont reliés avec élégance, quelques-uns même avec luxe ; les gravures de la plupart ont été choisies par M. Paris ; c'est dire assez qu'on n'aura rien à désirer pour la beauté des épreuves ; il a ajouté à quelques-uns de ses livres des estampes qui n'en font point partie, mais qui leur donneront un nouveau prix aux yeux des amateurs.

Ce qui est vraiment inestimable dans son cabinet, c'est le recueil de ses *Études d'architecture* (1). La description qu'on en trouvera sous le n° 268 ne peut en donner qu'une idée bien imparfaite aux personnes qui n'ont pas vu ce bel ouvrage. Si on se rappelle que M. Paris a été le premier dessinateur de son tems ; que, passionné pour son art, il a fait trois voyages en Italie , sans autre but que d'y dessiner les plus beaux monumens anciens et modernes, et que le recueil auquel il a donné le titre si modeste d'*études*, présente le résultat de ses travaux et de ses méditations pendant quarante années ; alors on appréciera toute l'importance du présent qu'il a fait aux artistes de son pays. On ne craint pas de le dire, c'est un trésor où ils pourront puiser dans tous les temps, certains de n'y trouver que des exemples faits pour échauffer leur génie, ou des pré-

(1) Ce n'est point M. le prince d'Henin, comme on l'a dit par erreur, mais M. le duc d'Aumont qui proposa, en 1789, à M. Paris de lui céder cet ouvrage, pour le prix de 30,000 fr., ou 1500 fr. de pension viagère.

ceptes dictés par le goût le plus pur, et revêtus de la
sanction des grands maîtres.

Il ne nous reste que peu de choses à dire sur la ré-
daction de ce catalogue : on y a suivi le système le
plus généralement répandu en France. Adopté récemment par deux de nos meilleurs bibliographes,
MM. Renouard et Brunet; c'était un motif de plus
pour ne pas s'en écarter, sous le prétexte d'une amélio-
ration incertaine. On s'est attaché à donner exactement le titre des ouvrages, le nombre des volumes,
et celui des cartes et gravures. Mais, malgré les soins
apportés à ce travail, il s'y est glissé quelques erreurs;
on a corrigé les plus importantes dans la *Table*, et à la
suite de cet avertissement. Cette circonstance a fourni
le moyen de réparer une omission bien involontaire,
qui tombait sur un de nos plus estimables compatriotes. Quant aux fautes d'impression, on a cru pouvoir les négliger, parce que n'altérant jamais le véritable sens, chacun est à même de les rectifier.

On a fait suivre quelques articles de notes littéraires
ou descriptives; celles-ci sont destinées à faire connaître les ouvrages peu répandus; les premières ne
sont relatives qu'aux écrivains ou aux artistes dont
s'honore notre pays. C'est à la fois un hommage qu'on
a voulu leur rendre, et un moyen qu'on a cru propre
à exciter l'émulation de nos jeunes compatriotes.

La seconde partie contient la description des anti-
tiquités et des objets d'art qu'avait rassemblés M. Paris.
Elle est précédée d'un avertissement dans lequel on
s'est plu à rappeler les noms des antiquaires Francs-
Comtois, et quelques-uns de leurs titres à l'estime

publique. Depuis le tirage de la feuille, on s'est aperçu qu'on avait omis dans cette liste de noms honorables celui de M. Mairot de Mutigney, chanoine de Besançon; sa patrie, où il est mort le 11 mars 1784.

M. de Mutigney joignait à un talent distingué pour la poésie, une vaste érudition. Il avait formé une collection précieuse d'antiquités et de médailles celtiques ou gauloises, recueillies en Franche-Comté; il la céda au P. Panel, son ami, garde des médailles du Roi d'Espagne, et elle fait aujourd'hui partie du riche cabinet de l'Escurial.

Nous ne terminerons pas, sans prier MM. Girod de Chantrans et Crestin, d'agréer l'expression de notre reconnaissance pour l'extrême bonté avec laquelle ils ont bien voulu nous aider, le premier à classer les curiosités d'histoire naturelle, et le second, les médailles qui font partie du *Musée Paris*.

Qu'on nous permette de nommer aussi M. Charles Deis, adjoint-bibliothécaire, dont le zèle et l'activité sont au-dessus de tous les éloges. C'est lui qui a revu les épreuves du catalogue, et qui en a rédigé la table avec un soin particulier; son ardeur pour l'étude, et ses progrès dans la connaissance des livres, promettent un jour à notre pays un savant bibliographe.

# CORRECTIONS ET OMISSIONS.

~~~~~~

49. OBSERVATIONS sur le commerce, etc. Le traducteur de cet ouvrage est M. DE RUMARE, magistrat à Rouen, l'un des amis de M. PARIS.

92 *bis*. DICTIONNAIRE de médecine dogmatique, ou recueil des principales maximes d'Hippocrate, par Pierre-Charles MARCHANT, docteur en médecine à *Besançon*, *imprimerie de Mourgeon*, 1816; in-8°.

L'auteur annonce la publication prochaine du *Recueil des sentences* de Celse, et de la *Bibliographie* spéciale des ouvrages d'Hippocrate, travail important, qui lui a mérité les plus honorables encouragemens.

142. Le traducteur des *discours* de Reynolds est M. JANSEN.

250. MÉMORIE istoriche. Cet ouvrage est du marquis Jean POLENI, savant antiquaire.

274. RAPPORT des commissaires, etc., par J. Sylv. BAILLY.

276. RECUEIL d'architecture, *aj*. par Bernard FISCHER.

497. Vie du pape Sixte V. Le traducteur se nomme *Louis-Antoine*, et non pas Jean Lepelletier, avec qui on l'a souvent confondu.

550. Honor. Verossi, lisez : Onorato de Rossi.

# NOTICE

## SUR M. PARIS.

———

M. Pierre-Adrien Paris, architecte du Roi et dessinateur de son cabinet, était né en 1745 à Besançon,
de parens honnêtes, mais peu favorisés de la fortune.
Son père, nommé intendant des bâtimens du prince-
évêque de Basle, alla s'établir quelques années après
à Porentrui avec sa famille. Il enseigna lui-même à
son fils les mathématiques et le dessin, et le chargea
de faire les copies de ses plans. Cette occupation
presque mécanique plaisait peu à M. Paris. Avant de
savoir que l'histoire naturelle est une science, il en
avait le goût, et il ne revenait jamais de la promenade sans en rapporter quelques pétrifications ou des
plantes, qu'il classait d'après un système dont il était
l'inventeur. Son père, obligé par sa place à de fréquens
voyages, lui laissait en partant les plans qu'il devait
copier pendant son absence; mais le jeune naturaliste
se hâtait de terminer une tâche qu'il trouvait ennuyeuse,

A

et il profitait de ses loisirs pour visiter les sommités du Lômont, d'où il ne redescendait que chargé de nouvelles richesses. Pour pouvoir donner plus de temps à ses excursions botaniques, il se rendit bientôt fort habile dans le dessin; ainsi, c'est à sa passion pour l'histoire naturelle que M. Paris a dû cette promptitude d'exécution qui le distingua dans la suite, et que peu d'artistes ont eue au même degré.

Envoyé à Paris, à l'âge de quinze ans, il essaya d'abord de faire marcher de front l'étude de la botanique et celle de l'architecture; mais la réflexion le fit renoncer de lui-même à une science dans laquelle il ne pouvait faire de progrès, qu'en négligeant ses devoirs; et pour s'affermir dans sa résolution, il distribua à ses camarades la petite collection qu'il avait déjà formée du produit de ses épargnes.

A peu près dans le même temps, M. Paris donna une autre preuve non moins remarquable de la fermeté de son caractère. Il osa entreprendre de recommencer son éducation littéraire, qui avait été trop négligée ; aidé par des maîtres habiles, il vint à bout, dans quelques mois, d'entendre facilement les auteurs latins, qu'il avait admirés jusqu'alors sur parole. La lecture réfléchie de Tite-Live et de Tacite fortifia son désir de voir l'Italie, théâtre de tant d'évènemens dont les récits l'avaient charmé. Déjà deux fois il avait concouru pour le grand prix d'architecture ; et quoique le succès n'eût point répondu à ses efforts, il avait cependant assez approché du but pour conserver l'espoir de l'atteindre. Il présenta, à l'exposition de 1769, le projet d'un bâtiment destiné à des fêtes publiques.

Toutes les conditions du programme étaient fidèlement remplies, et le jeune artiste se flattait d'obtenir enfin la récompense de ses travaux. Mais le bruit se répand parmi les élèves, que le prix tant de fois disputé lui échappe encore. Ses rivaux eux-mêmes rendent à M. Paris une justice que ses juges semblent lui refuser; leurs plaintes parviennent jusqu'au surintendant des bâtimens, qui se charge de les porter aux pieds du trône; et le Roi ordonne que M. Paris sera envoyé à Rome, pour y achever ses études, dans cette même école dont il devait être un jour le directeur.

Les notes qu'il a laissées sur son premier voyage en Italie (1) montrent tout le soin qu'il avait mis à s'y préparer; la plupart sont écrites au crayon, et avec une rapidité telle, qu'on est souvent réduit à en deviner le véritable sens; mais elles n'en décèlent pas moins un observateur attentif et judicieux : quelques-unes conservent encore des traces de son goût pour l'histoire naturelle; ainsi, chemin faisant, il décrit en quelques lignes les longs bancs de craie qui affligent l'œil aux environs de Troyes; les plaines marécageuses

(1) M. Paris a laissé également des notes sur ses autres voyages : il paraît qu'il avait pris, de bonne heure, l'habitude de se rendre compte de l'emploi de son temps. Cette méthode, dont l'utilité est incontestable, a procuré quelques renseignemens dont on a fait usage dans cette notice. On doit regretter qu'il ait jeté au feu, peu de temps avant sa mort, la plus grande partie de ses papiers; le dépouillement de ceux qui restent, procurerait sans doute beaucoup de remarques utiles, d'aperçus nouveaux. C'est un travail dont on n'a pas encore pu s'occuper avec toute l'attention qu'il mériterait.

A.

de la Bresse ; le sol de la Savoie., recouvert de silex
et de granits ; les risières humides du Piémont, et
les champs fertiles de la Lombardie ; il indique les
différences qu'il aperçoit dans la culture des pays
qu'il parcourt. On suit avec intérêt le jeune voyageur
au milieu des Alpes ; tandis que la voiture qui porte
ses bagages monte lentement un chemin tout bordé
de précipices, on le surprend à mesurer de l'œil la
chûte d'un torrent qui s'échappe à ses pieds, ou à
esquisser un point de vue dont il veut garder le souvenir. Parvenu à Milan, ses idées se concentrent sur
l'objet de son voyage ; il est dans la patrie des arts,
il voudrait pouvoir dessiner tous les édifices qu'il ren-
contre ; et les pages de ses tablettes n'offrent plus que
des détails d'architecture.

Sa joie fut grande sans doute en entrant dans la
ville des Césars : il se hâta de visiter les monumens
superbes dont la gravure lui avoit donné une idée
si imparfaite. L'aspect imposant de la Basilique de
Saint-Pierre le frappa d'un long étonnement. Il ne
pouvait se lasser d'admirer ce dôme que le génie de
Michel-Ange a suspendu dans les airs ; et durant plusieurs mois, il revint chaque jour payer un nouvel
hommage au premier des architectes modernes.

Admis à une audience publique du souverain Pontife, il s'y conduisit à peu près comme Duclos dans
une occasion semblable ; mais ce qui était une incon-
venance de la part du philosophe français, ne fut
de celle de M. Paris que l'effet de la timidité, naturelle à son âge. Pendant la cérémonie du baisement des
pieds, il se retira dans l'encoignure d'une fenêtre,

et Clément XIV lui ayant fait signe d'approcher, il s'en excusa par des gestes que le Pape trouva si plaisans, qu'il ne fut pas le maître de conserver sa gravité. Quelques jours après, tandis que M. Paris dessinait dans une des salles du Vatican, le Pape l'ayant reconnu, s'avança doucement et lui saisit les deux bras, comme pour l'empêcher de fuir. En reconnaissant le Pontife, il voulut tomber à genoux; mais le Pape le retint avec bonté, lui adressa plusieurs questions, et l'invita à venir souvent travailler dans son muséum, où il le verrait toujours avec plaisir.

Les environs de Rome sont ornés de palais et de jardins décorés avec autant de goût que de magnificence, et dont l'entrée est permise en tout temps aux étrangers. Ces beaux lieux, si riches de grands souvenirs, offrent à l'artiste d'inépuisables sujets d'études et de méditations, que M. Paris sut mettre à profit. D'autres fois il parcourait les champs, couverts de débris antiques, dans l'espoir d'y découvrir quelques fragmens échappés aux recherches des archéologues. Depuis son arrivée à Rome, il avait formé le projet de rassembler des antiquités; et l'idée qu'il serait assez heureux un jour pour offrir à sa ville natale l'hommage de sa petite collection, remplissait son cœur d'une douce joie, et lui rendait faciles tous les sacrifices.

Le temps de ses études s'était rapidement écoulé. Il allait quitter, peut-être pour jamais, les jeunes amis dont il avait partagé pendant cinq ans les innocens plaisirs et les travaux: leur séparation fut amère; et il chercha des distractions à ses regrets en visitant les

principales villes de l'Italie. Une gondole le transporta
dans quelques jours à Venise, où il admira les chefs-
d'œuvre de Palladio ; il vit ensuite Padoue, Vicence,
patrie de Scamozzi, et où il reçut de l'héritier de son
nom et de ses talens ( M. Ottavio-Bertotti Scamozzi),
l'accueil le plus flatteur ; il poursuivit sa route par
Vérone, Brescia, Bergame, etc., observant et des-
sinant tout ce que ces villes offrent de plus remarquable, et il rentra en France au mois de novembre 1774.

Il revenait à Paris à l'époque où de riches amateurs
consacraient leurs loisirs et leurs fortunes à préparer
ces ouvrages magnifiques qui ont tant contribué à répandre en France le goût des arts et du dessin.
M. de la Borde et l'abbé de Saint-Non avaient formé
le plan, l'un des *Tableaux de la Suisse*, l'autre du *Voyage
pittoresque de Naples*, et tous les deux se disputèrent
l'avantage de compter M. PARIS au nombre de leurs
collaborateurs (1) ; les dessins qu'il leur fournit com-
mencèrent sa réputation, et les jeunes gens qui annonçaient le plus de talens s'empressèrent de venir lui
demander des conseils et des leçons (2). On en vit

(1) M. PARIS n'a fourni qu'un seul dessin à M. de la Borde,
celui de la jolie *fontaine* de Vevay ; mais il a travaillé plusieurs
années au *Voyage pittoresque* de l'abbé de St.-Non, qui rendait justice à ses rares talens. On peut consulter la *préface* du
Voyage pittoresque, et l'*analyse* que Brizard a publié de cet
ouvrage.

(2) Parmi les élèves qui suivirent à cette époque les leçons
de M. PARIS, on se contentera de citer MM. Moreau, Percier,
et ce jeune Lefaivre qu'une mort prématurée a enlevé aux arts,
au moment où il se disposait à recueillir le fruit de ses études.

bientôt les heureux effets par les progrès de l'art de la gravure, dont M. Paris peut être regardé comme un des restaurateurs en France, quoique la délicatesse de sa santé ne lui ait permis que rarement d'en employer lui-même les procédés pour multiplier les productions de ses crayons (1).

Il savait que le plus habile dessinateur peut n'être qu'un médiocre architecte, et il lui tardait qu'il se présentât pour lui une occasion d'appliquer les principes qu'il avait puisés à l'école des grands maîtres. M. le duc d'Aumont consentit à faire l'essai des talens de M. Paris, en le chargeant de décorer son hôtel. Les qualités qu'il remarqua dans le jeune artiste lui inspirèrent un vif intérêt; il se déclara son protecteur, et lui fit obtenir en 1778 la place de dessinateur du cabinet du Roi, à laquelle on joignit bientôt celle d'architecte des économats.

L'infortuné Louis XVI occupait, depuis quatre ans, un trône environné d'écueils et de dangers. Son caractère, naturellement sérieux, ne lui permettait pas de chercher ailleurs que dans la culture des arts, les distractions plus nécessaires encore aux princes qu'aux autres hommes. Les qualités que réunissait l'artiste étaient faites pour plaire au monarque; il l'estima aussitôt qu'il eût pu le connaître; et il ne cessa de lui prodiguer les témoignages de la plus honorable confiance. Le Roi désigna lui-même l'appar-

---

(1) On ne connaît de M. Paris que quelques eaux fortes, touchées avec beaucoup d'esprit et de vivacité; il paraît qu'il en distribuait toutes les épreuves à ses amis, puisqu'il ne s'en est pas trouvé une seule dans ses porte-feuilles.

tement de M. Paris à Versailles, et daigna lui demander s'il en était content : « dans le choix que j'en
» ai fait, ajouta-t-il, j'ai moins consulté votre agrément
» que le mien, car je me propose de vous rendre de
» fréquentes visites ». En effet il se passait peu de jours
que le Roi ne le fît appeler, ou qu'il ne descendît dans
son cabinet, tantôt pour le consulter sur quelques nouveaux embellissemens, et tantôt pour l'entretenir de
quelques fêtes qu'il avait imaginé d'offrir à son auguste
compagne. Si la conversation se prolongeait, et que
le Roi vînt à le remarquer : « je vous empêche de tra-
» vailler, lui disait-il, vous auriez dû me renvoyer ».
Ce sont ces traits d'une bonté si noble et si touchante,
dont le souvenir faisait couler, trente ans après, les
larmes de M. Paris.

A des connaissances profondes dans l'histoire, la
géographie et les langues anciennes, le Roi en joignait
d'autres qu'on ne soupçonnait pas. Dans ses loisirs il
avait étudié l'anglais, mais il en faisait un mystère à ses
courtisans avec qui il ne voulait pas s'entretenir dans
une langue étrangère. « Il faut que vous appreniez l'an-
» glais, dit-il un jour à M. Paris, pour que nous
» puissions le parler ensemble ». Au bout de quelques
mois, ayant jugé qu'il avait fait assez de progrès, S. M.
lui conseilla d'entreprendre la traduction de l'ouvrage
de Dickson, *de l'agriculture des anciens*, et Elle daigna
encourager ses premiers essais.

Cependant la construction de la salle des bals à Versailles, la disposition des fêtes de Marly et de Trianon,
des décorations pour la cour, supérieures à tout ce qu'on
connaissait en ce genre, ajoutaient chaque jour à la

réputation de M. Paris. Il fut élu, en 1780, membre
de l'académie d'architecture; il y succédait à Soufflot,
et cette distinction si flatteuse, il ne la dut qu'à l'estime
de ses confrères, restés ses amis.

A son retour d'Italie, le hasard l'avait fait connaître
de l'abbé Raynal, historien déclamateur et écrivain im-
prudent, mais véritable philantrope, fondant des prix
dans les académies, pensionnant les jeunes gens qui annonçaient des talens, cherchant sans cesse l'occasion
d'être utile, et s'estimant heureux de l'avoir trouvée.
Des qualités si brillantes ne pouvaient manquer de faire
une vive impression sur l'ame tendre de M. Paris. Il
rechercha l'amitié de Raynal, et n'eut point de peine
à l'obtenir. Il s'établit bientôt entr'eux une intimité si
grande que l'abbé Raynal, obligé de quitter Paris, l'y
établit le confident et le dispensateur de ses bienfaits (1).

L'auteur de l'*Histoire du Commerce des Européens dans
les Indes*, visita la Suisse en 1780 : surpris que la mémoire des trois fondateurs de l'indépendance helvétique
n'eût pas encore été honorée par un monument public,
il sollicita, comme une faveur, la permission d'en faire
élever un à ses frais, à l'endroit même où les trois
héros avaient fait le serment d'affranchir leur pays. Il
demanda à M. Paris le plan de ce monument (2);

(1) On en a la preuve dans les lettres de l'abbé Raynal à
M. Paris, conservées dans ses porte-feuilles.

(2) « C'est un obélisque de vingt pieds de haut, dont l'enta-
» blement a six pieds en carré. Il est surmonté de la pomme
» et de la flèche; et il porte dans son fût le chapeau sur le joug.

mais des circonstances indépendantes de l'artiste en firent retarder l'exécution, qui n'a été achevée que par les soins du général Pfiffer.

Une application excessive avait altéré la santé de M. PARIS; les médecins lui conseillèrent d'aller respirer l'air pur des montagnes, et il revint au milieu de sa famille, dans l'été de 1781 (1). Le besoin d'exercice réveilla son goût pour la botanique; il recommença ses herborisations, et adressa à l'abbé Nollin (2), son ami, directeur de la pépinière royale de Paris, plu-

» C'est l'histoire heureusement figurée». *Voyage* de M. Mayer, tom. I<sup>er</sup>, p. 249. Ce monument est le sujet de la vignette qui décore le frontispice du premier volume des *Tableaux pittoresques de la Suisse.*

(1) M. PARIS avait été chargé (mai 1781) de tous les détails de la pompe funèbre de l'Impératrice Marie-Thérèse; et c'est sur ses dessins qu'avait été élevé, dans l'église Notre-Dame, ce magnifique *catafalque*, qui excita la curiosité et l'admiration de tous les artistes; il a été gravé sous ses différentes faces par M. Moreau jeune, élève de M. PARIS; on en trouve la description dans les journaux et dans les *mémoires secrets*, tom. XVII, p. 211.

(1) L'abbé Nollin était lié d'une étroite amitié avec notre compatriote, l'abbé Blavet, de Besançon, fils du célèbre musicien; ils publièrent ensemble, en 1755, un *essai sur l'agriculture moderne*. L'abbé Blavet a en outre traduit de l'anglais, la *théorie des sentimens moraux*, et les *Recherches* sur la nature et les causes de la richesse des nations, par Adam Smith; les *Mémoires* du chevalier Dalrymple, et l'*Histoire d'Écosse*, de Robertson.

sieurs caisses de plantes et de graines qu'il avait recueillies dans ses promenades. Il était trop rapproché
de la Suisse, pour ne pas faire quelques excursions
dans un pays si intéressant aux yeux des dessinateurs
et des naturalistes. L'accueil qu'il reçut à Neuchâtel
le décida à prolonger son séjour dans une ville qui
doit sa célébrité, bien moins encore à l'agrément de
sa situation, qu'à l'active industrie de quelques négo-
cians. L'un d'eux, le respectable M. de Pury, venait de
donner à ses concitoyens une dernière preuve de son
attachement, en leur léguant une partie de son immense
fortune, pour l'employer à des établissemens publics. A
la prière des magistrats de Neuchâtel, M. Paris pro-
mit de leur envoyer les plans d'un *hôtel-de-ville*, et il
s'occupa sur-le-champ d'un travail qui devait ajouter
encore à sa réputation. Mais les changemens qu'un ouvrier inhabile se permit de faire dans les distributions
et jusque dans la façade de ce bâtiment, forcèrent
M. Paris à le désavouer (1). C'est sans doute un des
plus vifs chagrins que puisse éprouver un artiste, que
de voir défigurer ses compositions; mais l'avenir semblait lui offrir tant de dédommagemens, qu'il oublia
bien vîte les conseils et les entrepreneurs suisses.

L'église Ste.-Croix d'Orléans, vœu de Henri IV,
restait imparfaite depuis deux siècles : Louis XV avait
ordonné de reprendre des travaux trop long-temps inter-
rompus; mais ses intentions n'avaient point été rem-

(1) M. Paris a consigné ses justes sujets de plaintes à la
marge de ses plans, qui font partie du tom. ix de ses *Études
d'architecture*.

plies (1). La Providence réservait la gloire d'achever
ce pieux monument de la foi du plus illustre de ses
ancêtres, au prince que la religion devait compter parmi
ses martyrs. M. PARIS fut envoyé à Orléans, en 1782,
pour donner un nouveau plan de la cathédrale, et
déterminer, d'après sa solidité, la forme et la hauteur
des tours qui devaient en couronner le portail. Ces deux
tours, si remarquables par l'élégance et la légèreté de
leurs proportions, ne furent commencées qu'en 1788.
L'intervalle qui s'était écoulé, fut employé par M. PARIS
à visiter les édifices gothiques de la France et de l'Italie,
à rassembler et disposer les matériaux nécessaires ; et
moins de quatre années lui suffirent pour terminer un
ouvrage, dont les difficultés avaient effrayé tous les
architectes.

M. PARIS profita d'un congé qu'il obtint en 1783,
pour faire un second voyage en Italie. Il ne s'arrêta
à Rome que le temps nécessaire pour voir les amis
qu'il y avait laissés, et il courut à Naples chercher de
nouveaux dessins, et des antiquités pour ajouter à l'ouvrage de l'abbé de St.-Non (2). Il visita, dans le plus
grand détail, ces musées si riches des débris recueillis
dans les ruines d'Herculanum et de Pompeï, et obtint
la permission de parcourir ces deux villes souterraines.

(1) Louis XV fit frapper, en 1765, une médaille pour l'ac-
complissement du vœu de Henri IV. Elle fait partie de la collection de M. PARIS.

(2) L'abbé de St.-Non avait le plus tendre attachement pour
M. PARIS : « On trouve en lui, disait-il, le talent uni à l'esprit,
» et la grace à la sensiblité ». *Notice sur St.-Non, p.* 34.

Après avoir satisfait sa curiosité, il se hâta de revenir à Rome, où il était attendu avec une vive impatience.

Le cardinal de Bernis y remplissait alors les fonctions d'ambassadeur près du Saint-Siège : négociateur habile et poëte aimable, il jouissait d'une considération, qu'il devait moins encore à l'éclat de son nom et de ses services, qu'à la protection généreuse qu'il accordait aux talens. Il accueillait dans son palais les savans et les littérateurs, les artistes et les antiquaires de tous les pays, et tous avaient également à se louer de sa bienveillance. M. Paris y fut reçu comme un ami dont on regrette l'absence. Dans le nombre des personnes qui assistaient à ces réunions intéressantes, il distingua bientôt M. d'Agincourt ; et dès ce moment il s'établit, entre lui et le continuateur de Winkelmann, une amitié fondée sur une estime réciproque, et qui n'a eu de terme que leur vie. Il ne quitta point Rome sans revoir le Vatican, qui lui rappelait et le charme de ses premières études, et les bontés dont sa jeunesse avait été honorée par le chef de la religion ; et il reçut de Pie VI des témoignages d'intérêt, dont il a toujours conservé précieusement le souvenir (1).

Tandis qu'il recueillait en Italie des témoignages si flatteurs de l'estime qu'inspiraient ses talens, il éprouvait en France d'injustes tracasseries auxquelles il se montra peut-être trop sensible. Avant son départ, il avait été chargé de la construction de l'hôpital de Bourg.

(1) M. Paris, en quittant Rome pour la dernière fois, en a rapporté le buste en marbre de ce vénérable Pontife, par Joseph Pisani, sculpteur italien, d'un talent distingué. Il en a fait

L'astronome Lalande, né dans cette ville, avait vu avec peine la préférence accordée à M. Paris sur un architecte de sa province, dont il s'était déclaré le protecteur. On profita de son absence pour faire à ses plans des changemens qu'il n'eût point approuvés; et son concurrent fut choisi pour en surveiller l'exécution. En vain il réclama contre un manque de procédé que rien ne pouvait justifier; toutes ses plaintes furent inutiles, et il se vit réduit à désavouer l'hôpital de Bourg, comme l'hôtel-de-ville de Neuchâtel.

La nomination de M. Paris, en 1784, à la place d'architecte des *Menus*, ajouta l'opéra à son département: il fut chargé des décorations d'un théâtre, où le spectateur demande au peintre des illusions qu'il ne peut trouver dans des pièces, presque toutes fondées sur les merveilles de la féérie ou de la mythologie antique. C'était une circonstance favorable à son talent, puisqu'elle lui permettait de déployer toute la richesse et la fécondité de son imagination. Prêt à obéir

présent à l'église métropolitaine, où il est placé dans le chœur sur un piédestal, avec cette inscription :

CLARIS. COM. DE PRESSIGNY. PARI. FRANC.
SEDEM. OCCUPANTE.
HANC. EFFIG. VFNERAB. SS. PONTIFIC.
PII VI
ECLES. METROPOL. BISVN.
OFFEREBAT.
P. A. PARIS
EQV. ORD. REG. BISVNTINVS
M. DCCC. XVIII.

aux caprices du poëte, véritable enchanteur, M. Paris
fit, le premier, apparaître sur la scène les magiques
jardins d'Armide, que le Tasse n'avait pu qu'entre-
voir; il sut prêter de la réalité aux conceptions bizarres
du curé de Meudon, et se pénétrant du génie de Rabelais,
il montra ce Panurge, si gai et si plaisant, au milieu de
l'île des Lanternes. Chaque pièce nouvelle devint pour
lui l'occasion d'un nouveau succès, dont l'auteur pouvait à peine réclamer la plus légère part. La cour et
la ville répétèrent à l'envi les louanges du successeur
de Servandoni; le Roi lui offrit une place lucrative,
dans l'administration du théâtre, que ses talens sou-
tenaient et enrichissaient; mais il la refusa, par la
crainte que les détails dans lesquels il serait obligé
d'entrer, ne le détournassent de ses devoirs et de ses
études.

Le Roi venait de demander à M. Paris un projet
de la plus haute importance, celui de la reconstruction du château de Versailles : il s'en occupa avec une
telle ardeur, qu'en moins de deux ans, tous les plans
furent mis sous les yeux du monarque (1), qui les
approuva de sa main; mais l'état des finances força

(1) « On ne devait, dit M. Paris, conserver de l'ancien châ-
» teau que la façade et les grands appartemens sur le jardin,
» avec l'aîle neuve construite sous Louis XV. Le hasard fit
» que je me rencontrai exactement avec l'idée que le Roi avait
» tracé de ce projet, au courant de la plume. J'en fus flatté,
» comme on pense bien; mais il me semble aussi que rien ne
» montre mieux, combien ce prince avait des idées justes,
» même sur des choses dont il n'avait pu faire une étude
» particulière ».

d'ajourner ce projet, dont l'exécution aurait mis le comble à la réputation de l'artiste qui l'avait créé. Il fut chargé, en 1788, avec David Leroi, son ami, de rédiger de nouveaux statuts pour l'académie d'architecture, dont l'organisation primitive n'était plus en rapport avec les progrès de l'art. Son zèle s'accroissait par le désir de seconder les vues bienfaisantes de son maître; le Roi l'en récompensa en le nommant chevalier de St.-Michel, et il lui fit expédier, en même temps, des lettres de noblesse conçues dans les termes les plus honorables. Deux circonstances ajoutèrent un nouveau prix à cette faveur : le Roi traça lui-même le cartel des armoiries qu'il autorisait M. PARIS à porter, et il lui fit passer un bon, sur sa cassette, de la somme qu'il devait verser à la caisse du sceau pour l'expédition de ses titres.

On touchait à l'époque fatale où la plus ancienne monarchie de l'Europe, attaquée de toutes parts, allait être ébranlée jusque dans ses fondemens. Louis XVI, toujours occupé du bonheur de ses peuples, avait réuni autour de son trône les députés des provinces, pour écouter leurs plaintes et recueillir leurs vœux. En donnant, le premier, l'exemple des sacrifices qu'il avait jugés indispensables, il croyait être dispensé de les commander. M. PARIS fut chargé de toutes les dispositions que nécessitait la convocation des Notables à Versailles, et de là construction de la salle des États-Généraux (1).

(1) La salle d'assemblée des États-Généraux, exécutée sur les dessins de M. PARIS, a été gravée par Helman. C'est encore, après des essais multipliés, un des plus beaux ouvrages de ce genre.

Plus tard il accepta, de l'agrément du Roi, la place de premier architecte de l'Assemblée nationale, et eut, en conséquence, la direction de tous les travaux exécutés, d'après ses décrets, à Paris et dans d'autres villes du royaume.

Cependant les évènemens se pressaient. Toutes les espérances qu'avaient fait concevoir l'accord des ordres, et leur soumission aux volontés du monarque, s'étaient évanouies ; et l'horizon politique se chargeait de plus en plus de sinistres nuages. Le Roi, ramené prisonnier dans sa capitale, ne conservait plus assez d'autorité pour déjouer les projets des factieux, enhardis par la certitude de l'impunité. Il n'osait qu'à peine recevoir, dans son palais, les anciens serviteurs dont il avait le plus éprouvé l'affection et le dévouement ; les marques de sensibilité qu'il laissait paraître devant eux, étaient autant de crimes dénoncés par des journaux sanguinaires, qui proclamaient d'avance les noms des victimes dévouées aux poignards ou aux échafauds. Mais un homme du caractère de M. Paris, était incapable de céder à la crainte. Son devoir l'appelait près de son maître malheureux, et chaque jour il se rendait aux Tuileries ; non, comme autrefois, pour lui soumettre de nouveaux projets et attendre ses ordres, mais pour lui offrir le touchant témoignage d'une inébranlable fidélité. Quand Louis XVI eut été renfermé dans une prison, l'imagination de ses serviteurs repoussa l'idée d'un plus grand crime ; impuissans à le garantir du moindre outrage, ils eussent rougi de l'abandonner. Mais quand tout fut consommé, il ne leur resta plus qu'à s'éloigner.

Accablé de douleur, M. Paris errait isolé au milieu

de cette grande capitale, où naguères il comptait tant d'amis. Il voulait fuir; mais des ordres étaient donnés à chaque barrière, et son nom, ses titres, son attachement connu pour la famille royale, pouvaient le faire descendre dans un cachot. Après quatre jours d'attente, il obtint enfin la permission de sortir de Paris, et il accourut chercher un asile dans les montagnes de Franche-Comté (1), où il avait acquis, du produit de ses épargnes, un modeste domaine. Qu'ils étaient éloignés ces temps où, plein de jeunesse et d'espérance, il parcourait en herborisant, les chaînes du Lômont! L'étude de la botanique n'avait plus pour lui d'attraits; insensible aux arts qui faisaient le charme de sa vie, il laissait languir ses crayons. Consumé lentement par le chagrin, il aurait succombé, si un ami ne lui eût offert un asile à Colmoulin, château près du Hâvre, dont il avait dirigé la construction. Il accepta cette offre avec un tel empressement, qu'il ne put se résoudre à retarder son départ, pour mettre ses collections à l'abri de tout danger.

Le plaisir de se trouver au milieu de personnes qui partageaient ses sentimens pour la famille royale, adoucit un peu l'amertume de ses regrets; mais le souvenir des vertus du prince qu'il avait eu le bonheur d'approcher, l'occupait sans cesse, et il se plaisait à en rappeler les traits de bonté et de courage, dont il avait été le témoin. Ce fut à cette époque, où une sombre terreur glaçait toutes les âmes, que M. Paris conçut l'idée d'un monument expiatoire de l'attentat du 21 Janvier.

(1) A Vanclusotte, canton de Maiche.

Ainsi, quand nul n'osait l'espérer, il prévoyait déjà le retour de nos Princes ; et ce dernier gage d'une fidélité qui survivait à toutes les autres, allait consoler le frère de Louis XVI, sur la terre de l'exil.

De toutes les compositions de M. Paris, il n'en est aucune qui présente un caractère plus noble et plus religieux. Jamais la douleur et la reconnaissance n'ont mieux inspiré le talent ; mais écoutons M. Paris décrire ce que lui seul a pu voir :

« La place où le parricide a été commis, forme un » vaste amphithéâtre entouré de gradins et d'un double » rang de colonnes, qui supportent les statues de nos » Rois et celles de leurs ministres. Le monument expia- » toire s'élève au centre. Du sommet d'un piédestal de » porphyre, le martyr s'élance, soutenu par des anges » qui semblent lui répéter ces sublimes paroles : *Fils de* » *St.-Louis, montez au ciel.* A la gauche du piédestal, la » Reine, les mains et les yeux élevés, prie pour son » fils renversé sur les degrés du trône, et qu'un ange » se prépare à réunir à ses augustes parens ; à sa droite » Madame Élizabeth couronnée par des chérubins. Sur » la principale face, la France, appuyée sur le repen- » tir, trace le désaveu du crime. Tout parle des vertus » du Roi martyr et de nos regrets (1) ».

(1) M. Stanislas Foache, négociant au Hâvre, ayant fait en 1796 un voyage en Allemagne pour son commerce, eut l'honneur d'être présenté à S. M. qui résidait alors à Blanckenbourg, et il l'entretint du monument projeté par M. Paris. Le Roi témoigna le désir de voir ce plan, mais il recommanda de ne le faire passer que par une voie sûre, afin de n'en pas compromettre l'auteur. Retenu à Rome en 1814 par ses infirmités, M. Paris

Le château de Colmoulin, asile de tous les malheureux, ne suffisait plus à en contenir le nombre, accru
sans cesse par les nouvelles proscriptions. M. Paris
craignant de causer le moindre embarras à ses hôtes,
imagina de créer pour lui une habitation dans une tou-
relle située à l'extrémité des jardins, et qui servait de
colombier (1) ; il en relégua les paisibles habitans dans
la partie supérieure, et se ménagea au-dessous d'eux
un appartement aussi agréable que commode, où il

s'empressa d'adresser la seule copie qui lui restât de ses plans
à M. le duc de Duras, en le priant de la mettre sous les yeux
du Roi. M. de Chateaubriand en a eu connaissance à cette
époque; du moins la touchante description qu'il a faite d'un
monument expiatoire, dans son écrit intitulé le 21 Janvier,
semble lui avoir été inspirée par les dessins de M. Paris. Cependant M. de Chateaubriand ne l'a point nommé; et cet oubli,
sans doute involontaire, a causé une vive peine au respectable
vieillard, qu'un mot de l'illustre écrivain aurait récompensé de
son admirable dévouement. Prévoyant bien que la situation
des finances, à la suite d'une double invasion, ne permettrait
pas de réaliser son projet, M. Paris en a composé un second,
depuis son retour à Besançon, dont l'exécution serait plus
facile. C'est un temple d'ordre corinthien, couronné d'un dôme,
et entouré d'une galerie destinée à recevoir les statues des
Vertus qui caractérisaient plus particulièrement le prince, objet
de ses regrets. Le frontispice porterait cette inscription si
simple et si belle : *Louis XVIII à Louis XVI son frère.* En
terminant ce dernier projet, M. Paris quitta les crayons pour
ne les reprendre jamais.

(1) Le plan et la distribution de cette charmante habitation,
font partie du tom. ix des *Études.*

passait tous les instans consacrés à l'étude. Le séjour de la campagne avait ranimé son goût pour la culture; il se plaisait à couvrir de fleurs et d'arbustes étrangers les environs de son hermitage, et on le rencontrait souvent, la bêche et l'arrosoir à la main, au milieu de ses jeunes plantations dont il suivait les progrès avec un vif intérêt. Ce fut dans cette retraite qu'il acheva la traduction du *Traité* de Dickson, commencée dans le palais de Versailles; il la revit avec le soin qu'il mettait à des choses moins essentielles, l'enrichit de notes savantes, et adressa son manuscrit à M. Jansen, libraire instruit et son ami, en le prévenant qu'il ne voulait point être nommé (1). Le succès de cette traduction le décida à entreprendre celle de l'*Agriculture pratique* de Marshal, ouvrage d'une utilité plus générale que celui de Dickson. Ce nouveau travail l'occupa quatre ans. La traduction de M. Paris est supérieure à l'original, par un grand nombre d'additions tirées des meilleurs agronomes, et par un plan plus méthodique qui réunit toutes les instructions disséminées dans l'ouvrage, et les distribue en quatre classes : grains et prairies, arbres, animaux domestiques, et détails de la ferme (2). Cette traduction est anonyme comme la première; M. Paris consentait

(1) M. Jansen se conforma aux intentions de son ami, il ne le nomma point sur le frontispice, mais il l'a désigné dans l'avertissement, où il lui donne des éloges qu'on ne pouvait guères mériter alors sans courir des dangers.

(2) L'un de nos académiciens les plus aimables et les plus spirituels, a fait un rapport intéressant sur la traduction de Marshal, inséré dans les *Mémoires de la Société d'agriculture du Département du Doubs*, ann. 1806.

encore à être utile à son pays, mais il voulait en être oublié.

La France respirait enfin après tant d'agitations. Les idées d'ordre et de justice annonçaient le retour aux principes conservateurs des Empires. On s'empressa de réorganiser les sociétés savantes, frappées par un décret, et M. PARIS fut appelé à l'institut, composé de l'élite des savans, des littérateurs et des artistes échappés aux proscriptions. On n'ignorait pas que sa santé s'opposerait à son retour dans la capitale, mais on le dispensa de l'obligation d'y résider, par une exception honorable, dont sa délicatesse l'empêcha de profiter : « Je ne veux pas, écri- » vit-il au ministre, priver un artiste estimable d'une » place que mes infirmités ne me permettent pas de rem- » plir ». Les instances de ses nouveaux collègues ne purent changer sa résolution; et ce fut malgré lui qu'il conserva, plusieurs années, le titre de correspondant de la classe des beaux arts. En vain ses amis le pressèrent de se charger de la direction de quelques-uns des ouvrages que le Gouvernement faisait exécuter, ou de rendre ses talens utiles à la province qu'il habitait; les sollicitations et les reproches (1) ne pouvaient relever cette âme ardente, abattue par le malheur. Tous les rêves de gloire qui avaient embelli sa jeunesse s'étaient dissipés sans

(1) M. Millin écrivait à cette époque : « Depuis long-temps » on ne voit plus rien paraître de cet artiste, digne de servir » de modèle par ses qualités sociales, la multiplicité de ses » connaissances et l'étendue de ses talens. J'ai peu rencontré » d'hommes qui réunissent à la pratique des arts un esprit » aussi aimable et aussi cultivé ». *Magasin encyclopédique*, ann. 1798, tom. Ier, p. 242.

retour; et si par fois il reprenait ses crayons (1), il les
quittait bien vîte pour retourner aux occupations champêtres, dont il n'avait jamais mieux apprécié la douceur.

Quinze années, passées à Colmoulin, n'avaient fait
que reserrer les liens qui l'attachaient à la famille respectable qui lui donnait si généreusement un asile. La
mort prématurée de deux personnes, enlevées à sa tendresse dans l'espace de quelques jours, lui en rendit le
séjour insupportable. Ses amis furent les premiers à le
presser de s'éloigner des lieux, où tout contribuait à
entretenir sa juste douleur. Il céda quoiqu'à regret à
leurs conseils, et retourna en 1806 à Rome, chercher
des distractions qu'il craignait peut-être d'y rencontrer.

Il retrouva M. d'Agincourt, rassemblant les matériaux de l'*Histoire des arts* par les monumens; et on ne
peut guères douter que M. PARIS n'ait coopéré à cet
ouvrage, du moins par ses avis toujours si judicieux. Le
souvenir de son premier séjour à Naples, le décida à
visiter encore une fois cette ville si intéressante, et il en
rapporta quelques antiquités et de nouveaux dessins
pour sa collection. Il n'était de retour à Rome que depuis peu de jours, lorsque la mort de M. Suvée rendit
vacante la place de directeur de l'école de France. La
commission du Gouvernement s'empressa de l'offrir à
M. PARIS, qui se défendit de l'accepter, en alléguant

(1) Dans l'espace de dix années, il ne fit qu'un seul plan,
celui de la reconstruction du bâtiment des bains de Bourbonne,
en reconnaissance de l'accueil qu'il y avait reçu. Son premier
projet, renfermé dans le tom. IX de ses *Études*, parut trop
beau; il fut obligé de le sacrifier pour entrer dans les vues
d'économie du propriétaire.

pour excuse ses infirmités. Mais les sollicitations des artistes, l'intérêt des élèves et la reconnaissance qu'il conservait des soins qu'il avait reçus dans cette école fameuse, triomphèrent de sa répugnance. Il consentit à se charger de la direction, mais durant l'*interim* seulement, et sous la condition qu'il ne toucherait aucun appointement (1).

Décidé à ne remplir les fonctions de directeur, que pendant le court intervalle de temps qui devait s'écouler jusqu'à l'arrivée de son successeur, M. PARIS s'occupa cependant des moyens de rendre à l'école son antique splendeur. Il adressa au ministre de l'intérieur un mémoire, dans lequel il exposait avec franchise ses vues sur les changemens à faire au règlement. En demandant plus d'autorité pour les chefs, il réclama plus de liberté pour les élèves, assujettis alors à toutes les formes de la discipline militaire ; il proposa de ne plus envoyer à Rome de pensionnaires, pour se perfectionner dans l'art de la gravure, puisque la France possède et de meilleurs maîtres et de plus riches collections ; mais il sollicita l'établissement de quelques bourses en faveur de peintres paysagistes, qui viendraient développer leurs talens, et recueillir des inspirations sous le beau ciel de l'Italie.

Chéri de ses élèves (2), il semblait près d'eux moins un maître qu'un père tendre. Tantôt il les initiait dans

(1) Il n'est pas inutile de remarquer que M. PARIS est, jusqu'ici, le seul architecte qui ait été honoré de la place de directeur de l'école de Rome.

(2) Tous se sont empressés de donner à M. PARIS des preuves de leur attachement et de leur vénération ; les uns en lui offrant quelques-unes de leurs productions, les autres en

le secret des méthodes qu'il avait suivies avec le plus de succès ; et tantôt il leur révélait ses propres écarts pour les leur faire éviter. C'était Socrate instruisant ses disciples ; et la comparaison est d'autant plus juste, que M. Paris n'était connu à Rome que par le nom de *Socrate français*, depuis qu'il y avait donné une preuve frappante de sa délicatesse et de son désintéressement.

La basilique de St.-Pierre est un édifice si important, et elle rassemble des chefs-d'œuvre en si grand nombre, qu'un architecte est chargé spécialement de leur conservation. Cette place, aussi lucrative qu'honorable, est ambitionnée par tous les artistes. M. Paris y fut nommé à son insu ; mais il se hâta de refuser un emploi auquel il ne se croyait aucun titre ; et il désigna en même temps plusieurs artistes italiens, qui lui paraissaient également dignes de l'obtenir. Savez-vous, lui dit-on, que vous venez de refuser deux mille écus de rente ? Vous ne savez pas, répondit-il, que je n'ai jamais balancé entre ma propre estime et la fortune.

Les fonctions de M. Paris allaient enfin cesser. Il se disposait à quitter Rome, pour revenir dans sa ville natale achever, au milieu de ses proches, une vie qui n'offre qu'une suite d'actions honorables. Le St.-Père, voulant lui donner un témoignage de son estime particulière, lui fit remettre un beau médaillon d'argent, représentant au revers le *Colisée*, et accompagna ce présent des vœux les plus ardens pour son bonheur. Quel-

reproduisant ses traits par tous les procédés des arts. Le *portrait* de M. Paris a été peint par M. *Dubucq*, aujourd'hui premier peintre du Roi des Pays-Bas, gravé par M. *Richomme*, modelé par M. *Milhomme*, et coulé en bronze par M. *Giraud*.

ques jours avant celui qu'il avait fixé pour son départ, il fut informé par la consulte, que le Gouvernement français venait d'acheter les antiquités de la villa Borghèse, et que le ministre l'avait choisi pour en faire la reconnaissance et l'estimation, et pour en diriger le transport. Le désir de rendre un dernier service à son pays, le détermina à accepter cette commission qu'on l'avait jugé seul capable de bien remplir. Les détails de ce grand travail sont consignés dans deux volumes, écrits en entier de sa main, et qui font partie de sa bibliothèque. On y voit qu'aucune précaution n'avait échappé à sa prudence ; et ce qui le prouve mieux encore, c'est que les différens convois arrivèrent sans avoir éprouvé le plus léger accident dans un trajet si long et si difficile. Ainsi c'est à l'active industrie, c'est aux soins ingénieux de M. Paris, que la France est en quelque sorte redevable de tant d'objets précieux, qui font encore l'ornement du musée du Louvre, resté le plus beau de l'Europe.

La consulte avait à sa disposition des sommes destinées à de grandes entreprises ; M. Paris conseilla en 1811 de reprendre les fouilles du Colisée ; cet avis fut adopté, mais on y mit la condition qu'il se chargerait de diriger les travaux. L'étude spéciale qu'il avait déjà faite de ce monument, le plus vaste que les anciens aient laissé, lui rendit cette proposition agréable ; et il est résulté des recherches auxquelles il se livra pendant trois ans, un ouvrage (1) du plus haut intérêt pour les

(1) *L'amphithéâtre Flavien, vulgairement nommé le Colisée, restauré d'après les détails encore visibles de la construction, etc.* ; 45 gr. pl. avec des explications, in-f°.

archéologues. Il fera mieux connaître la disposition des
théâtres des anciens, et les moyens qu'ils employaient
pour en varier les décorations, avec une rapidité qui
paraît encore extraordinaire, après les progrès de la
mécanique ; il répandra un nouveau jour sur la forme
et la construction des canaux souterrains, qui amenaient
les eaux dans l'enceinte du Colisée, pour les jeux de la
naumachie, et qui servaient ensuite à les écouler ; il ser-
vira sans doute aussi à découvrir, dans les anciens auteurs, le sens de plusieurs passages obscurs, qu'on n'a
pas encore pu expliquer, faute de connaître les usages
auxquels ils font allusion. L'ouvrage de M. Paris est
d'autant plus précieux, que les excavations qu'il avait
fait faire ayant été comblées, on n'a pas l'espérance
qu'elles soient jamais rouvertes, puisqu'une pareille
tentative entraînerait la ruine du *Colisée*.

L'estime générale dont jouissait M. Paris, lui mérita
une distinction bien flatteuse. Il fut nommé, en 1812,
membre de la commission chargée de dresser les nouveaux statuts de l'académie de St.-Luc, et de régler
l'emploi de la dotation de cent mille francs, que le
Gouvernement français lui avait assignée. Le plan qu'il
proposa fut agréé ; et les artistes italiens, désirant lui
donner une preuve éclatante de leur satisfaction, le
pressèrent d'accepter le titre de président d'une académie, dont il pouvait être considéré comme un des
restaurateurs ; mais il résista à toutes leurs instances, et
les pria même de retirer son nom du tableau des
académiciens (1).

(1) M. Paris avait trop le sentiment des convenances pour

En apprenant que la Providence venait de rappeler un prince de la maison de Bourbon au trône de ses pères, M. Paris serait accouru partager les transports et les acclamations dont la France saluait le retour du *Monarque Désiré*; mais M. d'Agincourt souffrant réclamait tous ses soins. Les ressources de l'art et les attentions délicates lui furent prodiguées inutilement; il succomba à des douleurs que l'âge rendait incurables; il institua M. Paris l'exécuteur de ses dernières volontés, et lui recommanda de veiller sur la collection de sculptures antiques qu'il léguait au musée du Vatican, par reconnaissance des marques d'intérêt qu'il avait reçues des Romains.

Après s'être acquitté de ce pieux devoir, il ne s'occupa plus que des préparatifs de son départ. M. Paris retrouvait à Besançon une famille chérie, et quelques amis dont le temps et l'absence n'avait point altéré le dévouement. Il rapportait les matériaux de quelques ouvrages qu'il n'avait pu terminer à Rome, et auxquels il se promettait de consacrer les loisirs studieux de sa vieillesse. L'âge, en diminuant ses forces, ne lui avait rien fait perdre de cette activité, qui n'est guères donnée qu'au printemps de la vie.

accepter une place dans une académie étrangère, après avoir refusé celle de membre de l'institut. Depuis la révolution, il n'a appartenu à aucune académie; son véritable motif est qu'il n'a jamais voulu se trouver dans le cas de prêter aucun serment contraire à la fidélité qu'il gardait à nos princes. Après son retour à Besançon, l'académie s'empressa de lui offrir une place dans son sein; il a été très-sensible à ce témoignage d'estime de ses concitoyens; mais ses infirmités ne lui ont point permis d'assister aux séances.

A peine établi dans le modeste appartement que l'amitié avait eu tant de plaisir à lui offrir, M. PARIS se hâta de reprendre ses travaux ; il acheva, dans quelques mois, la *Description du Colisée*, et fit mettre sous les yeux du Roi un ouvrage qui n'avait pu être entrepris que sous les auspices de la France (1).

Il s'occupa ensuite de réunir ses notes sur les principaux édifices de Rome, et rédigea, d'après ses dessins et ses souvenirs, l'*Examen critique des plus beaux monumens de l'antiquité*. Leur étude avait fait le charme de sa vie entière ; c'est en comparant les ouvrages des anciens avec les règles qu'ils ont établies, qu'il avait appris à les juger. Se dépouillant de l'admiration superstitieuse du vulgaire des artistes, il a osé dire : *Une chose n'est pas belle parce qu'elle est antique, mais parce qu'elle réunit les qualités qui constituent le beau : l'unité et l'harmonie.* Appliquant ce principe aux monumens les plus célèbres, il a démontré que toutes les parties n'en sont pas également belles, et par conséquent, ne doivent pas être imitées sans réflexion. Telle est l'idée fondamentale d'un ouvrage que l'auteur regardait comme un *supplément au Recueil des édifices antiques* de Desgodets ; mais qui prendra sans doute un rang plus élevé dans l'opinion des artistes (1).

(1) M. PARIS a fait faire une copie de cet ouvrage pour la bibliothèque de Besançon, où il est actuellement déposé. On en trouvera la description dans le *Catalogue*, n° 701.

(2) M. PARIS a confié son manuscrit à M. Lenormand, excellent graveur pour l'architecture, qui ne tardera sans doute pas de remplir le vœu de l'auteur, en faisant paraître un ouvrage,

A la fin de 1817, M. PARIS vint occuper auprès de
son neveu et de sa nièce (1), un appartement dont il
avait réglé lui-même la distribution ; et il goûta le plaisir
de se retrouver encore une fois au milieu de ses livres et
de ses collections. En abordant ce vieillard vénérable,
on ne pouvait se défendre d'un sentiment de respect;
mais on était bientôt entraîné vers lui par la bonté touchante de sa physionomie. La dignité de ses manières,
sa politesse franche et simple rappelèrent les formes de
cette société brillante dont il avait été l'un des ornemens.
Sa mémoire, que l'âge n'avait point affaiblie, lui fournissait sans cesse une foule d'anecdotes intéressantes,
et il leur donnait un nouveau prix par sa manière piquante de raconter. Il avait connu dans l'intimité les
hommes les plus aimables et les plus spirituels du siècle
qui vient de finir. L'abbé Barthelemy, Chamfort,
Marmontel, Ducis, et le plus élégant traducteur (2)
d'Homère et du Tasse, étaient l'âme des réunions qu'il
fréquentait à Paris. Il avait vécu à Rome avec Will.
Hamilton, Dodwel, le chevalier d'Azara, l'abbé Guattani, l'avocat Fea, tous distingués par leurs connaissances de l'antiquité ; il avait été l'ami de Robert,

résultat d'une longue expérience et des observations les plus
judicieuses. M. PARIS a laissé un second ouvrage qui contient
l'*Examen critique des édifices de Rome moderne; malheureusement il n'a pas eu le temps d'y mettre la dernière main.

(1) M. Auguste Paris, chef de bataillon du génie, et M^e Caroline Paris, épouse de M. Gauffre, directeur des postes.
*Voy*. (*) à la fin de la notice.

(2) M. Lebrun, duc de Plaisance; M. PARIS a dessiné quelques-unes des vignettes qui décorent sa traduction du Tasse.

Fragonard, Valladier, Vincent, et de ce Dumont, que son long séjour dans cette ville classique, avait fait surnommer le *Romain*. Ses liaisons avec autant d'hommes justement célèbres, les remarques qu'il avait faites sur leurs ouvrages ou leurs caractères, étaient d'inépuisables sujets de conversation; mais il revenait toujours avec un nouvel intérêt au prince dont il avait éprouvé la généreuse bienveillance, et il ressentait, en prononçant son nom, une émotion qu'il était impossible de ne pas partager.

Persuadé que c'est sur-tout à une vie sobre qu'on doit la conservation de ses facultés dans la vieillesse, M. Paris avait adopté depuis plusieurs années un régime sévère, dont il ne s'écartait jamais sous aucun prétexte. Des douleurs qu'il ressentit dans l'été de 1818, le déterminèrent à réduire encore la faible dose de ses alimens. Ce moyen n'ayant apporté aucun soulagement à son état, il envisagea dès-lors sa fin comme prochaine, et s'occupa de ses dernières dispositions avec beaucoup de calme. Il pria M. Lapret, son élève, et son ami depuis quarante ans (1), de trouver un terrain con-

(1) C'est d'après les plans de M. Lapret qu'ont été élevés les bâtimens de la bibliothèque, de l'école de dessin, de la raffinerie, etc. Dès 1787, il a présenté un projet pour la construction des quais d'Arènes et de Battant, avec une place circulaire dont ce quartier est entièrement privé; en 1810 il a soumis au Conseil municipal le plan d'une nouvelle halle, dont les circonstances seules retardent l'exécution. Parmi les autres ouvrages de cet artiste, on se contentera de citer le joli château de la Batis d'Albanais, en Savoie; l'hôtel de M. le marquis de Clermont-St.-Jean, à Chambéry; la grande fontaine de la ville d'Arbois; l'église de Morey, etc.

venable .pour sa sépulture , « ne voulant pas, dit-il ;. laisser cet embarras à personne ». Il alla visiter le lieu où il reposerait bientôt pour toujours; et composa en- suite le projet du simple monument qu'il désirait y faire élever, et son épitaphe dans laquelle il rappelle, avec une noble modestie , sa fidélité pour son prince et son attachement pour sa ville natale (1). Cependant

(2) Au fond du cimetière de St.-Ferjeux, une colonne en- tourée d'arbrisseaux, et surmontée d'une urne , marque le lieu de la sépulture de ce grand artiste. Voici l'épitaphe qu'il s'est composée :

SOUS CETTE COLONNE REPOSE

P. A. PARIS

ARCHIT. ET DESSIN. DE LA CHAMBRE ET DU

CABIN. DU ROI

## LOUIS XVI

D'AUGUSTE ET SAINTE MÉMOIRE

PRINCE EXCELLENT QUI L'ANNOBLIT

ET LE CRÉA CHEVALIER

DE SON ORDRE.

*Sujet et serviteur fidèle*
*A la mort de son auguste maître*
*Il quitta pour jamais Paris*
*Et s'interdit pour toujours l'exercice des talens*
*Qu'il lui avait consacrés ;*
*Absent de sa patrie depuis l'âge*
*De quatre ans*
*Il y est rentré en 1816*
*Et y a terminé ses jours*
*Le 1er août 1819*
*Agé de 74 ans.*

ses souffrances augmentaient de jour en jour ; mais les
douleurs les plus vives n'avaient pas le pouvoir d'altérer
la tranquillité d'une âme si forte et si pure ; et quand
ses amis entouraient son lit, il paraissait oublier ses
maux, pour ramener et soutenir la conversation sur
des objets d'un intérêt général.

Le retour du printemps sembla ranimer un peu
M. Paris ; ses amis conçurent l'espérance de voir se
prolonger encore de quelques années une vie si précieuse. Il reprit les études que l'affaiblissement de ses
forces l'avait obligé d'interrompre, et entreprit la traduction du traité italien de Cornaro, *De la vie sobre*,
ouvrage dont il ne mettait que trop en pratique les sé-
vères préceptes. Dès qu'il l'eût terminé, il revint à ses
porte-feuilles, et acheva de les classer de manière à
faciliter les recherches des curieux, car il ne partageait
pas les illusions flatteuses des personnes qui l'appro-
chaient. Cependant il attendait avec impatience la saison
des eaux, persuadé que l'usage des bains dissiperait, ou
du moins soulagerait ses douleurs. Les bains n'eurent pas
l'effet qu'il s'en était promis, et il demanda à revenir à
Besançon, où il ne put être transporté qu'avec beaucoup de précautions. Ses amis se trouvèrent aussitôt
près de lui : « Eh bien, leur dit-il, il ne me reste que
» peu de jours à souffrir » ; puis s'adressant à M. Lapret :
« Informez-vous, mon ami, si le petit monument est
» achevé, car je ne voudrais pas que l'ouvrier me fît
» attendre ». La religion qui l'avait soutenu dans ses
peines vint encore le consoler ; il se hâta d'en demander les secours, et tomba dans une espèce de sommeil
qui n'était plus interrompu que par les douleurs. Il cessa

de vivre, ou plutôt de souffrir, le 1ᵉʳ avril 1819. Quelques jours auparavant, il remit à M. Lapret un papier cacheté, qui renfermait ses dernières volontés, en lui recommandant de ne l'ouvrir que quand il ne serait plus. C'étaient quelques conseils pour ses obsèques, qu'il avait tracés d'une main défaillante. Il lui recommandait sur-tout d'avoir soin de faire fermer son cercueil avec des clous à vis, parce qu'il avait remarqué que le bruit d'un marteau, tombant sur une bière, causait une impression douloureuse. Cette précaution si touchante peint mieux l'âme de M. PARIS, que ne pourrait le faire tout un discours. Ses obsèques eurent lieu le lendemain, sans pompe, comme il l'avait recommandé. M. le maire, quelques membres du Conseil municipal, un petit nombre d'amis des lettres, formèrent avec ses parens le simple cortège de l'artiste, qui avait joui de la faveur des grands et des Rois. M. Ordinaire, recteur de l'académie (1), adressa le dernier adieu à

(1) *Discours prononcé sur la tombe de M. PARIS,*
PAR M. ORDINAIRE.

MESSIEURS,

» Nous sommes dans le silencieux asile où se prononcent les derniers adieux. Je les adresse, au nom d'une famille désolée, au nom de l'inconsolable amitié, au nom des arts en deuil, au nom sur-tout de cette ville antique, berceau de celui que nous avons perdu, et qu'il enrichit, moins encore par le précieux héritage qu'il lui laisse, que par l'exemple de ses vertus et par le souvenir de ses talens. Je les adresse, non à ce corps glacé que M. PARIS abandonne, mais à cette âme immortelle qui l'a animé, à cet infatigable génie que l'étude a

l'homme de bien, dont la vie n'a été qu'une suite d'actions honorables, au citoyen généreux qui a voulu prolonger son existence au milieu de nous par ses bienfaits.

nourri pendant soixante-dix ans, tant au sein de notre belle
patrie, et jusque dans le palais de nos Rois, que sous le noble
ciel de l'Italie et parmi ces ruines augustes dont Rome lui
doit de si fidèles et si précieux dessins. Ses premiers essais
avaient obtenu des couronnes; il devint célèbre dans l'âge
mûr malgré son angélique modestie. Honoré de l'estime, de
l'amitié même du plus infortuné des monarques, il ne pouvait
entendre prononcer son nom sans répandre des larmes. Jamais
artiste n'eut une âme plus élevée, un cœur plus sensible;
jamais citoyen ne fut animé d'un plus vif amour pour son
pays, pour sa ville natale. Il semble que dans le cours de ses
travaux assidus et de ses longs succès, s'oubliant lui-même, il
n'ait eu en vue que d'embellir le séjour de ses jeunes années.
Ah! ce n'était pas pour lui qu'il augmentait à grands frais et
par de nobles économies, ses savantes et riches collections;
c'était pour nous. Lorsque le temps eut blanchi sa tête vénérable, lorsqu'il sentit, en Italie, qu'il lui restait peu d'années
à vivre, recueillant les forces qui lui restaient, il rassembla
avec ordre les fruits des soins, des recherches et des sacrifices
de toute sa vie. Il salua pour la dernière fois les monumens de
la gloire romaine, et sur-tout ce beau Colisée dont lui seul a
reproduit l'ensemble; et, comme escorté par les nombreuses
richesses qu'il nous rapportait, il vint avec une précipitation
généreuse les déposer dans nos murs.

» Aidé par les soins d'un artiste qui lui fut constamment
fidèle comme élève et comme ami, il classait d'une main ses
collections patriotiques, et de l'autre ajoutait aux plans des
monumens qu'il avait lui-même dessinés, ces observations
impartiales et ces décisions classiques qui contribueront à

Peu d'hommes ont eu plus d'amis que M. Paris; il
n'en est point qui ait été plus digne de cette faveur du
Ciel. On en a nommé plusieurs dans le cours de cette
notice; il avait eu la douleur de survivre à la plupart
d'entr'eux; mais parmi ceux à qui le soin de sa mémoire reste confié, on ne peut se dispenser de citer
MM. Degerando et Percier, tous deux membres de

éclairer le goût en architecture. Au milieu des productions du
génie, il traçait les règles de l'art. Des douleurs aiguës venaient-
elles suspendre ses travaux, il faisait dresser sous ses yeux
l'inventaire de son cabinet, puis déposait dans l'église métropolitaine le buste en marbre blanc, d'un Pontife pieux dont
l'estime l'avait honoré. S'il désirait de vivre encore quelques
mois, c'était afin de pouvoir établir et décorer lui-même à ses
frais le local que la ville va consacrer à recevoir son musée.
Mais sentant que ses vœux à cet égard ne pouvaient être
exaucés, il reprit ses crayons à la veille de les quitter pour
toujours, et dessina le monument sépulcral où, selon ses intentions, il vient d'être déposé.

» Notre respectable compatriote, à ses derniers momens,
a rempli avec calme les devoirs de la religion, et s'est éteint
doucement dans les bras de ses parens et de ses amis.

» Messieurs, ce n'est point par des larmes stériles que nous
devons honorer la mémoire de M. Paris : il nous laisse de
grands exemples à imiter; marchons, si nous le pouvons, sur
ses traces. Employons le peu qui nous reste de cette vie fugi-
tive, à faire le bien dans la carrière où nous sommes engagés;
et si nos résolutions étaient ébranlées dans les traverses qui
nous attendent, venons près de ce monument, puiser un nouveau courage; renouvellons-y souvent le tribut de la reconnaissance publique, et sachons prendre des leçons de patrio-
tisme dans les souvenirs qui y resteront attachés ».

l'institut, avec qui il a entretenu des liaisons d'amitié, jusqu'aux derniers instans de sa vie.

On n'a pu faire connaître qu'imparfaitement les différens ouvrages de M. Paris. Le recueil de ses *Études d'architecture* présente une collection des plus beaux édifices anciens et modernes, si importante, qu'il est permis de douter s'il en existe nulle part une plus riche. Il communiquait ses dessins avec la plus grande facilité, et en laissait même prendre des copies aux curieux. Plusieurs personnes ont abusé de cette confiance pour publier, sous leurs noms ou ceux d'autres dessinateurs, quelques-unes de ses compositions les plus intéressantes; mais il n'a jamais réclamé contre ces honteux plagiats (1).

Le don que M. Paris a fait à sa ville natale, de ses livres, de ses porte-feuilles, et de toutes les richesses que renfermait son cabinet, prouve assez l'importance qu'il attachait au progrès des arts dans sa patrie (2), et le désir qu'il avait d'y contribuer. Pourquoi ne lui a-t-il pas été permis d'exécuter plutôt son projet de se fixer au milieu de nous? Ses exemples et ses leçons y auraient excité une noble émulation, et auraient ranimé

(1) Parmi les dessins de M. Paris, gravés à son insu, on se contentera de citer les deux beaux candélabres de Michel-Ange et de Raphaël, publiés à Paris en 1801, sous le nom de M. Prieur.

(2) Le Conseil municipal s'est empressé de prévenir le vœu des amis des lettres, en décidant qu'il serait ajouté à la bibliothèque une salle pour y placer le Musée Paris. Au centre s'élèvera, sur un piédestal, le buste en marbre de cet illustre

sans doute le goût des bonnes études, et cet amour du
beau, source féconde de toutes les vertus comme de

citoyen dont le nom passera à la dernière postérité avec le
souvenir de ses talens et de ses bienfaits.

*EXTRAIT du registre des délibérations du Conseil municipal
de la ville de Besançon, du 16 août, an 1819.*

### Membres du Conseil municipal.

MM. Barbaud, Hugues; Belami, notaire; Bernard, négociant; Billot, avocat; Bourgon, conseiller; Clerc, avocat-
général; Cusenier, médecin; Daclin, baron, ancien maire;
de Bouclans, président; de Boulignez, président; de Camus,
président; de la Perrière, propriétaire; de Mercy, avocat;
de St.-Agathe; Durand, maréchal-de-camp; Estreyer, aîné;
Ethis, président; Faivre, François-Xavier, négociant; Huguet,
tanneur; Lannay, négociant; Marquiset, négociant; Maurice,
conseiller; Muguet, Félix; Pône, Jean-Joseph, négociant;
Séguin, ancien magistrat; Spicrenaël, président; Thomassin,
docteur en chirurgie; Tinseau, substitut; Fàvre, négociant.

#### PRÉSENS.

MM. Bourgon, de Bouclans, Muguet, Faivre, Lannay,
Seguin, Tinseau, Spicrenaël, Belami, Marquiset, Estreyer,
Thomassin, Barbaud, de St.-Agathe.

Le Conseil étant réuni extraordinairement, ensuite d'autori-
sation de M. le préfet, en date du 6 du courant, M. le Maire
a donné lecture du testament olographe de M. Pierre-Adrien
PARIS, architecte du Roi, et dessinateur de son cabinet, qui
lègue à la bibliothèque publique de la ville, ses livres, manuscrits, dessins en bordures et autres, études d'architecture,
tableaux, bustes en marbre, bas-reliefs, antiquités, terres

toutes les véritables jouissances. Mais nous n'avons pas
perdu tout entier cet illustre citoyen ; ses ouvrages lui
survivent : c'est en les étudiant, que se formeront parmi
nous des artistes, assez distingués encore s'ils ne restent pas trop au-dessous d'un tel maître.

cuites anciennes et modernes, ouvrages modernes en divers
marbres, bronzes, médailles, modèles en bois, et généralement tout ce qui compose sa collection de curiosités.

Ce testament, en date à Besançon du 14 mai 1818, a été
publié le 3 août 1819.

Le Conseil a entendu cette lecture avec le plus vif intérêt,
et a déclaré à l'unanimité qu'il demandait à être autorisé à
accepter le legs au nom de la ville.

Mais voulant donner un témoignage solennel et durable de
la reconnaissance dont il est pénétré pour un citoyen aussi
généreux, le Conseil a délibéré qu'il serait ajouté une salle
pour y placer les objets légués par M. Paris, laquelle sera
décorée de son buste en marbre, avec une inscription qui rap-
pellera ses vertus et ses talens.

Que pour l'exécution de ce projet et les mesures à déterminer, il serait pris d'ultérieures délibérations ; que cependant la
ville fera célébrer pour M. Paris un service religieux auquel
le Conseil municipal assistera en corps.

Signé au registre, *Marquis* de TERRIER-SANTANS.

Pour copie conforme :

ISABEY., *Adjoint.*

---

(*) M. Paris a dû quelques pièces de son cabinet à l'attachement de son neveu, M. Aug. Paris, qui, se trouvant
chargé, en 1811, de la conduite d'une partie des travaux
de fortification qu'on exécutait en avant de la place de.

Corfou, sur l'emplacement de l'ancienne Corcyre, s'est vu
à même de donner à son oncle quelques marques de sa
tendresse et de sa reconnaissance, en lui faisant hommage
des antiquités que les fouilles qu'il dirigeait lui faisaient
tomber entre les mains. Parmi les objets qui sont parvenus
à leur destination, on remarque une petite tête de marbre
grec, d'un travail précieux ; quelques lampes de terre cuite,
un joli petit vase ( malheureusement fort endommagé ), de
ceux dits Étrusques ; un certain nombre de médailles d'argent et de bronze , appartenant à diverses époques de l'histoire corcyréenne ; des fioles lacrymatoires , etc.

Ces dons de la tendresse filiale eussent été plus importans, si un des envois que M. Aug. Paris adressait à son
oncle, ne fût tombé au pouvoir des Anglais.

# CATALOGUE

DE LA

# BIBLIOTHÈQUE DE M. PARIS,

CHEVALIER DE L'ORDRE DU ROI.

~~~~~~~~~~~~~~~~~~~~~~~~~~~~~~~~~~~~~~~~~~~~~~~~~

## THÉOLOGIE.

1. LA SAINTE BIBLE, contenant l'ancien et le nouveau Testament, traduit en français sur la Vulgate, par le Maistre de Sacy. *Paris, G. Desprez,* 1701, 2 vol. in-4°. v.

2. HISTOIRE de l'ancien et du nouveau Testament, (par Dav. Martin), enrichie de plus de 400 fig. *Amst., P. Mortier,* 1700, 2 vol. in-f°. v. dor. sur tr.

Cet ouvrage est connu sous le nom de la *Bible de Mortier;* l'exemplaire est après *les clous.*

3. LE Petit Carême de Massillon. *Paris, stéréot. de Didot,* 1803, in-18. v.

4. L'ALCORAN de Mahomet, traduit de l'arabe par André Duryer. *Amst., Arkstée et Merkus,* 1775, 2 vol. in-12. v. fig.

# DROIT.

5. PROCÈS-VERBAL de l'Assemblée des Notables, tenue à Versailles en 1787. *Paris, Imprim. roy.*, 1788, in-4°. v.

6. PROCÈS-VERBAL de l'Assemblée des Notables, tenue à Versailles en 1788. *Paris, Imprim. roy.*, 1789, in-4°. v.

7. RÉSUMÉ général, ou extrait des cahiers des bailliages du royaume. 1789, 3 vol. in-8°. v.

8. COLLECTION générale des décrets rendus par l'Assemblée nationale, pendant les années 1789 à 1792. *Paris, Baudouin*, 23 vol. in-8°. v.

9. THE constitution of England, by Delolme. *Basil, Tourneisen*, 1792, 1 vol. in-8°. bas.

10. ABRÉGÉ des causes célèbres et intéressantes, par P. F. Besdel. *Paris, Quillau*, 1787, 3 vol. in-12. bas.

11. A NARRATIVE of the proceedings against John Wilkes. *London, Richardson*, 1768, in-8°. front. grav.

12. AL Baron de Tournon, e consiglio di prefettura. Replica per Carlo Devaux contro il signor duca Giovani Torlonia. *Roma, Lazzarini*, 1812, br. in-4°. 6 pag.

13. MÉMOIRE sur l'origine des dîmes, par M. Lanjuinais. *Rennes*, 1786, in-8°. br.

~~~~~~~~~~~~~~~~~~~~~~~~~~~~~~~~~~~~~~~~~~~~~~~~~~~

# SCIENCES ET ARTS.

## PHILOSOPHIE ET POLITIQUE.

14. ENCYCLOPÉDIE, ou Dictionnaire raisonné des sciences, des arts et des métiers, par une société de gens de lettres. *Lausanne*, 1778, 36 vol. in-8°., et 3 vol. pet. in-4°. de pl.

15. LES Offices de Cicéron, traduits en français (par Dubois). *Paris, Coignard*, 1691, in-8°.

16. LES OEuvres de Sénèque le philosophe, trad. en français par Lagrange. *Paris, Imprim. de J. J. Smits*, an III (1795), 6 vol. in-8°. cart.

17. PENSÉES sur l'interprétation de la Nature (par D. Diderot). 1754, in-12. v. f. dor. sur tr.

18. ESSAYS and Treatises on several subjects, by David Hume. *Basil, Tourneisen*, 1793, 4 vol. in-8. bas.

19. ESSAYS on philosophical subjects, by Adam Smith. *Basil, Tourneisen*, 1800, in-8°. v.

20. LA Logique ou l'art de penser (par Arnauld et Nicole). *Paris, G. Desprez*, 1752, in-12. bas.

21. SKETCHES of the history of Man (by Henry Home). *Basil, Tourneisen*, 1796, 4 vol. in-8°. v.

1.

22. ESSAYS on suicide and the immortality of the soul, by David Hume. *Basil, Tourneisen,* 1806, in-8. br.

23. LA véritable manière d'instruire les sourds et muets, confirmée par une longue expérience (par l'abbé de l'Epée). *Paris, Nyon,* 1784, in-12. bas.

24. A philosophical inquiry in to the origin of our ideas of the sublime and beautiful (by Ed. Burke). *Basil, Tourneisen,* 1792, in-8°. br.

25. LES Essais de Michel de Montaigne. *Paris, M. Bla-jeart,* 1649, in-8°. v.

26. DE la Sagesse, par P. Charron. *Paris, Cochard,* 1664, in-12. bas. piq.

27. LES Caractères de Théophraste traduits du grec, avec les Caractères ou les mœurs de ce siècle, par La Bruyère. *Paris, Prault,* 1768, 2 vol. in-12. bas.

28. MAXIMES et Réflexions morales du duc de la Rochefoucault. *Paris, stéréot. de Didot,* 1802, in-18. v.

29. THE characteristics of Shaftesbury. *Basil, Tourneisen,* 1790, 3 vol. in-8°. v.

30. THE fable of the bees (by Bernard Mandeville). *Edinburg, J. Wood,* 1772, 2 vol. in-12. v.

31. THE spectator (by R. Steele and J. Addisson). *London, Tonson,* 1767, 8 vol. in-18. v.

32. THE theory of moral sentiments, by Adam Smith. *Basil, Tourneisen,* 1793, 2 vol. in 8°. bas.

33. THE theory of agreeable sensations (trad. du

franç. de Lévêque de Pouilly). *Basil, J. J. Tourneisen*, 1794, in 8°. bas.

34. A̲n̲ essay on the history of civil society, by Adam Ferguson. *Basil, Tourneisen*, 1789, in 8°.

35. A declaration of the People's natural right to a share in the legislature, by Granville Sharp. *London, B. White*, 1774, in-8°. cart.

36. R̲e̲f̲l̲e̲c̲t̲i̲o̲n̲s̲ on the rise and fall of the ancient republics, adapted to the present state of great Britain, by Edv. Wortley Montague. *Basil, Tourneisen*, 1793, 1 vol. in-8°. bas.

37. A View of society in Europe, or inquiries concerning the history of law, government, and manners, by Gilbert Stuart. *Basil, Tourneisen*, 1797, in 8°.

38. A̲n̲ estimate of te comparative strength of great Britain, etc., by George Chalmers. *London, John Stockdale*, 1786, in 8°. bas.

39. A short review of te Bristish government in India. *London, J. Stockdale*, 1790, in 8°. cart.

40. Du meilleur gouvernement possible, ou la nouvelle île d'Utopie, de Thom. Morus., trad. par T. Rousseau. *Paris, Blanchon*, 1789, in 8°. dem.-rel.

41. P̲o̲l̲y̲t̲i̲c̲a̲l̲ conferences between several great men, in the last and present century, etc. *London, Cadell*, 1781, in-8°. cart.

42. J̲u̲n̲i̲u̲s̲'s letters (*stat nominis umbra*). *Basil, Tourneisen*, 1795, in 8°. v.

Le véritable auteur de ces lettres est encore inconnu ; on

les a attribuées successivement aux plus grands publicistes de l'Angleterre ; mais jusqu'ici on est réduit à des conjectures plus ou moins plausibles. Voy. une lettre à ce sujet dans le *Moniteur* du 1er, Octobre 1816.

43. Recherches des principes de l'économie politique, trad. de l'anglais de J. Stevart (par M. Senovert.) *Paris, Didot l'aîné,* 1789, 5 vol. in 8°, dem.-rel.

44. The origin of the distinction of ranks ; or, an inquiry into the circumstances which give rise to influence and authority in the different members of society, by John Millar. *Basil, Tourneisen,* 1793, in 8°. bas.

45. Des lettres de cachet et des prisons d'état (par Mirabeau). *Hambourg,* 1782, 2 tom. en 1 vol. in 8°. v. fil.

46. Conpendio storico dello stabilimento formato in Amburgo per sollevare i poveri, etc., trad. del fr. per l'ab. Luigi Giuntotardi. *Roma, Lazzarini,* 1802, in 8°.

47. Governo e commercio delle provincie unite. *Grenoble,* 1675, in 12 min. mouil.

48. The history of the ancient and present state of the navigation of the port of King's-lyn and of Cambridge. *London, J. Robertz,* 1725, in-f°. dem.-rel. cart.

49. Observations sur le commerce des Etats américains, par lord Sheffield. *Rouen, Besongne,* 1789, in-4°. dem.-rel.

50. Mémoire sur l'esclavage des Nègres, par M. Malouet. *Neuchâtel,* 1788, in-8°. dem.-rel.

# SCIENCES NATURELLES.

51. DICTIONNAIRE raisonné de Physique, par Brisson. *Paris*, 1781 , 2 vol. in-4°. et un de pl. v.

52. LETTRES sur l'histoire physique de la terre, adressées à Blumenbach par J. A. Deluc. *Paris, Nyon*, 1798, in-8°. dem.-rel.

53. CHYMIE expérimentale et raisonnée, par Baumé. *Paris, Didot*, 1773 , 3 vol. in-8°. bas. port. de l'auteur.

54. TRAITÉ des moyens de désinfecter l'air , par Guyton-Morveau. *Paris*, 1801 , in-8°. dem.-rel.

55. DICTIONNAIRE raisonné universel d'histoire naturelle , par Valmont de Bomare. *Paris, Brunet*, 1775 , 9 vol. in-8°. v.

56. HISTOIRE naturelle, générale et particulière, par Leclerc de Buffon, nouv. édit. rédigée par C. S. Sonnini. *Paris, Dufart*, 1798 *et ann. suiv.*, 123 vol. in-8°. bas. fig. noires.

Cette Collection est divisée de la manière suivante. *Théorie de la terre*, 3 vol. — *Epoques de la nature*, 1 vol. — *Minéraux*, 12 vol. — *Histoire des animaux*, 1 vol. — *Histoire de l'homme*, 4 vol. — *Quadrupèdes*, 13 vol. — *Singes*, 2 vol. — *Oiseaux*, 28 vol. SUITE : *Reptiles*, par M. Daudin, 8 vol. — *Mollusques*, par M. Denys-Montfort, 6 vol. — *Crustacées et Insectes*, par M. Latreille, 14 vol. — *Poissons*, par M. Sonnini, 13 vol. — *Cétacées*, par le même , 1 vol. — *Plantes* , par M. Mirbel et autres Naturalistes , 18 vol. — *Tables* , 3 vol. TOTAL, 127 vol.

Il nous manque les 4 derniers vol. des *Oiseaux*.

57. LETTRES à M. le comte de Buffon, ou critique et nouvel essai sur la théorie générale de la terre ; 2ᵉ. édit. (par M. Bertrand, ingénieur en chef des ponts et chaussées de Franche-Comté). *Besançon, Charmet*, 1782, in-8°. bas.

58. TEORIA generale della terra esposta all'academia volsca di Velletri (dà F. Filippo Beccheti). *Roma, Giunchi*, 1792, in-8°. dem.-rel.

59. DE la Nature, par J. B. Robinet, 3ᵉ. édition. *Amst. Van Harrevelt*, 4 tomes en 2 vol. in-8°. fig. v.

60. HISTOIRE naturelle de la montagne de Saint-Pierre de Maestricht, par Ber. Faujas-Saint-Fond. *Paris, Jansen, an* VII, in-4°. bas. pap. f. fig.

61. DESCRIPTION des Alpes pennines et rhétiennes, par Bourrit. *Genève, Bonnaut*, 1781, 2 vol. in-8°. v. cart. et fig.

62. NOUVELLE description des glacières et glaciers de Savoie, par Bourrit. *Genève, P. Barde*, 1785, in-8°. dem.-rel. cart. et fig.

63. STORIA e fenomeni del Vesuvio esposti dal P. Gio-Maria della Torre, somasco. *Napoli, Guis. Raimundi*, 1755, in-4°. dem.-rel. 9 pl.

64. OBSERVATIONS sur le mont Vésuve, l'Etna, et autres volcans, par le chevalier Hamilton, traduit de l'anglais (par M. PARIS, architecte du Roi). *A Albano*, 1816, in-4°. dem.-rel.

Manuscrit autographe et inédit auquel M. PARIS a ajouté une carte des environs de Naples, et des vues de l'Etna et du Vésuve, sous leurs différens aspects.

65. RECUEIL de toutes les vues qui existaient dans le cabinet du duc de La Tour, et qui représentaient les incendies du mont Vésuve arrivées jusqu'à présent, avec les descriptions correspondantes. *Naples, Nicol. Gervasi,* 1805, in-4°. obl. dem.–rel. 25 pl.

66. ESQUISSE d'une nouvelle classification de minéralogie, suivie de quelques remarques sur la nomenclature des roches, par J. Pinkerton, trad. de l'anglais par Jansen. *Paris, Jansen,* 1803, in-8°. dem.–rel.

67. HISTOIRE du charbon de terre et de la tourbe, traduit de l'allemand de Pfeiffer (par Jansen). *Paris, Delormel,* 1787, in-12. v.

68. RECHERCHES sur les ossemens fossiles de quadrupèdes, où l'on rétablit les caractères de plusieurs espèces d'animaux que les révolutions du globe paraissent avoir détruites, par Mr. G. Cuvier. *Paris, Déterville,* 1812, 4 vol. in-4°. dem.–rel. fig. Le tom. 1er contient 2 pl.; le 2e, 8; le 3e, 9; le 4e, 38.

M. Cuvier, secrétaire perpétuel de l'académie des sciences, et l'un des plus illustres naturalistes de l'époque actuelle, est né en 1769, à Montbéliard, chef-lieu d'arrondissement du département du Doubs.

69. SULLE ossa fossili di grandi animali terrestri e marini, memorie del signor Giuseppe Cortesi. In-4°. br. avec 4 pl.

70. DE l'agriculture des anciens par A. Dickson, trad. de l'anglais (par M. PARIS, architecte du Roi). *Paris, Jansen,* 1802, 2 vol. in-8°. bas. pap. vel. fig.

71. DICTIONNAIRE économique de Noël Chomel,

nouvelle édition corrigée et augmentée par Delamarre. *Paris,* 1767 , 3 vol. in-f°. v.

72. COURS complet d'agriculture théorique, pratique, économique et de médecine rurale et vétérinaire, ou dictionnaire universel d'agriculture, par l'abbé Rozier. *Paris,* 1791 *et ann. suiv.* 10 vol. in-4°. bas.
—COURS complet d'agriculture, etc. par M. A. Thouin, de l'institut national. *Paris,* 1805 , 2 vol. in-4°. bas.

Ces deux volumes sont un supplément nécessaire à l'ouvrage de l'abbé Rozier.

73. AGRICULTURE pratique des différentes parties de l'Angleterre par Marshal (trad. de l'angl. par M. PARIS, architecte du Roi). *Paris,* 1803 , 5 vol. in-8°. et atl. in-4°. dem.-rel.

74. CULTURE de la grosse asperge, dite de Hollande, par Filassier. *Paris, Méquignon,* 1784, in-12. br.

75. ISTRUZIONE sulla coltivasione del cotone nei dipartimenti di Roma. *Roma,* 1811 , in-8°. br.

76. RECUEIL de Pièces sur l'Economie domestique. in-8°. dem.-rel.

Ce volume contient : Instruction sur le vertige abdominal, ou l'indigestion vertigineuse des chevaux, par Gilbert. —Recherches sur les causes des maladies charboneuses dans les animaux, par le même. — Instruction sur les moyens les plus propres à assurer la propagation des bêtes à laine de race d'Espagne, par le même. — Instruction sur les maladies inflammatoires épizootiques, par Huzard et Desplas. —Avis de la Commission d'agriculture sur la manière de remédier à la végétation surabondante des blés ; —Sur les moyens propres à rendre plus économique l'emploi des farines provenant des grains

nouvellement récoltés ; — Sur la culture du Navet ; — Sur la
culture des Choux ; —Sur la culture du panais , — de la Carotte ;
— Sur le Sarrasin ; — Sur la culture et les avantages des plantes
légumineuses.

77. HARMONIE hydro-végétale et météorologique , ou
recherches sur les moyens de recréer avec nos forêts
la force des températures et la régularité des saisons,
par des plantations raisonnées , par F. A Rauch, Ingénieur des ponts et chaussées. *Paris , Levrault , an* X ,
2 vol. in-8°. dem.-rel. 2 frontis. gravés.

78. DICTIONNAIRE des Jardiniers , ouvrage traduit de
l'anglais de Philippe Miller , par une société de gens
de lettres ( par MM. de Chazelles et Holandre ). *Pa-*
*ris , Guillot ,* 1785—90, 10 vol. in-4°. v.

On a ajouté au 1er volume le portrait de Miller.

79. TAILLE raisonnée des arbres fruitiers et autres
opérations relatives à leur culture, par Butret. *Paris,*
*Marchand ,* 1804, in-8°. dem.-rel. 1 pl.

80. COLLECTION de différentes espèces de serres
chaudes par W. Robertson , trad. de l'anglais, *Londres*
*et Paris ,* in-4°. obl. dem.-rel. 24 pl.

81. INTRODUCTION à l'étude de la Botanique, par J.
C. Philibert. *Paris , imp. de Digeon , an* VII, 3 vol. in-8°.
dem.-rel. avec 10 pl. col.

82. Dictionnaire élémentaire de botanique, par Bulliard , revu et presqu'entièrement refondu par L. C.
Richard. *Paris , Dugour , an* VII, in-8°. dem.-rel. avec
20 pl.

83. Dictionnaire universel de botanique par J. C. Philibert. *Paris, Merlin,* 1804, 3 vol. in-8°. bas. fig.

84. Physiologie végétale, contenant une description des organes des plantes, et une exposition des phénomènes produits par leur organisation, par J. Senebier. *Genève, Paschoud, an* VIII, 5 vol. in-8°. dem.-rel.

85. Phytonomatotechnie universelle, c'est-à-dire l'art de donner aux plantes des noms tirés de leurs caractères, par Bergeret. *Paris, Didot J.* 1783, 3 vol. in f°. cart. dos de mar. fig. col.

Cet ouvrage n'a point été terminé.

86. La Botanique mise à la portée de tout le monde, ou collection des plantes d'usage dans la médecine, dans les alimens et dans les arts, par Regnault. *Paris,* 1774, 3 vol. in-f°. cart. 467 fig. col.

Exemplaire complet d'un ouvrage difficile à trouver.

87. L'annuaire de l'herboriste, par un médecin botaniste. *Paris, Servière,* 1802, in-8°. dem.-rel.

88. Traité des végétaux qui composent l'agriculture de l'empire français, par Tollard aîné. *Paris,* 1805, in-12. dem.-rel.

89. Histoire naturelle et mythologique de l'Ibis, par J. C. Savigny. *Paris, Allès,* 1805, in-8°. bas. 6 pl.

90. Œuvres de P. Camper, qui ont pour objet l'histoire naturelle, la physiologie et l'anatomie comparée, (trad. par H. J. Jansen). *Paris, Jansen,* 1803, 3 vol. in-8°. bas. et un atlas in f°. contenant 30 pl.

91. ROMANI collegii soc. Jesu musæum celeberrim. à P. Athan. Kirchero locupletatum, et descriptum a Georgio de Sepibus, valesio. *Amstelod , Janson Waerberg,* 1678, in-f°. v. fig.

92. MUSÆUM Kircherianum, sive musæum a P. Athan. Kirchero, in collegio romano jampridem in-cœptum, nuper restitutum, auctum, descriptum et iconibus illustratum a P. Philippo Bonanni. *Romœ, Georg. Plachus,* 1709, in-f°. vel. fig.

93. ANATOMIA per uso dei pittori e scultori di G. del Medico, professore di chirurgia. *Roma, Vinc. Poggioli,* 1811, in-f°. dem.-rel. avec 38 pl.

M. PARIS a ajouté deux planches d'anatomie; l'une au com-mencement, l'autre à la fin du volume.

94. RAPPORT du physique et du moral de l'homme, par P. J. Cabanis, 3ᵉ édition. *Paris, Caille et Ravier,* 1815, 2 vol. in-8°. dem.-rel.

95. LUIGI Cornaro overo discorsi della vita sobria; in Parigi, *P. Dehayes,* 1646.—Trad. libre des quatre dis-cours précédens sur la sobriété (par M. PARIS). In-18. v. f. fil.

Cette traduction *inédite* est le dernier ouvrage de M. PARIS; il le termina peu de jours avant que l'affaiblissement progressif de ses forces l'obligeât de garder le lit. Ce manuscrit est d'une exé-cution si soignée, qu'on ne soupçonnerait jamais que l'auteur était un vieillard souffrant, et qui pressentait sa fin prochaine.

96. MOYENS infaillibles de conserver sa vue en bon état, trad. de l'allemand de M. Beer. *Paris,* 1804, in-8°. dem.-rel.

97. L'ART de soigner les pieds, par Laforêt, Chirurgien du Roi. *Paris*, 1782, in-12. dem.-rel.

98. DICTIONNAIRE raisonné universel de matières médicales (par de la Beyrie, et mis en ordre par Goulin). *Paris, Franç. Didot*, 1773, 4 vol. in-8°. bas.

99. DE la génération des vers dans le corps de l'homme, par N. Andry. *Paris, D'houry*, 1714, in-12. v.

100. VERS solitaires et autres de diverses espèces, dont il est traité dans le livre de la génération des vers, *Paris, D'houry*, 1718, in-4°. 19 pl.

101. TRAITÉ des eaux minérales de Bourbonne, par Baudry. *Dijon, Sirot*, 1736, pet. in-8°. bas.

102. MÉMOIRES et observations sur les effets des eaux de Bourbonne, etc., par Chevalier. *Paris, Vincent*, 1772. —Précis pratique sur les eaux de Bourbonne-les-Bains, par Mongin-Montrol. *Langres, Defay, an X.* —Dissertation contenant de nouvelles observations sur la fièvre quarte et l'eau thermale de Bourbonne, par Juvet. *Chaumont, Briden*, 1750, 1 vol. in-12. dem.-rel.

103. DISSERTATION chymique sur les eaux minérales de la Lorraine, par Nicolas. *Nancy, Thomas*, 1778, in-8°. br.

## SCIENCES MATHEMATIQUES.

104. TRATTATO dell' acque correnti diviso in tre libri, da Carl. Fontana. *Roma, Buagni*, 1696, in-f°. vel. fig. Cet exempl. a appartenu à E. Bouchardon, célèbre sculpteur.

105. DELLE cagioni e de' rimedi delle inundazioni del Tevere, etc. *Roma*, *Ant. de' Rossi*, 1746, in-f°. dem.-rel. 5 cart. à la fin.

106. LA caduta del velino nella nera, da Francesco Carrara, segretario del concilio. *Roma*, *Casaletti*, 1779, br. in-f°. de xxiv pag. avec 2 gr. pl.

107. DELL'EMISSARIO Claudio nel paese de'marsi (da Rosini). In-4°. br. de 16 pag.

108. ARCHITECTURE hydraulique, ou l'art de conduire, élever et de ménager les eaux, par Bélidor. *Paris*, *Jombert*, 1737, 4 vol. in 4°. v. fig.

109. COMPARAISON du projet de M. de Parcieux, pour donner des eaux à la ville de Paris, etc, par d'Auxiron. *Amsterdam*, 1769, in-8°. br.
M. Cl. Fr. d'AUXIRON, Chevalier de St.-Louis, né à Besançon, d'une famille qui a produit plusieurs hommes de mérite, mourut à Paris en 1778. Il est principalement connu par un ouvrage intitulé *Principes de tout gouvernement*, et par une bonne traduction de la *Théorie des fl.-uves*, par F. Is. Silberslag.

110. HISTOIRE de l'astronomie ancienne, par Bailly. *Paris*, *Debure*, 1775, in-4°. 3 pl.

111. SAGGIO dell'astronomia, cronologia e mitologia degli antichi Messicani, opera di D. Ant. Leon. Gama. *Roma*, *Salomoni*, 1804, in-8°. dem.-rel. 2 gr. pl.

112. A new theory of the earth, by William Whiston. *London*, *John Whiston*, 1737, in-8°. v.

113. A New system on fire and Planetary life, etc. *London*, 1796, in-8°. br.

114. ETUDE du Ciel, ou connaissances astronomiques mises à la portée de tout le monde, par J. Mollet, *Lyon*, *Périsse*, 1803, in-8°. dem.-rel. 4 pl.

115. LA Gnomonique pratique, ou l'art de tracer les cadrans solaires, par Dom François Bedos. *Paris*, *Briasson*, 1760, in-8°. v. avec 34 pl.

On sait que D. MONNIOTE, de Besançon, a eu la plus grande part aux ouvrages publiés sous le nom de D. Bedos, son confrère, et que ce modeste religieux est le véritable auteur de *l'Art du facteur d'orgues.*

116. LA perspective pratique, nécessaire à tous peintres, etc., par un religieux de la comp. de Jésus (le P. Jean du Breuil). *Paris, Melchior Tavernier*, 1642—49, 3 vol. in-4°. v. fig. *Ouvrage estimé.*

On trouve, à la fin du 1er. volume : Diverses méthodes tirées du livre de la perspective pratique. *Paris*, 1642, 36 pages. — Avis charitable sur les diverses Œuvres et feuilles volantes de Desargues, lyonnais. *Paris*, 1642, 3 parties. *Très-rare.*

117. LA perspective pratique de l'architecture, par Louis Bretez. *Paris*, *Ch. Ant. Jombert*, 1751, in-f°. v. 57 pl. texte gr.

118. PERSPECTIVA pictorum et architectorum Andreæ Putei (A. Pozzo). *Romæ*, *J. G. Salomoni*, 1764, 2 vol. in-f°. vel. fig.

119. LA marine des anciens peuples expliquée, etc., par Leroy. *Paris*, 1777, 6 pl.

—Nouvelles recherches sur le vaisseau long des anciens, sur les voiles latines, etc., par Leroy. *Paris*, 1786, 1 pl.

— Catalogue des livres de la bibliothèque de M. de Boullongne, conseiller d'état, *Paris*, 1787, 1 vol. in-8°. v.

120. Nouvelle voilure proposée pour les vaisseaux de toutes grandeurs, par David Leroy. *Paris, Jansen, an* VII, in-8°. br.

121. Marine militaire, ou recueil des différens vaisseaux qui servent à la guerre, etc., par Ozanne l'ainé. *Paris,* petit in-4°. v. texte gravé, 5o pl.

122. Plan de plusieurs bâtimens de mer avec leurs proportions, par Henri Sbonski de Passebon, lieutenant de galère. In-f°. max. Recueil de 18 pl. compris le front.

123. Les fortifications royales, ou architecture militaire, par Fontaine. *Paris, Loyson*, 1666, fig. — Nouveau traité de la fortification, par le même. *Paris,* 1667, 1 vol. pet. in-8°. v.

124. La science des ingénieurs dans les travaux de fortifications et d'architecture civile, par Bélidor. *Paris, Jombert,* 1729, in-4°. v. fig.

125. Eléments de fortification, de l'attaque et de la défense des places, par Trincano. *Paris, Musier,* 1768, in-8. bas. avec 33 pl.

M. Trincano (Didier-Grégoire), ingénieur extraordinaire du Roi, et professeur de mathématiques des pages, né à Vaux, près de Besançon, en 1719, est mort à Versailles vers 1790.

126. Métrologies constitutionnelle et primitive comparées entr'elles, et avec la métrologie d'ordonnance (par M. Lesparat). *Paris, Jansen,* 1801, 2 vol in-4°. bas

2

## ARTS ET MÉTIERS.

127. DESCRIPTIONS des arts et métiers, faites et approuvées par MM. de l'académie royale des sciences de Paris, avec fig. en taille douce. Nouvelle édition, augmentée par J. E. Bertrand. *Neuchâtel*, *imprim. de la Société typographique*, 1771, 20 vol. in-4°. dem.-rel.

Le 20e. volume contient l'art de l'imprimeur, par Bertrand Quinquet.

128. DES principes de l'architecture, de la sculpture, de la peinture et des autres arts qui en dépendent, avec un dictionnaire des termes (par Félibien). *Paris*, *J. B. Coignard*, 1676, in-4°. v. br.

129. MEMORIE per le belle arti. *Roma , Pagliarini*, 1785—88, 4 vol. in-4°. v. fig.

130. RECUEIL de pièces intéressantes concernant les antiquités, les beaux arts, les belles-lettres et la philosophie, trad. de différentes langues (par MM. Jansen et Kruthoffer). *Paris, Barrois*, 1787 *et ann. suiv.*, 5 vol. in-8°. v. fig. Les 2 derniers vol. mouil.

M. Barbier nous apprend qu'il a paru un 6e. volume de cette collection. (Voy. le Dict. des anonymes, 5978.)

131. RECUEIL sur les arts, 1 vol. in-8°. dem.-rel.

Ce volume renferme : Lettre d'un amateur des beaux arts. — Considérations sur les arts du dessin en France par Quatre-mère de Quincy. *Paris*, 1791. — Recherches sur les mesures des anciens (par D. Leroy); elles sont extraites du 2e. volume des Ruines de la Grèce. — Précis d'une dissertation sur les

mesures des anciens, par le même. — Canaux de la Manche,
par le même. — Lettres sur les jardins d'Ermenonville. — Lettres à Vien, par Miger, graveur du Roi. — Description du
monument consacré à Frederic V, roi de Danemarck, par la
Compagnie des Indes. — Réflexions sur la mauvaise qualité du
plâtre, par M. Ferroussat de Castelbon. — Riflessioni sopra
alcuni equivoci sensi della una orazione intornò l'architettura.
Padova, 1788.

132. ANALYSE de la beauté, destinée à fixer les idées
vagues que l'on a du goût; trad. de l'anglais de Guillaume Hogarth (par Jansen). *Paris*, 1805, 2 vol. in-8°.
dem.-rel. avec 2 gr. pl.

133. ETUDES sur le beau dans les arts, par Joseph
Droz. *Paris, Renouard*, 1815, in-8°. pap. vél. dem.-rel.
*Don de l'auteur.*

M. Droz, à qui l'on est redevable d'un excellent traité de
morale : *l'Art d'être heureux*, est né à Besançon en 1773.

134. DISSERTATION sur les variétés naturelles qui ca-
ractérisent la physionomie, par **P.** **Camper**; trad. du
hollandais par Jansen. *Paris, Jansen*, 1791, in-4°. dem.-
rel. 11 pl.

135. DE l'allégorie, ou traités sur cette matière, par
Winkelmann, Addison, Sulzer, etc. (trad. par M. Jansen). *Paris, Jansen*, an VII, 2 vol. in-8°. dem.-rel.

136. SUR l'utilité de l'établissement des écoles gra-
tuites de dessin en faveur des métiers; discours qui a
remporté le prix, par **J. B.** **Descamps.** *Paris, Regnard*,
1767, in-12. br.

137. DIREZIONI a Giovani studenti nel disegno dell'ar-

chitettura civile, nel accademia Clementina, da Ferd.
Galli Bibiena. *Bologna, Volpe*, 1745, 2 vol. in–12. par.
Le tom. 1<sup>er</sup> contient 69 pl. et le tom. 2, 56.

138. STATUTI dell' insigne academia del disegno di
Roma detta di San-Luca. *In Roma, Arcang. Casaletti*,
1796, in-4°. cart.

139. STATUTI dell' insigne academia romana di San-
Luca. *Roma, de Romanis*, 1812, in-4°. pap. vél. de 29
pag. bas. fil.

M. PARIS, quoiqu'étranger, fut élu membre de la commission
chargée de rédiger les nouveaux statuts de l'académie, que le
gouvernement français venait de doter d'un revenu de 100,000 fr.
Après avoir terminé son travail, il le présenta à la commission
composée de MM. Canova, Lethiers, Bruni, Vicci, etc.; et elle
l'adopta sans y faire presqu'aucun changement. Le célèbre
Canova était alors président de l'académie, et il désirait que
M. PARIS lui succédât; mais quelques jours avant l'époque où
il devait être élu, il adressa sa démission à l'académie, et malgré les instances de ses amis et des artistes les plus distingués,
il refusa constamment d'assister à ses séances. M. PARIS a expliqué lui-même les motifs de sa conduite, dans une note assez
longue qu'il a transcrite à la tête de l'exemplaire que nous
avons sous les yeux; elle est signée de lui, et datée de Rome,
le 10 Février 1813.

140. MEMORIE trevigiane sulle opere di disegno per
servire alla storia delle belle arti d'Italia (da Fra. Dominico Maria Federici). *Venezia, Fr. Andreola*, 1803,
2 tom. en 1 vol. in-4°. demi.-rel. avec 2 gr. pl.

141. PRECETTI elementari sulla pittura de Paesi, da
Marianna Dionigi. *Roma, de Romanis*, 1816, in-8°. cart.
pap. vél. 11 pl. *Don de l'auteur.*

142. Discours prononcés à l'académie de peinture de Londres, par Josué Reynolds. *Paris, Moutard*, 1787, 2 vol. in-8°. v. mouil.

143. Trattato della pittura, di Lionardo da Vinci, con la vita dell' istesso autore scritta da Raf. du Fresne; si sono giunti i tre libri della pittura, e il trattato della statua di Leon-Bat. Alberti. *In Parigi, Giac. Langlois*, 1651, in-f°. vél. fig.

Ouvrage estimé. Cette édition contient les premières épreuves des gravures.

144. Riflessioni soprà Michel Angelo Buonarroti del cav. Onofrio Boni. *Firenze*, 1809, in-8°.

C'est une réfutation du jugement que M. de Chambray a porté sur ce grand artiste, dans son idée *de la perfection de la peinture.*

145. Œuvres complètes du chev. Josué Reynolds, trad. de l'anglais (par Jansen). *Paris*, 1806, in-8°. cart. pap. vél. port. de Reynolds.

Cette traduction est dédiée à M. Paris, membre de l'ancienne académie d'architecture.

146. La pittura comparata nelle opere principali di tutte le scuole con incisioni a contorno eseguite da Stan. Morelli e illustrate da G. A. Guattani. *In Roma, Fran. Bourlie*, 1816, in-8°.

Tome 1er contenant 54 pl. grav. au trait, avec une explication.

147. Psyches et Amoris nuptiæ, ac fabula a Raphaële Sanctio, Romæ, in farnesianis hortis trans Tyberim expressa, a Nic. Dorigny delineata et incisa, a J. P. Bel-

lorio notis illustrata. *Romæ*, *Rubeis*, 1693, in-f°. max. 11 pièces compris le frontispice.

148. Logge di Rafaeli nel Vaticano. *Roma*, *Pagliarini*, 1772—77, 2 vol. in-f°. max. dem.-rel.

Le 1er volume se compose d'un frontispice gravé, de l'avis au lecteur, de trois vues perspectives des loges, et de 27 pl. Le 2e volume ne contient que 12 pl. non compris le frontispice.

149. Ornati d'invenzione di Rafaele Sanzio d'urbino esistenti nell coro di San-Pietro in Perugia. *Roma*, *Fer. Mori*, 1811, in-f°. 20 pl.

150. Disegno della loggia di San-Pietro in Vaticano dove si dà la benedizione. Opera che devea dipingersi dal caval. Giov. Lanfranco, da lui delineato, et intagliato da Pietro Santi Bartoli. (*Roma*, 1665), pet. in-f°. obl. cart. 17 pl.

151. Galeriæ farnesianæ icones, *Romæ*, in ædibus ducis parmensis ab Annibale Carraccio coloribus expressæ, à P. Aquila delineatæ et incisæ. *Roma*, *J. J. de Rubeis*, 21 morceaux non compris les trois titres.

152. Imagines farnesiani cubiculi cum ipsarum monocromatibus et ornamentis, *Romæ*, in ædibus ducis parmensis ab Annibale Carraccio pictæ, à P. Aquila delineatæ et incisæ. *Romæ*, *J. J. de Rubeis*, in-f°. v. 13 morceaux.

153. Stampo del duomo di Orvietto. *Roma*, 1791, in-f°. 38 pl., par Cunego, Pronti et autres artistes.

Le cardinal Franç. Antamori a donné la description du Dôme d'Orviette en un volume in-4°.

154. Conquêtes de Louis-le-Grand, peintes et gravées d'après Vander Meulen. Un vol. in‑f°. max. v.
36 pl.

155. Ornemens de peinture et de sculpture, qui sont
dans la galerie d'Apollon au château du Louvre, et
dans le grand appartement du Roi au château des Thui-
leries, dessinés et gravés par Chauveau et Lemoine (vers
1710). In‑f°. mar. roug. dor. sur tr. 29 pièces.

156. La grande galerie de Versailles et les salons qui
l'accompagnent, peints par Ch. Lebrun. *Paris, impr.
roy.*, 1752, in‑f°. max. obl. 52 pièces.

157. Palazzi di Genova (da P. Paol. Rubens).
*Anversa* 1622, in‑f°. v. fil. dor. sur tr. 2 parties.

La première contient 72 pl., et la seconde 67. C'est l'édition
originale de ce recueil.

158. Galeria dipinta nel palazzo del principe Panfilo,
da P. Berretini da Cortona, intagliata da cav. Cesio.
*Roma, Rossi,* in‑f°. obl. v. 15 pièces.

159. Tableaux, statues, bas-reliefs et camées de la
galerie de Florence et du palais Pitti, dessinés par
Wicar, et gravés sous la direction de Lacombe et
Masquelier, avec les explications par M. Mongez. *Paris,*
1789—1815, 4 tom. en 2 vol. in‑f°. dem.- rel.

Cet ouvrage est composé de 48 livraisons, chacune de
4 pl. très-bien exécutées.

160. A new description of the pictures, statues, bus-
tos, basso‑relievos, etc., of Penbroke's at Wilton,
by James Kennedy. *Salisbury,* 1771, in‑8°. br.

161. Raccolta di disegni originali di Mauro Tesi estratti da diverse collezioni, agiuntavi la vita dell' autore.
*Bologna*, 1787, in-f°. dem.-rel. fig. à l'aquarelle, au
nombre de 28.

162. Nuova raccolta di disegni originali di Franc.
Mazzola, detto il parmigianino, estratti da diverse collezioni, publicata nel Bologna da Lod. Inig. In-f°.
dem.-rel.

Ce vol. contient 21 pl. au bistre.

163. Giuliano da San-Gallo : copie di disegne originali nella libreria medicea laurenziana, di Firenze.
In-f°. 10 pièces.

164. Recueil de dessins et de contre-épreuves de
Robert, peintre du Roi, 2 gros vol. in-f°.

Le 1er vol. contient 50 pièces : Vue du cloître des chartreux
dans les Thermes de Dioclétien. — Vue du Colisée. — Vue
des jardins de Villa-Albani. — Temple de Sérapis, à Pouzzole.
— Vue d'une ferme dans les environs de Rome. — Vestibule
du palais de Monte-Cavallo. — Un paysage avec une rivière,
sur le devant un homme conduit des chevaux. — Façade d'une
Eglise gothique. — Vue d'un pont dans les jardins de Villa-
d'Este. — Vue d'une cascade dans les mêmes jardins. — Ruines
antiques dans les environs de Rome. — Vue d'un moulin. —
Paysage orné de fabriques dans les environs de Rome. — Vue
extérieure d'une maison de plaisance. — Vue d'un cellier sou-
terrain. — Jardin de plaisance des environs de Rome. —
Ruines antiques. — Colonnade de Saint-Pierre, à Rome. —
Ruines à Tivoli. — Des bergers jouant. — Un palais. — Vue
de la Magnania, château près de Rome. — Jardins. — Façade
d'un château. — Ruines dans les environs de Naples. — Trois
vues de la Villa-Madama. — Fragmens d'architecture. — Jardin

de Portici, près de Naples. — Deux vues du Belvédère Pamphili, à Frescati. — Une fontaine, avec des ruines antiques. — Une fontaine formant un ruisseau, près duquel sont des laveuses. — Vue de la Villa-Farnèse, prise du Campo-Vaccino. — de la Villa-Strozzi. — de la Villa-Mattei. — Vue d'une fontaine décorée de colonnes, à la Villa-d'Este. — Ruines antiques. — Temple de Minerva-Medica. — Vue d'un palais à Rome. — Vue d'un temple, avec une colonnade et deux fontaines. — Vue du petit temple de Pestum, dans le royaume de Naples. — Fontaine de Trévi, couverte de toiles. — Escalier du palais Gasparini. — Ruines avec une fontaine. — Vue des environs de Naples. — Ruines dans un jardin. — Intérieur d'un palais. — Vue intérieure du Musée Aldobrandini.

Le 2e vol. contient 58 pièces : Vue de la Villa-Cereti, à Frescati. — Un tombeau antique. — Fragmens d'un tombeau. — Ruines et fragmens d'antiquités. — Deux vues de la Villa-Strozzi. — Entrée d'un jardin. — Statues antiques. — Un moulin. — Vue du jardin de Monte-Cavallo. — Un temple antique. — Paysage, dans le fond duquel on aperçoit une villa. — Le belvédère Pamphili, à Frescati. — Deux bassins antiques. — Deux vases antiques. — Tombeau de Caius-Sextius. — Vue des côtes de la mer. — Deux vases antiques. — Fontaine antique au milieu de ruines. — Fontaine de la Villa-Cereti, à Frescati. — Vue intérieure d'une cour dans le quartier des Trans-Teveres, à Rome. — Jardin d'une villa. — Vue d'un grand chemin, et dans le bas un ruisseau. — Rendez-vous de chasse. — Vue intérieure d'un temple antique. — Tête de vestale. — Un autel antique. — Fragment de corniche. — Un temple dans les jardins d'une villa. — Un grand escalier dans la Villa-d'Este. — Vue de différentes fabriques. — Vue d'une pièce d'eau dans les jardins de Frescati. — Vue d'une grande cascade avec une fabrique, à Tivoli. — Vue d'un couvent. — Fragmens d'ornemens d'architecture. — Vue intérieure d'un

temple antique. — Vue d'une porte de Rome. — Vue d'un
grand bassin dans la Villa-d'Este. — Écurie pratiquée dans des
ruines. — Deux vues d'une prison, composition de Robert. —
Vue d'une belle fontaine. — Une fontaine dans des ruines. —
Intérieur d'un temple. — Temple dans des jardins. — Vue
d'une villa. — Entrée d'une maison de plaisance. — Grande
fabrique entourée d'arbres. — Vue d'un torrent. — Statue
placée dans une voiture qui doit servir à la transporter. —
— La Villa-Cereti, à Frescati. — Vue intérieure d'une cuisine.
— Fontaine du Casino-Mattei.

165 Recueil de dessins et contre-épreuves de différens maîtres, 3 vol. in-f°.

Le 1er vol. contient 518 pièces. : Un paysage au bistre. —
Intérieur d'église par Piranesi, dessin à la plume. — Fontaine
de Juvilli, route de Paris à Fontainebleau, dessin au crayon
rouge, par M. Paris. — Un pont à Rome, dessin au crayon
rouge, par le même. — Des femmes tirant de l'eau d'un puits,
par le même, d'après Boucher. — Vue de la Villa-Pamphili.
— de la Villa-Farnèse, par le même. — Études d'arbres d'après
Robert, par le même. — Vue du fort de Radicofani, au crayon
gris, par le même. — Tête du canal de Fontainebleau, par le
même. — Vue d'un temple d'après Robert, par le même. —
Études d'arbres, par le même. — Vase antique au bistre, par
le même. — Tombeau de Néron, à l'encre de la Chine, par
le même. — Vue d'une grotte d'après Robert, par le même. —
Rochers et ruines antiques, par Bouteux, dessin au crayon
rouge. — Vue prise de Villa-Farnèse, par le même. — Vaisseau
vu sous ses différentes faces, par Bouteux. — Un médaillon de
Robert, au crayon rouge. — Vue des jardins de Caprarola,
par Bouteux, au crayon rouge. — Paysage par Robert, au crayon
rouge. — La Villa-Negroni, par Vincent, au crayon rouge·
— Compositions de Robert, au crayon rouge. — Le temple de

la sybille à Tivoli , par Berthelemy, au crayon rouge.—La Villa-Adriana, au crayon rouge.—Etudes d'arbres, par Fragonard, dessins au crayon gris. — Temple de Vesta à Tivoli., par Guerne, au crayon rouge. — Des baigneuses, par Robert , au crayon rouge. — Vue de Caprarola, par Bouteux, au crayon rouge. — Un paysage, par Robert , au crayon rouge. — Une fontaine , par le même, au crayon rouge. — La grotte de Pausilippe, par Callet, dessin au crayon gris. — Un temple , par Devailly, dessin à la plume. —L'arc de Janus à Rome , dessin à l'encre de la Chine. — Vue de la confession de San-Martino, à Rome, par Chalgrin , dessin au crayon rouge.—Fragmens d'antiquités, par Robert, au crayon rouge. — Ruines d'un temple , par le même, au crayon rouge.—Différens édifices , par J. B. Lefaivre, dessins à la plume. — Fontaine , par Robert, dessin au crayon rouge. —Décoration du temple de Jérusalem dans la tragédie d'Athalie , par Machy , dessin à la plume. — Une femme assise entre ses deux enfans , par Robert , dessin au crayon rouge. —Une jeune fille donnant le bras à un invalide.—Jeu de l'escarpolette.—Une jeune fille faisant danser un petit chien. —Une baigneuse. — Un enfant tombant d'un arbre. — Le retour de la pêche. — Différens paysages et vues d'édifices antiques , par le même , dessins au crayon rouge. — Calques sur des dessins d'après l'antique. — Vues de Chanteloup , de Méreville, de Charenton , de Versailles, des carrières de Paris, de Bercy, etc... , par Robert, dessins au crayon rouge. — Caricature par M. Girodet, dessin au trait.—Le Château-neuf, l'église de St.-Philippe de Néri, à Naples, par M. Paris, dessins au crayon gris.—Une danse de nymphes, par M. Paris, dessin à la plume. — Entrée d'une forteresse, par le même , à la plume.—Vue de l'escalier du palais Doria, à Gênes, par M. Paris, dessin au crayon gris. — Vue du groupe de pins de Villa-Negroni , par Vincent, dessin au crayon rouge — Bas-relief, par Bouteux, dessin au bistre. — Fragmens d'antiquités trouvées à Herculanum, par M. Paris, dessins au crayon

rouge. — Fontaine, par Robert, au crayon noir. — Figure
assise, par Guerne, dessin au crayon rouge. — La Villa-
Adriana, par Bouteux, au crayon rouge. — Trois apôtres,
St.-Jean, St.-Mathieu et St. Simon, par Angaux, au crayon
rouge. — Deux cariatides d'après Polidore, par Bouteux, au
crayon rouge. — Etudes, par Guerne par Bouteux, Suvée,
Alisart, au crayon rouge. — Académies par C. Hulin, 1772,
S. Chale, Brisard, dessins aux trois crayons. — Rendez-vous
à une fontaine, par C. Hulin. — Figures académiques par
Brisard, Casanova, S. Chale, Briard, C. Hulin, Gois, Calais,
dessins au crayon rouge. — Un sacrifice à Jupiter-Tonnant,
composition de Boichot, dessin à la plume. — Jesus prêchant
sur la montagne, dessin de Natoire, au bistre. — Esquisse à la
plume, de J. B. Huet. — Portrait du Tasse, par M. PARIS, dessin au crayon gris. — L'hymen, composition par Calais, au
bistre. — Un sacrifice, esquisse par le même. — Des esquisses
de Huet, de Durameau, de Deshayes, de Pajou, de Lecomte,
de Fragonard, etc. — Une bacchanale, par Bardin, dessin au
bistre. — Esquisses et études de Fragonard, dessins au crayon
rouge. — Un martyr, dessin au bistre, par Fragonard. — Tête
d'Esope, par le même, au bistre. — Etudes d'enfans, par le
même, dessins au crayon rouge. — Fontaine de la Villa-Albani,
dessin au crayon rouge. — Chapiteau antique de la Villa-
Albani, au crayon rouge. — Candelabre antique, dessin au
bistre, de Bernard, — Décoration du jardin d'Armide, à l'opéra,
dessin au crayon rouge, par M. PARIS. — Calques d'après les
dessins de Moreau, le dessinateur.

Le 2ᵉ vol, contient 305 pièces : Danse d'Amours, grand dessin
à la plume et au bistre. — Un sceau antique, à la plume. — Trois
fragmens de sceaux antiques, à la plume. — Apollon et les Muses,
déposant des couronnes sur le tombeau d'Alfieri, beau dessin au
crayon, par M. Millhomme. — Divers fragmens antiques, à la
plume et au crayon. — Vue d'une arcade à Rome, dessin au

bistre. — Vases et ornemens d'architecture, au crayon rouge et
au bistre. — Tombeau d'une femme, au bistre. — Fragmens
d'architecture ; un tombeau, etc., 7 dessins à la plume. — Deux
autels et ornemens d'architecture, au crayon gris. — La place
St-Pierre de Rome, au crayon rouge. — Un génie terrassant un
taureau, fragment d'après l'antique, dessin au crayon rouge.
— Ornemens d'architecture, au crayon gris. — Divers fragmens
d'antiquité, dessins à la plume et au crayon. — Un tombeau,
au crayon gris. — Partie du tombeau de Métellus, dessin à
l'encre de la Chine et au bistre. — Antiquités égyptiennes, au
bistre. — Ornement d'après l'antique, au crayon rouge. —
Deux tombeaux, au bistre. — Façade d'un temple antique, à
la plume. — Colonnade et galerie, au bistre. — Ornemens antiques, au crayon gris. — Fragmens d'antiquités, au crayon
gris, à la plume, etc. — Détails d'architecture. — Deux fontaines, au bistre. — Ruines antiques, dessin en couleur. —
Obélisques égyptiens, au bistre. — Restes d'antiquités à Tivoli.
— Petite vue de la tour de Plautius. — Petit temple près de la
Via-Appia. — Restes d'une chapelle sépulchrale, joli dessin
à la plume. — Vue intérieure d'une église, au crayon rouge.
— Vue de différens édifices de Rome ; autel antique dédié à
Junon, et différens fragmens d'antiquité, dessins au bistre. —
Léda, dessin au trait et à la plume. — Autel antique. — Un
taureau dévoré par un lion, dessin au bistre. — Un tombeau,
dessin à l'encre de Chine. — Vue de la Villa-Falconieri à Frescati, croquis à la plume. — Colonne du temple de Jupiter-
Tonnant, dessin à la plume. — St-Jean et St-Mathias, dessin
à la plume. — Figure académique, aux deux crayons. — Une
fontaine, dessin au bistre.

Le 3ᵉ vol. contient 72 pièces : Cimon se constitue prisonnier pour racheter le corps de Miltiade son père, dessin au
bistre, par Peyron. — Tête de jeune fille, au crayon rouge.
— Un médaillon représentant un génie écrivant sur une urne.

—Fragmens d'antiquités. — Deux dessins à la plume. — Une fontaine, dessin à la plume. — Une femme embrassant une urne, dessin à la plume. — Entrée triomphante d'un Saint dans le Ciel, dessin aux trois crayons, d'après quelque tableau de grand maître. — Une fontaine sous une voûte, dessin à la plume. — Vue d'une villa, dessin au bistre par Ménager. — Tour et murailles antiques, au crayon rouge. — Tombeau, à l'encre de la Chine. — Un moulin, au crayon rouge. — Vue intérieure d'un jardin, au crayon rouge. — Vue d'un temple sur les bords d'une rivière, au crayon rouge. — Cour pratiquée dans les ruines du Colisée, dessin au crayon rouge, d'après nature, par Robert. — Plafond représentant Apollon avec les Muses, dessin à la plume. — Vue d'une villa, au crayon rouge. — Tombeau dans une église, esquisse à l'encre de la Chine. — Une statue de la Villa-Colona, à la plume. — Une fontaine de la Villa-Mattei, dessin à la plume. — Une coupe, dessin à l'aqua-tinta. — Une fontaine, dessin à la plume. — Thermes égyptiens, à la plume. — Décoration d'architecture, à la plume. — Baptistaire, à l'aqua-tinta. — Fontaine, dessin à la plume. — Vue intérieure des jardins d'un palais à Rome, au crayon rouge, par Robert. — Deux esquisses de tombeaux, au bistre. — Monument égyptien, composé d'un temple surmonté de quatre colonnes accouplées portant autant de statues, dessin à l'encre de la Chine. — Une fontaine, dessin à l'encre et au crayon rouge. — Deux lions, dessins aux trois crayons. — Un homme à cheval terrassant ses ennemis, esquisse à la plume et au crayon. — Tête de femme, à l'aqua-tinta. — Décoration du palais Barberini, au bistre. — Vue du Panthéon, au bistre. Vue intérieure d'une église, aux trois crayons. — Une fontaine, au bistre. — Vue d'une partie de colonnade, au bistre. — Vue de la place St-Pierre de Rome, dessin au bistre. — Un tombeau, dessin au bistre. — Vue de la colonnade de St-Pierre, aux crayons blanc et gris. — Esquisse au bistre. — La chasteté de Joseph, esquisse au crayon. — Figure académique, au crayon

rouge.—Une femme assise dans un fauteuil et chiffonant, dessin aux trois crayons.—Halte de soldats, dessin au bistre. —
Uue scène d'enfans, dessin aux trois crayons.—Enée combattant les Harpies, dessin au crayon rouge.—Caricature, au
crayon rouge.—Procession de vestales, dessin au bistre,—
Fragment d'un plafond, au crayon gris.—Une fontaine, à
l'aqua-tinta.—Hercule étouffe Anthée, dessin au bistre. —
Un grand vase, dessin au bistre.—Un jardin avec un temple
et un autel à l'Amour, dessin en couleur.—Un guerrier debout, appuyé sur sa lance, tandisque ses camarades reposent,
dessin au bistre.—Une fontaine sous une voûte, dessin au
bistre.—Un portrait, dessin colorié.—Une tête vue en
dessous, dessin aux trois crayons., par Boudon.—Une rivière, avec des fabriques sur le bord, dessin à la plume.—
Scène d'une tabagie flamande, dessin à la plume.—Divers
fragmens d'antiquités, au crayon rouge.—Un pelerin à genoux, et un homme vu par derrière, dessins au crayon
rouge.—Tête de vieillard, dessin au crayon rouge.—Tête
de femme à demi-voilée, dessin au crayon rouge.—Tête
d'après l'antique, au crayon rouge.—L'adoration des Rois,
dessin à la plume.—Une femme espagnole debout, dessin
au crayon rouge.

166. RECUEIL de gravures de différens maîtres, 3 vol.
in-f°.

Le tom. 1er. contient 792 pièces : Les triomphes médalliques
du comte de Rostaing, par Henri Chesnau, 1660, gravé par
Lepotre. — Plafonds de Lepotre. — Détails et ornemens d'architecture de Cotelle, Lepotre et J. Marot.—L'Apollon du Bel-
vedère, par H. Goltzius. — Louis XIV accueillant les arts,
composition allégorique. — Perille enfermé par ordre de Pha-
laris dans le taureau d'airain qu'il avait inventé, d'après Polidore de Caravasse. — Les abords du Parnasse, d'après le même.
— L'Hercule du Vatican, par Goltzius. — Chapelles et retables

de J. Marot, Leclerc et Lepotre. — L'Hercule-Farnèse, par Goltzius. — Plan de la ville de Saint-Maximin, en Provence, levé en 1554, carte manuscrite. — Un autre levé en 1774. — Vases et cartouches, par Lepotre. — Chaires à prêcher, par le même. — Diane et Actéon, Vénus et Adonis, par le même. — Différens sujets d'histoire et de mythologie, par le même. — Décorations intérieures et ameublemens, par Lepotre et J. Marot. — Arcs de triomphe, par Lepotre, Marot, Lebrun. — Alcoves, par Lepotre. — Fontaines et cuvettes, par le même. — Portrait de M. Floncel, par Cochin. — Fontaines et cascades, par Lepotre. — Plan de Florence, par Poggiali, 1784. — Vue des bains de Bourbon-l'Archambaud, par Perelle. — Diverses portes fabriquées dans le goût moderne. — Vue extérieure et intérieure de l'église Notre-Dame. — Paysages de Perelle. — Fêtes flamandes, estampes avant la lettre. — Arabesques de Bella. — Vaisseaux, par le même. — Le pape portant l'ostensoir à la procession de la Fête-Dieu, par Lesueur, avant la lettre. — Sujets inventés et gravés par D. L. R. — Etudes d'animaux, par Nicolas Berghem. — Grands paysages, la plupart historiés, par Perelle. — Intérieur d'une grotte, d'après Téniers.

Le tome 2 contient 564 pièces : Des coquilles marines, grande planche avant la lettre. — Grande Agathe-Onix de la Ste.-Chapelle du palais de Paris, gravée à l'eau forte par Pouget. — Plusieurs suites de vues, par Israël Sylvestre. — Paysages d'Antoine Waterlo, dont plusieurs représentent des traits de la vie des prophêtes (72 pièces). — Différens sujets tirés de l'histoire sainte ou de la mythologie, par Herman Vansnanevelt (17 pièces). — La Trinité, le Christ, La Sainte-Vierge, les douze apôtres et St.-Barthelemi, gravés par Pitteri, d'après J. B. Piazzetta. — Vues de Rome, par Israël Silvestre et Piranese. — Les portraits de Noël Hallé, de A. Roslin, peintres du Roi; de Charles-Pierre Coustou, architecte; des PP. Jacquier et Le-Sœur, par Cochin. — Portrait du cardinal de Bernis, par Callet; celui du chancelier Meaupou, par Chevalier.—Suite des vues de Paris, par Israël Silvestre.—Etude de lions, par M. Denon. — Résurrection de Lazare, eau forte par le même. — Un vieillard, gravé par Tugouf à la manière anglaise. — Jesus guérissant un démoniaque, eau forte par M. Denon, d'après Guerchin. — Différentes compositions de Cochin. — Paysages de Perelle. — Différens sujets d'après Salvator Rosa (60 pièces). — Vues de différens ports d'Italie, par Della Bella (5 pièces).—Paysages et sujets mythologiques, par Guaspre Poussin, gravés par Glauber (17 pièces). — Vue de la métropole de Narbonne, par Choffart, d'après Monnet. — Vaisseaux gravés par Gaspard Audran, d'après Van Beeg. — La salle des états-généraux, à Versailles, pour la séance royale, construite sur les dessins de M. Paris, épreuve avant la lettre.—Paysages, par Vander Cabel.— St.-Jérôme, par le même. — St.-Bruno, par le même. — Différens sujets tirés du voyage de Naples, par l'abbé de Saint-Non, eaux fortes avant la lettre. — Des anges, par Polydore de Caravage (gravés à Rome en 1583). — Camille s'opposant au paiement de la rançon promise aux Gaulois, par Polydore de Caravage. — Apollon et Diane, perçant à coups de flèches les enfans de Niobé, très-grande pièce en tr. par H. Goltzius, d'après Polydore de Caravage.—Sujets d'animaux, par B. Roos.— J. Winkelmann, d'après Mengs. — M. de Laborde, par M. Denon. — Vue des jardins d'Ermenonville, par Saint-Non. — Plusieurs compositions de Robert. — Différentes fresques de Raphaël, gravées par N. Dorigny et Gérard Audran. — Portrait d'André le Nostre, par Masson, d'après Carl. Maratte, très-belle épreuve. — Galatée sur les eaux, d'après une fresque de Raphaël, par N. Dorigny.—Les sens, par Bouchardon, gravés à l'eau forte par Fessard.—Frises antiques représentant des combats de Centaures, gravés par F. Masson et I. G. Legrand. —Quelques sujets tirés d'Herculanum et de Portici.—Esquisses gravées par Mlle Gérard, à l'âge de 16 ans.

3

Le 3ᵉ vol. contient 399 pièces : Antiquités romaines, par
François Perrier. — Statues antiques, par le même. — Arabesques, d'après Raphaël, par le même. — Études de tableaux de
grands maîtres, par Fragonard et Lanfranc. — Eaux fortes, de
Fragonard. — Un cosaque, par l'abbé de Saint-Non. — Fragmens d'antiquités, par le même, eaux fortes, au bistre. — Un
temple antique d'après Robert, et différentes compositions du
même, au bistre, par Saint-Non. — Compositions de Boucher
et de Fragonard, grav. par le même. — Différentes vues des
plus beaux jardins d'Italie, par Fragonard, et gravées par
Saint-Non. — Compositions de Leprince, gravées par le
même. — La mort d'Archimède, gravée au bistre par Charpentier, d'après Cirofer. — Antiquités romaines, gravées par
Pierre de San-Bartoli. — Peintures du Vatican, par Raphaël
et Jules Romain, gravées par le même. — Deux têtes de
Gorgones, par J. B. Galestruzzi. — Plafond antique, par San-
Bartoli. — St-Félix de Cantalice rendant la vue à un enfant,
par Carle Maratte. — Jupiter nourri par la chèvre Amalthée,
par Jules Romain. — Frise de Jules Romain, gravée par
Antoinette Stella. — Compositions de Ch. Eisen, de Cochin, etc.
— Vue du sallon du Louvre. — Allégorie sur la naissance du
duc de Bourgogne, par St-Aubin. — Collection de vases, par
J. Saly. — Un plafond, par Poilly. — Deux fontaines.

167. RECUEIL de gravures en porte-feuilles. Iᵉʳ Porte-
feuille.

Le sacrifice d'Abraham, d'après un bas-relief de Dominique
Beccafumi, grande pièce en travers. — La chasteté de Joseph,
petite pièce de 1544, signée H. S. B. (*marque de Hans-Sebalde
Beham*). — Moyse défendant les filles de Jethro, d'après le Poussin, par Peyron, gr. p. en travers. — Socrate éloignant Alcibiade
des voluptés, gravé par Peyron. — Un Christ d'après Michel-
Ange, litographié par M. de Lasteyric. (Le tableau original
appartient à M. Bertaut, recteur de l'académie de Clermont.) →

Une Vierge, gravure en ovale, sur bois. — La flagellation
de St-André, d'après le Dominicain, gravé par Carle Maratte,
p. en travers. — St-Jerome, par Albert Durer, petite pièce en
tr. — Vénus entourée des Amours, (ancienne gravure un peu
endommagée). — Le sommeil de Vénus, par Boucher. — Vénus
jouant avec le carquois de l'Amour, par le même, gravure en
couleurs, cinq différentes épreuves. — Persée égorgeant Méduse, d'après Annibal Carache, par Antoine Anselli, pièce
en travers. — Le jugement de Pâris, d'après Raphaël, pièce
en travers. — Le combat des Centaures et des Lapithes, plafond dessiné par Thomasini, gr. p. — Roland sur l'Hipogriffe,
gravure au crayon rouge. — Le départ de Régulus, d'après
Drouais. — Marius menaçant le soldat Cimbre qui vient pour
l'assassiner, d'après le même artiste. — Bataille de Constantin,
d'après Raphaël, par Antoine Banzo, pièce en tr. — Combat
naval, par J. B. Mantuan, pièce en tr. datée de 1538. —
Le Campo-Vaccino, gravé par Claude Lorrain, 1636, p. en
tr. — Deux groupes de Monte-Cavallo, par Pirolli, 1 feuil. —
Un turc à cheval, par Della-Bella. — La vérité entourée des
autres vertus, d'après André Sacchi, pièce en tr. — Hippocrate
présentant un breuvage à une femme malade, gravure allégorique dédiée à madame la comtesse de Brionne. — Deux
vignettes de Bernard Picart. — Ovide écrivant l'art d'aimer,
grande vignette de Cochin.

## 168. 2ᵉ Porte-feuille.

Vénus dansant avec les Grâces. — Mercure confiant Bacchus à la garde des Nymphes. — Hercule furieux. — Achille
remettant Briséis à Agamemnon. — Pyrrhus égorgeant Priam.
— Les fils d'Alcinoüs dansant devant Ulysse. — L'arrivée
de Télémaque près de Pénélope. — Socrate sauve Alcibiade à la bataille de Potidée. — Socrate, près de mourir,
éloigne sa femme et ses enfans. — Il reçoit la coupe de poison
en présence de ses amis. — Un de ses disciples (Criton) lui

3.

ferme les yeux (11 pièces gravées d'après Ant. Canova par
Th. Piroli et P. Fontana). — Thésée, vainqueur du Centaure. —
Hercule furieux jettant Lycas dans la mer. Deux groupes de
Canova, vus sous une double face. (Ces quatre pièces ont été
données à M. Paris par Canova, dont on voit la signature
au crayon au bas de chaque estampe). — Tombeau de la Comtesse de Haro, par Canova, 2 feuilles. — Projets de tombeaux
par Ant. Canova, parmi lesquels on distingue ceux de Volpato, d'Alfieri, etc. (7 pièces). — Le tombeau de Charlotte-
Godefride-Elisabeth de Rohan, princesse de Condé, d'après
Lalive. — Tombeau d'Emma Correi, par Angelica Kauffman,
gravure au pointillé. — Le retour de Canova à Rome, grande
vignette, au dessus d'un sonnet italien. — Les tombeaux de
l'abbaye de Caen et de Notre-Dame de Vernon (2 pièces
en tr). — Le tombeau de Philippe de Levis et d'Eustache,
son frère, à Ste Marie-Majeure, pièce en h. — Portraits et
scènes familières gravés par M. V. Denon, dans le genre de
Rembrand (17 pièces). — Le déjeûner de Ferney, par M. Denon,
pièce en tr. — Portraits du roi et de la reine d'Angleterre, médaillons en regard. — De Louise-Henriette de Bourbon-Conti.
— De madame la duchesse de Bourbon. — De madame la duchesse de Polignac, par madame Lebrun. — Du cardinal de
Bernis, par M. d'Agincourt. — De M. L. Bay de Curys, par
Watelet. — Du baron de Suffren, dessin au crayon. — De
Claude du Housset, marquis de Trois-Châteaux, chancelier
de Gaston de France, par Antoine Masson, très-grande pièce.
— De l'abbé Copette, par Watelet. — De la princesse d'Aszkow,
par M. d'Agincourt. — De Cretet, ministre de l'intérieur, dessin
à l'encre de la Chine. — Du général Hoche, par Milhomme. —
De Vanloo au crayon rouge, et celui de sa femme, aux trois
crayons. — de Michel-Ange, d'après Carache. — De madame
Lecomte, de l'académie de peinture, par l'Empereur. — De
mademoiselle Clairon. — Portraits d'artistes et de littérateurs
du 18e siècle, dessins au trait et à la plume.

169. 3ᵉ Porte-feuille.

Le serment de Louis XVI, le jour de son sacre, frontispice du Discours sur les monumens publics, par l'abbé
de Lubersac. — L'impératrice de Russie, Catherine II, présentant à ses peuples un nouveau code, gravé par Choffard,
d'après Monnet. — Têtes d'expression, par M. Parocel, plus
le portrait en pied de Natoire, par le même, dessins au crayon
gris. — Un joueur de flûte, et une jeune femme pinçant la
guittare, 2 dessins au crayon gris. — Trois têtes dans le genre
grotesque, dont deux à la plume, et dans le centre Mᵉ Vᶜ Oudot,
d'après Caylus, au crayon rouge. — Caricatures faites à Rome
(6 pièces). — Gravures au crayon rouge, d'après Greuze, Boucher et Fragonard (7 pièces). — Promenades aériennes du
jardin Beaujon, gravé par Lerouge. — Vue d'une grotte ornée
d'un autel et de deux termes, esquisse au crayon gris. — Plan
du secrétariat logographique, par Guiraut de Bordeaux. — Un
paysage ; une femme couchée, tenant un vase ; un saule-pleu-
reur ; 3 pièces polytipées.

170. 4ᵉ Porte-feuille.

Mappemonde gravée en damasquiné, vers le commencement du 15ᵉ siècle. — Autre mappemonde plus étendue,
gravée vers le milieu du 15ᵉ siècle par un artiste allemand,
dont l'original est conservé au musée Veletri, copiée en
1797. — Deux gravures représentant le système théologique
des habitans du Thibet, d'après une peinture conservée au
musée Veletri. — Six vues d'Italie, par Mʳ. C. Dionigi, gravées par Gomelin, belles épreuves. — Six paysages composés
à Rome, et gravés à l'eau forte, par N. B. Boguet. — Vues des
Iles Borromées, par Louis Rados, 4 feuil. in-fº. en tr. — Vues
de Ville-Madame, de l'abbaye de Jumièges, de l'abbaye de
Paraclet, des bords de la Tossa. — Vue du lac (*Lacus nèmo-
rensis*), ou miroir de Diane, pièce en tr. — Vue de la colline
de l'enfer, pièce en tr., gravure signée F. P. S. — Monumens

égyptiens du musée Veletri, 2 feuil. in-f°. — Différens détails d'antiquités égyptiennes, grecques et romaines (7 pièces).— Vases antiques, une patère, un autel antique, et une petite statue d'Harpocrate, etc., tirés de différens cabinets et principalement du musée Veletri (17 pièces). — Antiquités, monumens, plans d'amphithéâtres, détails d'architecture, instrumens et inscriptions antiques, dessinés à la plume ou au crayon (40 pièces).—Trois mosaïques, deux gravées, et l'une dessinée. —Calques de différentes arabesques et de morceaux d'antiquités (6 pièces, dont 2 des antiquités de Persépolis). — La tour des Vents (4 pl. en tr.).

171. MASCARADE à la grecque, par B. Bossi. *Parme,* 1771, gr. in-4°. 11 pl.

172. SCULTURE del palazzo della Villa – Borghese, detta Pinciana, brevemente descritte. *In Roma, Pagliarini,* 1796, in-8°. br.

173. SCULTURE del palazzo della Villa – Borghese, detta Pinciana. *Roma,* 1796, 2 vol. in-8°. dem.-rel.

174. DESCRIPTION historique et chronologique des monumens de sculpture réunis aux monumens français, par M. Lenoir. *Paris, an* VIII, in-8°. dem.-rel.

175. CATALOGUE des effets précieux qui composent le cabinet de M. le duc d'Aumont, par Julliot fils, et A. J. Pailliet. *Paris* (1782), in-8°. v. f. dor. s. tr. pap. fort, avec 32 pl.

176. UN recueil de 15 catalogues de tableaux, gravures, vases antiques et autres curiosités, in-8°.

# ARCHITECTURE.

177. Dictionnaire d'architecture civile, militaire et navale, par C. F. Roland-le-Virloys. *Paris*, 1770, 3 vol. gr. in-4°. v. avec 101 pl.

178. Cours d'architecture, par Fr. Blondel. 2ᵉ édit. augmentée et corrigée. *Paris*, 1698, 2 vol. in-f°. v. à compart. fig.

179. Dell' architettura. Dialogi di Ermenegildo Pini. *In Milano, Marelli*, 1770, fig.
—Dispareri in materia d'architettura, e prospettiva di Mart. Bassi. *In Milano, Gios. Galeazzi*, 1771, 1 vol. in-4°. v. fig.

180. Manuale d'architettura di Giovanni Branca. *Roma, P. Giunchi*, 1772, in-16. v. fig. par.

181. Elémens d'architecture, de fortifications et de navigation, avec un vocabulaire des termes de fortifications, etc...., par M. P. D. L. F. (Papillon de la Ferté). *Paris, Vᵉ Balart*, 1787, 3 part. in-8° cart.

La partie d'architecture est suivie de 16 planches; celle de fortification de 6 planches, et la 3ᵉ d'une seule planche.

182. Dell' ordine dorico ricerche da Piet. Marquez messicano. *Roma, Salomoni*, 1803, in-8°. dem.-rel. avec 10 pl.

183. M. Vitruvii Pollionis de architettura libri decem

cum commentariis Danicl. Barbari. *Venetiis, Franc. Franciscius*, 1567, dem.-rel. in-f°. fig.

184. M. Vitruvii Pollionis de architectura libri decem cum notis variorum, etc.,.. edit. Joan de Laet. *Amstel., Ludov. Elzevirius*, 1649, in-f°. fig v. gauf.

Edit. peu commune et recherchée.

185. ARCHITECTURE, ou art de bien bâtir, de Vitruve; mis de latin en français, par Jean Martin. *Paris, Jacques Gazeau*, 1547, in-f°. v. fig.

186. LES dix livres d'architecture de Vitruve, corrigés et trad nouvellement en franç. avec des notes (par Perrault). *Paris, Coignard*, 1673, in-f°. v.

Edit. qui contient les premières épreuves des gravures.

187. LES dix livres d'architecture de Vitruve, corrigés et trad. nouvellement en franç., par Perrault. Seconde édit. revue et augmentée. *Paris, J. B. Coignard*, 1684, gr. in-f°. v. fig. exemplaire légèrement piqué.

Bonne édition, très-recherchée.

188. I dieci libri dell' architettura di Vitruvio, tradutti et commentati da D. Barbaro. *In Vinegia, Franc. Marcolini*, 1556, in-f°. cart. fig.

Bonne édition d'une traduction estimée.

189. L'ARCHITETTURA di M. Vitruvio Pollione, colla traduzione italiana e comento, del marchese Berardo Galiani. *Napoli, Stamp. Simoniana*, 1758, in-f°. vel. avec 25 pl. *Belle édition.*

190. TRAITÉ de l'architecture suivant Vitruve, publié par Pierre Daret. *Paris*, 1648, in-f°. vél. 50 pl.

191. Delle case di città degli antichi romani secondo
la dottrina di Vitruvio esposta da Piet. Marquez. *Roma,
Salomoni*, 1795, in-8°. dem.-rel. avec 6 pl.

192. L'architecture et art de bien bastir du seigneur
Leon-Baptiste Albert, gentilhomme florentin, divisée
en deux livres, trad. de latin en français par défunt Jean
Martin, parisien, etc. *Paris, Jacques Kerver*, 1553, in-f°.
dem.-rel. fig. *Rare.*

193. I dieci libri del architettura di Leon Battista
degli Alberti, tradott. in lingua fiorentina da Cosimo
Bartoli. *In Vinegia, Vin. Vaugris*, 1646, in-12. par.

194. L'architettura di Sebast. Serlio. *Venezia, Sessa,*
1559, in-f°. dem-rel. fig.

Cette édit. ne contient que les 5 premiers livres.

195. Tutte l'opere d'architettura et prospetiva, di
Sebast. Serlio, diviso in sette libri con un' indice copio-
sissimo et un breve discorso, dà Gio. Domenico Scamozzi. *Vinegia, gli heredi de Franceschi*, 1600, 2 tom. en
1 vol. in-4°. fig. dem.-rel. mouil.

196. I quatro libri dell' architettura, di Andrea Palladio. *In Venetia, B. Carampello*, 1616, in-f°. min. dem.-
rel. fig.

197. Architecture de Palladio, divisée en quatre
livres, avec des notes de Inigo Jones; publiée par
Jacques Leoni, architecte, trad. de l'ital. *Lahaye, P. Gosse,*
1726, 2 tom. en 1 vol. in-f°. fig.

Le traducteur est Nicol. Dubois.

198. Le 1ᵉʳ tome de l'architecture de Philibert de l'Orme. *Paris, Fréd. Morel*, 1568, in-f⁰. v. n. fig.
Cette édit. ne contient que les 9 premiers livres.

199. Œuvres de Philibert de l'Orme. *Paris, Chaudière*, 1626, in-f⁰. par.
Ex. complet d'un ouvrage estimé.

200. Della architettura di Gio. Ant. Rusconi con figure, disegnate del medesimo, libri dieci. *In Venetia, Gioliti*, 1590, in-f⁰. v. *Edition estimée.*
Exempl. précieux, contenant des dessins à la plume et des remarques ajoutées par un architecte italien du 17ᵉ siècle.

201. I dieci libri d'architettura di Gio. Ant. Rusconi. *In Venezia, Nicolini*, 1660, fig.
— Discorso del Carlo Fontana soprà le cause delle inondationi del tevere antiche, e moderne à danno della città di Roma, etc. *In Roma, stamperia della Camera Apostolica*, 1649, fig.
— Œuvre de la diversité des termes dont on use en architecture, réduit en ordre par Huges Sambin, demeurant à Dijon. *Lyon, Jean Durant*, 1572, fig. en bois, in-f⁰. dem.-rel. *Rare.*

202. L'idea della architettura universale, di Vinc. Scamozzi, architetto veneto, divisa in X libri. *In Venetia, Gior. Valentino*, 1615, 2 tom. en 1 vol. in-f⁰. v. fil. fig.
Edit. rare ; les livres IV, V, IX et X n'ont point été publiés.

203. Œuvres d'architecture de Vincent Scamozzi, contenues dans son idée de l'architecture universelle ;

trad. en franç. par Aug. Ch. Daviler et Samuel Dury. *Leyde, P. Vanderaa*, 1713, in-f°. v. fil. fig.

204. ARCHITETTURA con diversi ornamenti cavati dall' antico, da Gio-Battista Montano. *Roma, de Rossi,* 1684, 5 part. in-f°. dem.-rel.

La 1<sup>re</sup> partie contient 42 pl. — La 2<sup>e</sup>, 48 pl. — La 3<sup>e</sup>, 49 pl. — La 4<sup>e</sup>, 41 pl. — La 5<sup>e</sup>, 25 pl.

205. PARALLÈLE de l'architecture antique et de la moderne, etc., par Roland Fréard, sieur de Chambray, *Paris, Edme Martin*, 1650, in-f°. v. b. 40 pl. et un fr. grav. 1<sup>re</sup>. édit.

206. LETTRES sur l'architecture des anciens et celle des modernes, par Viel de St.-Maux. *Paris*, 1787, in-8°. v.

207. ORDONNANCE des cinq espèces de colonnes selon la méthode des anciens, par Perrault. *Paris, Coignard,* 1683., in-f°. v. 6 pl.

208. ARCHITETTURE, e prospettive dedicate alla maesta di Carlo VI, da Gius. Galli Bibiena. (*Augustæ* 1740). *Parisiis, Basan*, in-f°. dem.-rel. 50 pl.

209. ARCHITETTURA civilis von Georg. Peter Schillinger. *Nuremberg, Domern*, in-f°. dem.-rel. 26 pl.

210. ŒUVRES d'architecture de (Germ. de) Boffrand, architecte du Roi et inspecteur général des ponts et chaussées de France. *Paris, chez P. Patte, architecte*, 1753, 1 vol. in-f°. dem.-rel. fig.

211. A treatise on civil architecture, in which the

principles of that art, by Will. Chambers. *London ,* 1759 , in-f°. dem.-rel. 49 pl.

212. ELEMENTI dell' architettura lodoliana o sia l'arte del fabricare con solidata scientifica e con eleganza non capricciosa (da F. Carlo de Conti Lodoli Veneziano). *Roma , Pagliarini ,* 1786 , in-4°. dem.-rel. avec le portrait de l'auteur.

Ce vol. ne contient que la 1re partie.

213. L'ARCHITECTURE française des bâtimens particuliers, par L. Savot, avec des notes de Blondel. *Paris,* 1685 , pet. in-8°. v.

214. ARCHITECTURE pratique de Bullet, corrigée et augmentée par Seguin. *Paris, Didot,* 1788, in-8°. bas. fig.

215. TRAITÉ d'architecture pratique par J. Franç. Monroy. *Paris ,* 1785 , in-8°. v.

216. MANUEL d'architecture, ou principes des opérations primitives de cet art, par Seguin. *Paris , Didot ,* 1786 , in-8. v.

217. LE guide de ceux qui veulent bâtir, par Lecamus de Mézières. *Paris ,* 1791 , in-8°. v. mouil.

218. PRINCIPI di architettura civile, di Fran. Milizia. *Bassano , Remondini ,* 1804 , 3 vol. in-8°. dem.-rel. fig. de J. B. Cypriani.

219. RECUEIL et parallèle des édifices de tout genre, anciens et modernes, par J. N. L. Durand , avec des explications de l'histoire générale de l'architecture, par J. G. Legrand. *Paris , Gillé fils , an* VIII , 1800 , in-f°. obl. dem.-rel. 86 pl.

220. TRATTATO di Teofilo Galaccini sopra gli errori degli architetti. *Venezia*, *J. B. Pascuali*, 1767, in-f°. cart. fig.

221. HISTOIRE de la disposition et des formes différentes que les chrétiens ont données à leurs temples, depuis le règne de Constantin, par J. D. Leroy. *Paris*, 1764, in-8°. v. avec une pl. exemp. mouil.

222. PORTE di città e fortezze, di Michele Sammicheli, veronese, da Ferdinando Albertoli. *Milano*, 1815, in-f°. obl. 29 pl. en feuil.

223. ORNEMENS inventés par Jean Berain. *Paris*, in-f°. v.

224. MANUALE di vari ornamenti tratti dalle fabbriche, e frammenti antichi, etc. raccolta, disegnata ed incisa da Carlo Antonini. *Roma*, *Casaletti*, 1781—90, 4 vol. in-fol. demi-rel.

Les 2 premiers volumes contiennent les roses ou rosaces, 100 pl. — Le 3e, les chandeliers antiques, 65 pl. — Le 4e, la suite des chandeliers et candelabres, 30 pl., et les horloges solaires antiques, 18 pl.

225. Diverse maniere d'adornare i cammini ed ogni altra parte degli edifizi, da Giambat. Piranesi, (italien-anglais-français). *Roma*, *Salomoni*, 1769, in-f°. dem.-rel. 66 pl. *Epreuves magnifiques*.

226. RECUEIL de décorations intérieures, comprenant tout ce qui a rapport à l'ameublement, etc., par MM. Percier et Fontaine. *Paris*, 1801, in-f°. dem.-rel. 42 pl.

Le frontispice en annonce 72. L'exemplaire est incomplet des 30 dernières planches.

227. ESERCITAZIONI architettoniche sopra gli spec-
tacoli degli antichi, etc., da Piet Marquez. *Roma,*
*Salomoni*, 1808, in-4°. demi-rel. avec 3 pl.

228. IDEA di un teatro simile a teatri antichi all'uso
moderno accomodato del conte Enea Arnaldi. *Vicenza,*
*Ant. Veronese*, 1762, 2 parties en 1 vol. in-4°. dem.-
rel., avec 14 pl.
La 2ᵉ partie est précédée du portrait d'André Palladio.

229. DEL teatro. *In Venezia, Giamb. Pasquali*, 1773,
in-4°. v. 6 pl.

230. PIANTA, e spaccato del nuovo teatro di Bolonia.
1763, brochure in-4°. de 20 pages.

231. DÉCORATIONS et machines apprêtées aux noces
de Thétis, ballet royal représenté en la salle du Petit-
Bourbon, par Jacq. Torelli, inventeur. *Paris,* 1654,
in-f°. vélin, gravures de Sylvestre.

232. INVENTAIRE général des décorations de théâtre
et accessoires existant dans les différens magasins des
Menus-Plaisirs du Roi, le 1ᵉʳ janvier 1780, in-f°. v.
*Manuscrit.*

233. DESCRITTIONE di diversi ponti esistenti sopra
li fiumi Nera, e Tevere, etc., da Ag. Martinelli. *In Roma,*
*Tinassi*, 1676, in-4°. min. dem.-rel. fig.

234. CASTELLI e ponti di Nic. Zabaglia, con alcune
ingeniose pratiche e con la descrizione del trasporto
dell'obelisco vaticano e di altri, da Domenico Fontana.
*Roma, Pagliarini*, 1743, in-f°. v., avec un très-grand
nombre de fig.

235. Recueil d'idées nouvelles pour la décoration des jardins et des parcs dans le goût anglais, gothique, chinois, etc., allem. et franç., par J. G. Grohmann. *Paris, Fuchs,* 1796—1808, 5 vol. gr. in-4°. dem.-rel. fig.

Le 48ᵉ cahier est annoncé comme le dernier; cependant il en a paru depuis 12 nouveaux. Notre exemplaire n'en contient que 51.

236. L'architecture des voûtes, ou l'art des traits et coupes des voûtes, par le P. François Derand, jes. *Paris, Duchesne,* 1755, in-f°. v. avec 202 pl.

237. La théorie et la pratique de la coupe des pierres et des bois, ou traité de stéréotomie, à l'usage de l'architecture, par M. Frezier. *Strasbourg, J. Dan. Doulnecker,* 1737, 3 vol. in-4°. v. m. fig.

238. Recherches sur la Pouzzolane, sur la théorie de la chaux et sur les causes de la dureté du mortier, par Faujas de Saint-Fond. *Grenoble, Cuchet,* 1778, 2 pl.

—Mémoires sur la manière de reconnaître les différentes espèces de pouzzolane, et de les employer dans les constructions sous l'eau et hors de l'eau; pour servir de suite et de supplément aux Recherches, etc. *Amst.,* 1780, in-8°. 2 pl. v.

239. Le terme dei romani disegnate da Andr. Palladio, e ripubblicate con la giuntà di alcune osservazioni da Ottavio Bertotti Scamozzi (avec la trad. fr.). *Vicenza, Franc. Modenà,* 1785, in-f°. dem.-rel. 25 gr. pl.

C'est la réimpression de l'éd. publiée à Londres en 1732, par lord Burlingthon.

240. The Baths of the romans explained and illustrated, etc., by Ch. Cameron. *London, Georg. Scott,* 1772, gr. in-f°. pap. fort, dem.-rel. 75 pl.

241. Les bâtimens et les dessins d'André Palladio, recueillis et illustrés par Octave Bertotti Scamozzi, (ital. franç.). *Vicence, F. Modena,* 1776—83, 4 vol. in-f°. v. Le 1er renferme 52 pl.; le 2e, 51; le 3e, 52; le 4e, 54.

Cette édit. est la plus belle et la meilleure que l'on ait de cet excellent ouvrage.

242. Studio d'architettura civile sopra vari ornamenti di capelle e diversi sepolcri, etc., opera data in luce da Domen. de Rossi. *Roma,* 1711, in-f°.

Ce n'est que la 2e partie.

243. Il nuovo teatro delle fabriche et edificii in prospettiva di Roma moderna, disegnate da G. B. Falda, date in luce da Gio. Giacob. Rossi. *Romæ,* 1699, in-f°. obl. v.

Cet ouvrage est divisé en 4 livres : Le 1er contient 35 pl.; le 2e, 17 pl.; le 3e, 38 pl.; le 4e, 52 pl.

244. Nuovi disegni dell'architetture, e piante de palazzi di Roma de piu celebri architetti, disegnati et intagliati da Gio. Bat. Falda, dati in luce da Gio. Giac. de Rossi. *Roma,* in-f°. obl. v. fil. 61 pl.

Ce n'est que le second livre; le frontispice est dégradé.

245. Le fontane di Roma nelle piazze e luoghi publici della citta, etc., disegnate et intagliate da Gio. Bat. Falda. *Roma, de Rossi,* in-f°. obl. v.

Il y a quatre parties : La 1re contient 33 pl.; la 2e, 18; la 3e, 27; la 4e, 28.

246. Insignium Romæ templorum prospectus exteriores interioresque a celebrioribus architectis inventi, nunc tandem suis cum plantis ac mensuris a Joanne-Jacobo de Rubeis editi. *Romæ*, 1684, in-f°. v.

C'est un recueil de 73 pl., sans texte.

247. Palazzi di Roma de piu celebri architetti, disegnati da Piet. Ferrerio, pittore et architetto. *Roma*, *Gio. Giac. Rossi*, 1660.

—Nuova raccolta di fontane che si vedano nel alma citta di Roma, Tivoli e Frascati.

—Nuova raccolta degl' obelischi et colonne antiche, dell' alma citta di Roma, etc.

— Vestigi delle antichita di Roma, Tivoli, Pozzuolo et altri luoghi, disegnati da Ægid. Sadeler. *Roma*, *Gio. Giac. Rossi*, 1660, 5o pl. 1 vol. gr. in-4°. obl. parch.

Exempl. en mauvais état : plusieurs gravures sont mouillées, d'autres moisies ou mutilées.

248. Palazzi di Roma de piu celebri architetti, disegnati da P. Ferrerio. *Roma*, *Rossi*, in-f°. obl. v. b. *Recueil de* 110 *pl.*

249. Palais, maisons et autres édifices modernes, dessinés à Rome, publiés à Paris en 1798 (par MM. Percier, Fontaine et Bernier). *Paris*, *Baudoin*, in-f°. dem.-rel. 100 pl. au trait.

250. Memorie istoriche della gran cupola del tempio vaticano. *In Padova*, *stamp. del Semin*, 1748, 1 vol. gr. in-f°. rel. 25 pl.

251. Riflessioni sopra alcune difficolta spettanti i danni, e risarcimenti della cupola di S. Pietro; de' PP.

4

Lesueur , Jacquier , e Boscovich (1743). Broch. in–4°.
de 64 pag. avec une pl.

252. Descrizione del palazzo apostolico vaticano ,
opera postuma d'Agostino Taja. *Roma , Pagliarini ,*
1750 , in–8°. min. bas.

253. Piante, elevazioni, profili e spaccati degli edifici
della villa suburbana di Giulio III , da Gio. Stern.
*Roma , Ant. Fulgoni ,* 1784, in–f°. max. dem.–rel. 3o pl.

254. Scelta di architetture antiche e moderne della
citta di Firenze , da Ferdinando Ruggieri; edizione seconda , pubblicata da Gius. Bouchard. *Firenze ,* 1755 ,
4 tom. en 2 vol. in–f°. v.

Le 1er vol. contient 8o pl. ; le 2e , 8o; le 3e , 78; le 4e , 17.

Le quatrième tome est divisé en deux parties : La seconde
est intitulée , la *Libreria mediceo-laurenziana , architettura di
Michel Agnolo Buonarroti , disegnata ed illustrata da Giu. Ig.
Rossi ,* etc. *Firenze ,* 1755, 22 pl.

255. Metropolitana di Ravenna , architettura del
caval. Gian–Franc. Buonamici. *In Bologna , Lelio dalla
Volpe ,* 1748 , 2 vol. in–f°. dem.–rel.

Le 1er vol. renferme 37 pl. et le 2e 42.

256. Le temple de Malateste de Rimini ; architecture
de Leon. Bapt. Alberti de Florence (publ. par Charl.
Jos. Fossati), ital.-franç. *Fuligno , Jean Tomassini ,* 1794,
in–f°. br. 8 pl.

C'est la 1re partie de l'ouvrage ; on ignore si la suite a paru.

257. Dichiarazione dei disegni del reale palazzo di
Caserta (da Luigi Vantivelli). *In Napoli , regia stamperia,*
1756 , in–f°. atl. mar. r. fil. 14 pl.

258. RACCOLTA dei disegni delle fabbriche regie de Bagni di monte catini nella valdinievole. *In Firenze,* 1787, 1 vol. in-f°. cart. 14 pl.

259. VUES de maisons royales de France, par Israël Silvestre. 1 vol. in-f°. v. *aux armes du Roi.*

260. LE magnifique château de Richelieu en général et en particulier, gravé par Jean Marot. In-4°. obl. max. 17 pl.

261. L'ARCHITECTURE française, ou recueil des plans, élévations, coupes et profils des églises, palais, hôtels, etc.... par J. Marot. *Paris, Jean Mariette.* 1727, in-f°. v. *Recueil de* 215 *pl.*

262. LES Œuvres d'architecture d'Ant. Lepautre. *Paris, Jombert* (1652), in-f°. v. 56 pl. non compris le port. de l'aut., et 2 frontis. grav.

263. MANIÈRE de bastir pour toutes sortes de personnes, par P. Le Muet, architecte du Roi. 2ᵉ édit. *Paris, P. Mariette*, 1663, in-f°. v. b. fig.
Cette nouvelle édition est augmentée de 31 grandes planches, contenant les plans des bâtimens exécutés en France depuis la première publication de l'ouvrage.

264. RECUEIL des œuvres de Cottart, architecte. 1 vol. in-f°. bas. 26 pl.

265. ŒUVRES d'architecture de Marie-Joseph Peyre. *Paris, Prault*, 1765, in-fol. cart. 19 pl.

266. ARCHITECTURE françoise, ou recueil des plans, élévations, coupes et profils des églises, maisons royales, palais, hôtels et édifices les plus considérables de France,

4.

par Jacq. Franç. Blondel. *Paris, Jombert,* 1752, 4 vol. in-f⁰. gr. pap. v. marbr. 152 pl.

267. RECUEIL de divers projets, par Desprez, architecte du Roi. 1 vol. in-f⁰. cart. 15 pl.

Ces projets consistent en un monument funéraire, un reposoir et une grande salle.

268. ETUDES d'architecture, par Mʳ. P. A. PARIS, architecte du Roi, dessinateur de son cabinet. 9 vol. très-grand in-f⁰. dem.-rel.

De tous les ouvrages que renferme le cabinet de M. PARIS, celui-ci est le plus précieux : c'est le fruit de ses études et de ses recherches à Rome, et dans l'Italie qu'il a habitée vingt ans ; ou plutôt, comme il le dit lui-même, c'est le travail de sa vie entière ; car il n'a pas cessé d'enrichir sa collection de quelques nouveaux dessins, ou des réflexions judicieuses que lui suggerait une connaissance approfondie de l'antique.

Après avoir vu le porte-feuille de M. PARIS, en 1789, M. le prince d'Henin lui en offrit une somme très-considérable qu'il refusa.

M. Millin, l'un des savans les plus distingués de France, et conservateur du cabinet des antiques, écrivait en 1817 à M. PARIS, son ami : « J'approuve fort la » résolution que vous avez prise de léguer à votre ville » natale vos livres et vos antiquités ; mais, quant à » votre porte-feuille, c'est à Paris qu'est sa place, dans » la bibliothèque du Roi, où les artistes et les antiquaires » de tous les pays pourront venir le consulter, et y » puiser ce goût exquis qui caractérise toutes vos pro- » ductions ». M. PARIS, qui m'honorait de son amitié, me communiqua la lettre de M. Millin et sa réponse, dont j'ai souvent regretté de ne pas avoir conservé une copie. « C'est mon pays, disait-il, que j'ai eu princi- » palement en vue dans toutes mes études ; et puisque » vous pensez qu'elles peuvent être de quelqu'utilité aux » artistes, il est bien juste que je les laisse à mes com- » patriotes, privés des moyens d'instruction qu'on » trouve si facilement à Paris et dans la plupart des » grandes capitales ». Lecteur Franc-Comtois, voilà l'homme rare ! voilà le citoyen que nous avons perdu !

La notice suivante indique les principaux morceaux renfermés dans chaque volume. On a dû négliger beau- coup de détails intéressans pour les artistes, mais qui n'auraient pas eu le même attrait pour les amateurs.

## TOME I<sup>er</sup>. — PARTIE I<sup>re</sup>.

### Antiquités.

Entrée principale de la pagode de Seringham, dans le Maduré. — Plan perspectif de cette pagode. — Détails (ces trois dessins copiés sur les originaux rapportés de l'Inde par M. de Lauriston). — Détails d'architecture des ruines de Per- sépolis (4 pièces). — Pyramides égyptiennes. — Détails et intérieur de la grande pyramide. — Plan d'un palais de Thèbes. — Temples, grottes et autres monumens égyptiens. — Plan d'un édifice de Thèbes. — Obélisques égyptiens. — Plan de l'île de Philée et de ses temples. — Plans et coupes du puits de Joseph, et d'un bâtiment qui contient les fours à faire éclore les poulets. — Plans, élévations et détails du grand temple de Pestum. — Plan et détails du temple d'Hercule, à Cori. — Elévation du temple d'Hercule, à Cori. — Fragmens d'architecture d'ordre dorique (3 feuil.). — D'ordre rustique. — Théâtre de Marcellus à Rome (3 feuil.). — Portail

du temple de la Concorde. — Chapiteaux ioniques tirés des
ruines du palais des empereurs. — Entablement ionique tiré
des mêmes ruines.—Chapiteaux ioniques antiques, dont le premier est tiré des thermes de Dioclétien. — Vue du temple de la
Sybille et des écuries de Mécènes, à Tivoli. — Plan, élévation et détails du même temple ( 3 feuil. ). — Frontispice
des portiques d'Octavie. — Plan des thermes d'Agrippa. — Plan
du Panthéon. — Elévation et détails du frontispice et de l'intérieur de cet édifice ( 5 feuil. ). — Vasque de porphyre trouvée
dans le Panthéon, servant aujourd'hui de sarcophage au tombeau de Clément XII à St. Jean de Latran, à Rome, dessin
à la plume. — Plan, coupe et élévation du sarcophage
( 2 feuil. ). — Deux plans d'un ancien édifice qu'on voyait
sur le mont Quirinal. — Vue d'une partie du jardin Co-
lona. — Chapiteaux antiques. — Bel entablement antique. —
Entablement du temple de la Paix, bâti sous Vespasien. —
Plan et détails du Colisée. — Vues de l'intérieur du Colisée. —
Entablemens du second et du troisième ordre du Colisée.
— Deux pilastres, l'un tiré de l'arc de Titus, et l'autre des
thermes du même prince. — Entablement de la place de
Nerva ( 2 feuil. ). — Deux vues de l'arc de Constantin. —
Trois corniches du même arc. — Chapiteau et entablement du
temple de Jupiter-Stator ( 4 feuil.). — Roses antiques ( 2 feuil.).
— Chapiteaux du temple de Jupiter-Tonnant. — Entablement
du même temple, avec les détails (3 feuil.). — Chapiteau du
même temple.—Entablement du temple d'Antonin et Faustine.
Frise du même temple. — Frises et ornemens antiques. —
Ruines du temple de Mars-Vengeur. — Détails du même
temple. — Fragment de la corniche de la basilique d'Antonin.
— Beaux exemples de l'ordre corinthien. — Deux vues des
ruines du palais des Empereurs. — Entablement corinthien
tiré de ces mêmes ruines. — Deux chapiteaux composés par
M. PARIS, et gravés comme antiques dans le *Recueil et Parallèle d'édifices de tous genres, par M. Durand*. — Entable-

mens, corniches et autres détails antiques. — Console antique.
— Rinceau tiré d'un pilastre de la Villa-Médicis. — Chapiteau
de l'arc de Septime-Sévère. — Profils du même arc. — Roses
des voûtes du même arc. — Chapiteaux composés. — Frontispice de cinq temples — Pavés et voies romaines. — Deux
vues du temple de la Minerva-Medica. — Plan et coupe du
même temple. — Portiques qu'on croit être ceux de Philippe.
— Plans du temple de la Fortune (2 feuil.). — Plan d'un camp
prétorien. — Plan des thermes de Néron. — Des thermes de
Titus. — De Domitien. — De Caracalla. — De Dioclétien. — De
Constantin. — Plan du palais de Gallien. — Plan d'une Nymphée
connue sous le nom de fontaine de la nymphe Egérie ; d'une
maison antique à Rome, et d'une porte de la ville d'Autun. —
Plan et coupe d'un temple antique à Nocera de Pagani, con-
verti en église. — Différens plans d'édifices antiques, tirés des
manuscrits de Pirro Ligorio (10 feuil.). — Plan, élévation et
détails de la colonne Trajanne (4 feuil.). — Plan et détails de
l'amphithéâtre Flavien, connu sous le nom de Colisée. —
Obélisque de St. Jean de Latran. — Colonne rostrale. — Borne
d'un cirque. — Portion de candelabre antique. — Différens
vasques ou tombeaux égyptiens. — Choix des plus beaux autels,
cippes, tombeaux et trépieds antiques (3 feuil.). — Vases, lampes,
fontaines, bassins et sièges antiques (2 feuil.). — Pont et aquéduc
de Narni ou Otricoli. — Plan du cirque de Caracalla. — Elévation du même cirque. — Plan du théâtre d'Herculanum. — Elévation et coupes du même théâtre. — Plan, élévation et détails de la maison de plaisance de l'Empereur Adrien, à Tivoli
(12 feuil.).

TOME I<sup>er</sup>. — PARTIE 2<sup>e</sup>.

### Suite des Antiquités.

Restes du temple de la Fortune et de la ville de Palestrine.
— Constructions cyclopéennes. — Plan général de l'enceinte

consacrée à la Fortune-Prénestine , avec les différens édifices restaurés d'après le P. Volpi. — Détails de la colonnade
hémicycle du temple de la Fortune ; élévation générale de
ce temple. — Détails du *Delubrum* ou temple. — Coupe
générale des ruines du temple , et de la montagne. — Etudes
des colonnes du portique du Panthéon ( 28 feuil. ). — Entrée des portiques d'Octavie ( 5 feuil. ). — Plan du Capitole
avec l'église de l'*Ara Coeli*. — Plan des trois colonnes du
temple de Jupiter - Tonnant. — Plan et élévation de ce temple
(6 feuil.). — Colonnes du temple de Jupiter-Stator (4 feuil.). —
Plan du temple de la Paix, d'après les nouvelles fouilles ( 10
feuil.). — Plan de l'église de St.-Nicolas *in carcere* , où l'on a
retrouvé trois temples antiques rapportés dans le livre d'Antoine
Labacco , et détails de ces temples (3 feuil.). — Plan restauré du
temple d'Antonin et de Faustine (16 feuil.). — Plan des fouilles
et des découvertes faites aux temples réunis de Vénus et de
Rome ( 4 feuil.). — Plan de la nouvelle place de la colonne
Trajanne (3 feuil.). — Plan restauré du forum de Trajan (2 feuil.).
— Portiques et intérieur de la basilique Ulpienne (8 feuil.). —
Façade du temple de Minerve , à Assise. — Détails et restaura-
tion de la ruine nommée Tombeau des Horaces , (2 feuil.). —
Plan et détails d'un grand tombeau trouvé sur la voie Appienne.
— Tombeau trouvé dans les ruines de Capoue. — Tombeau
d'Auguste, à Rome. — Tombeaux d'Albano (2 feuil.). — Beau
cippe funéraire trouvé à Palestrine. — Plan et détails du port
de Trajan , près d'Ostie (2 feuil.). — Port d'Antonin à Terracine.
— Diverses antiquités trouvées dans les ruines de Pompéia
(11 feuil.). — Les ponts Salara et Nomentano , sur le Teverone.
— Murs antiques de Rome de l'enceinte d'Aurélien. — Portes
antiques de St. Sébastien et de St. Paul , à Rome. — L'arc de
Suze. — Portes de Falerie et de Fano. — Thermes herculéens ,
à Milan. — Restes du temple de Jupiter à Terracine (2 feuil.). —
Antiquités d'Albano (2 feuil.). — Plans et coupes de réservoirs
antiques (5 feuil.). — L'aquéduc de Claude, à Rome. — Autels

et fragmens antiques ( 2 feuil. ). — Pavés antiques (3 feuil.). —
Tables, sièges et candelabres antiques (3 feuil.).—Colonnes et
chapiteaux antiques (.7 feuil.). — Baignoire antique de Villa-
Borghèse , envoyée par M. PARIS au Musée royal, en 1809.
—Chars et sièges antiques. — Candelabres de fer et de bronze.
—Moulin à bras trouvé à Pompéia. —Murs de terrasse en basalte, à Frescati.

TOME II.—PARTIE 1re.

## Eglises et Edifices publics.

Plans des basiliques de St.-Paul et de Ste.-Marie-Majeure.
— De l'église de St. - Clément. — De Ste.-Marie in Trans-
tevere, de St.-Chrysogone et de Ste.-Agnès. —De St.-Martin
du Mont. — De St.-Pierre-ès-liens. — De Ste.-Cecile. —
De St.-Pancrace, hors des murs. — De St.-Pierre, in monte
aureo. — De Notre - Dame de Lorette. — De la chapelle
Guareschi, à Vérone. — De l'église della Madona, à Vérone.
De St.-Laurent, à Milan. — De Carignano, à Gênes. — Du St.-
Esprit, à Florence. — Delle fortezze, à Viterbe. — De St.-Au-
gustin, à Plaisance. — Du Jesus, à Rome. — Du Rédempteur,
à Venise. —Chœur de l'église de St.-George, à Venise. — Plan
de l'église de Maser. — De Santa-Maria-della-salute, à Venise.
De l'église St.-Ignace, à Rome.—Des deux églises de St.-Paul,
à Rome. — De Ste.-Justine, à Padoue. — De la Passion, à
Milan. — De la cathédrale de Ravenne. — De l'église des
jésuites, à Turin. — De St. - Martin du Mont, à Rome. —
De deux églises de Bologne. — Chapelle Altieri à la Minerve,
à Rome. — Plan de l'église de la Trinité, à Rome. — De l'église
de Castelgandolfo. — De l'église des Lorrains et du noviciat des
jésuites, à Rome. — De la place et de l'église de Riccia. — De
St.-Philippe, de Néri, à Naples. —De Ste.-Agnès de la place
Navonne. — De St. - Charles, au Cours, à Rome. — Chapelle Corsini, à St. Jean de Latran. —Plan de la petite église

de Villa-Bolonieti, hors de la porte Pie.— de Ste-Marie dei-
gradi, à Viterbe. — De l'Annunziata, à Naples.— De l'église
de la vénerie royale, à Turin.—Plan du baptistaire de Florence.
—Chandeliers d'église, que l'on croit composés par Michel-
Ange (4 feuil.).—Détails de menuiserie du chœur de la cathédrale de Pise. — Plan de l'hôtel-dieu de Milan. — De la
maison de force de Naples. — De l'hôpital des pauvres, à
Gênes. — Cimetières publics de Turin et de Milan. — Plan
des prisons neuves, à Rome.— Plan de la bibliothèque Ca-
sanate. — Tombeau de la comtesse Mathilde. —Bénitier de la
cathédrale de Pise. — Plan, élévation et coupes du portail
de l'église de St. Pierre, à Genève. — Plan de l'université
de Turin.—Du collége de la Sapience et du collége Romain.—
De la bourse de Londres, et des greniers publics, à Rome.

TOME II. — PARTIE 2ᵉ.

*Suite des Eglises et Edifices publics.*

Plan de l'église de St.-Clément, près du Colisée. — De
St.-Vital, à Ravenne. — Du baptistaire de Pise. — De la
cathédrale de Sienne.—D'Ancône.—De Capoue.—De Prato.
— Place de l'église de Ste.-Praxède, à Rome. — De St.-
Eusèbe et de St.-Martin du Mont. — De l'Annonciade,
à Florence. — De l'église des jésuites de Lyon. — De Ste.-
Apolline de Florence. — De Ste.-Agathe des goths, à Rome.
— De la cathédrale souterraine de Plaisance. — De la cathédrale de Forli. — De St.-Philippe-de-Néri, à Vérone. —
D'une église moderne de Vicence.—De l'église du *Corpus*,
à Bologne. — De la cathédrale de Brescia. — De l'église des
cordeliers de Fano. — De l'église St.-Jacques et de la cathédrale de Bologne. — De l'église de la Madona de St.-Luc, à
Bologne.—D'une petite église de Forli.—D'une autre hors
des murs d'Empoli. — De l'église des barbarines, à Rome. —

Des capucins d'Orviete.—De l'église des religieuses de Campo-Marso.—De l'église et du couvent des capucins de Ginglianetto.—Des chartreux de Rome. — De la chartreuse de Florence.—De l'église St.-Martin d'Autun. — Un couvent de Viterbe.—Le couvent des théatins, à Naples.—L'église du St.-Suaire, à Turin.—Le cimetière de l'hôpital du St.-Esprit, à Rome.—Celui de la chartreuse de Bologne.—La chapelle du cimetière de Civita-Vecchia.—Porte du cimetière de St.-Sulpice, à Paris.—L'hôpital de Turin.—L'hôpital français, à Rome.—Le nouvel hôpital de Palerme.—Le mont-de-piété, à Naples.—Le palais de la république, à Gênes.—L'hôtel-de-ville de Turin.—Celui de Brescia.—L'académie des arts, à Florence.—La bourse de Gênes.—Celle de Londres.—L'amphithéâtre construit dans les ruines du tombeau d'Auguste. — Celui de Milan. — Jeu de paume de Pérouse. — Le port de Ripetta.—Escalier de la place d'Espagne, à Rome.—Le lavoir de la Villa-Albano.—Chantier de constructions, à Rome. — A. Civita-Vecchia. — Le lazaret de Livourne.—Le puits d'Orviète.—Le Ponte-Mole.—Palais des études, à Naples.—Casin de la Villa-Borghèse.—Palais de la Consulte, à Rome.—Palais des ducs, à Massa-Carara.—Palais de St.-Jean de Latran.—Palais Pitti, à Florence.—Place publique de Livourne.—Place du peuple, à Rome.—Des États, à Dijon.—Place du petit bourg de St.-Jean, en Toscane.—La saline d'Arc, près de Salins.—Projet non exécuté pour la route de Rome à Ostie.—Palais de la reine Jeanne.

## TOME III. — PARTIE 1re.

### Les Palais.

Plan, coupe, élévation et détails du palais Farnèse (4 feuil.).—Plan et coupe du palais Massimi (2 feuil.). — Maison de Balthasar de Sienne.—Palais Doria et maison des jésuites,

TOME III. — PARTIE 2ᵉ.

*Suite des Palais, et les Jardins.*

palais Attemps, à Rome. — Du palais Borghèse. — Du palais Muti, à San-Venanzio. — Plan d'une écurie sur la route
de Rome à Naples. — Plan du palais Bonacorsi. — Plans
de différens casins. — Plan du palais Lancelotti, à Veletri.
— Plan de différens palais de Bergame, etc. — Palais épis-
copal de Brescia. — Un palais, à Padoue. — Palais Ercolani,
à Bologne. — Palais de Zola, à Bologne. — Différens palais de
Florence, de Turin, de Naples, etc. — Escalier du palais
Braschi, à Rome. — Divers escaliers de Naples. — Escalier du
Palais-Royal de Turin. — Plan d'une partie de la Villa-Bor-
ghèse. — De la Villa-Negroni. — De la Villa-Médicis. — De la
Villa Barberini. — De la Villa-Mattei. — De la Villa-Altieri. —
De la Villa-Albani. — De la Villa-Pamphili. — Plan du jardin
du Vatican. — De la Villa-Ludovisi. — De la Villa-Madama. —
De la Villa-Farnèse. — De la Villa-Bolonicti. — De la Villa-
Saccheti. — De la Vigne-Chisi, à Rome. — De la Villa-Mon-
dragone. — De la Villa-Conti. — De la Villa Aldobrandine. —
De la Villa-d'Este. — De la Villa-Lante. — De la Villa-Justi-
niani. — De la Villa-Costaguti. — Palais nommé de la Reine
Jeanne, sur le bord de la mer, à Naples. — Villa du Roi de
Naples. — Différentes villa de Naples et de Portici. — Cascade
des Jardins-Colona, à Rome. — Château de Valentin, sur les
bords du Pô. — Château et jardin de l'Isola-Bella dans le Lac-
Majeur. — Maison de campagne des anciens ducs de Parme. —
Façade de l'hôpital de Foligno. — Décorations des pavillons
du palais Marini. — Cloître du couvent du St.-Esprit, à Flo-
rence. — Cour du palais Justiniani, à Rome. — Fontaine de
Bagnaia. — Cour du palais Négroni. — Casin de Caprarola. —
Façade du palais Mattei. — Cour du palais Lancelotti. — Cor-
niches en bois très-saillantes. — Palais des Ugoccioni, à Prato.
— Palais Borghèse. — Palais Buoncompagno. — Façades du
palais du grand-duc de Toscane, à Rome. — De la banque du
St.-Esprit. — D'un palais dans les environs de Ravenne. —
D'une maison particulière, rue de la Longara, à Rome. —

Entrée de la Villa - Borghèse. — Façade d'une maison de
Raphaël, à Rome. — Du Palais - Odescalchi. — Plan et décorations du cloître du couvent della Pace, à Rome. — Ancienne
façade du palais de Venise, à Rome. — Façades de palais de
Florence. — Du palais d'Espagne, à Rome.

## TOME IV.

### *Détails d'Architecture tirés d'Edifices modernes.*

Détails du portique du palais Farnèse. — Entablement de la
porte du Peuple. — Détails du palais Chiericati, à Vicence. —
Du couvent de la Charité et des prisons neuves, à Venise. —
Du palais Massimi, à Rome. — Entre-colonnement du palais
Farnèse, à Rome. — Détails de la cour du Collége-Romain. —
Des Procuraties, à Venise. — Différens profils de corniches. —
Coupes du grand escalier du palais Caprarola. — Recueil de
différens soubassemens ( 10 feuil. ). — Portes de la ville de
Bolsena. — De la ville de Vérone. — Des jardins Farnèse. —
De la villa della Camera. — Collection de portes. — De croisées.
— Echafaud mobile de la voûte de St.-Pierre, à Rome. —
Etudes de charpentes. — Pont-Elien, aujourd'hui pont St-Ange,
à Rome. — Deux autres ponts antiques, à Rome. — Pont de
Rimini. — De Ste.-Marie, à Rome. — De Bassano, sur la Brenta.
— De Schaffhouse, sur le Rhin. — Fontaines de St.-Pierre et
de la cour du Vatican. — De la place Navone. — De Trévi. —
Distribution des eaux aux fontaines de Rome. — Plan de dif-
férens aquéducs. — Arabesques. — Ornemens de la grande
voûte de St.-Pierre de Rome. — Plafond du portique du palais
Massimi. — Rosaces et ornemens. — Etudes d'arabesques colo-
riées. — Décorations des salles de l'arsenal de Venise. — Trophée d'armes. — Aquéduc de Bourgas, à trois lieues de Constantinople. — Plan du cours des conduites de l'eau Paula, à
Rome.

( 63 )

TOME V.

*Les Théâtres.*

Décorations dessinées par M. Paris, et exécutées sous sa direction pour les théâtres de la cour, depuis 1783 jusqu'en 1790. — Théâtre olympique de Vicence. — Plan du théâtre de Tordinona, à Rome. — Du théâtre della Valle, à Rome. — Du théâtre de St.-Charles, à Naples. — De celui de Padoue. — De Turin. — De Milan. — La salle de l'opéra de Stuttgard. — Du théâtre de Metz. — De Madrid. — De Montpellier. — De Nancy. — De Brest. — De Covent-Garden, à Londres. — De Lyon. — De la salle de l'opéra de Paris. — De la nouvelle comédie française. — Du théâtre de Besançon. — Projet d'une salle d'opéra, présenté au mois de janvier 1789.

TOME VI.

*Compositions et amusemens.*

Esquisses de différens projets composés à Rome de 1771 à 74 (6 feuil.). — Décorations pour les bals de la Reine, à Versailles. — Catafalque de l'Impératrice Marie-Thérèse. — Salle de bal dans les jardins de Marly, pour la naissance du Dauphin. — Décorations du feu d'artifice tiré dans les jardins de Marly. — Décoration d'une petite salle à manger. — De l'hôtel du duc d'Aumont. — Cabinet de l'hôtel du comte de Broglie. — Projet pour l'école de médecine. — Plan de la maison de force, à Bourges. — Le bâtiment des eaux à Bourbonne. — Plans de l'hôpital de Bourg, en Bresse. — De l'hôtel-de-ville de Neuchâtel. — Projet d'une habitation à Vauclusotte (M. Paris l'a exécuté en 1794 à Colmoulin, où il s'était retiré chez ses amis). — Hôtel de M. de Richebourg, intendant des postes, à Paris. — Château à Colmoulin, près du Hâvre. — Plan et élé-

vation d'un hôtel, rue d'Angoulême (2 feuil.). — Plan et élévation de deux maisons, à Orléans (3 feuil.). — Projet d'un
château et jardins (3 feuil.). — Plan et élévation de la maison
de M. de la Rivière, à Cayenne. — Château de M. de Mon-
tendre. — Château à Neuilly-sur-Eure (3 feuil.). — Projet d'un
château destiné à la résidence du Prince-Evêque de Bâle. —
Projet pour la reconstruction du château de Versailles. —
Projet d'un institut national. — D'un monument consacré à la
mémoire de Louis XVI (5 feuil.). — Différentes compositions,
maisons, habitations et jardins.

269. RECUEIL des grands prix d'architecture, publié
par MM. Detournelle, Allais et Vaudoyer. *Paris*, 1805
*et ann. suiv.*, 1 vol. in-f°. dem.-rel.

270. MONUMENTS érigés en France à la gloire de
Louis XV, par M. Patte. *Paris*, 1765, in-f°. mar. r.
dor. sur tr., *aux armes du Roi*, 57 pl.

271. PLAN général de l'église de Ste.-Geneviève,
inventé et dessiné par Soufflot. *Paris*, 1757, in-4°. obl.
v. 6 pl.

272. RECUEIL des plans, coupes et élévations du nouvel hôtel-de-ville de Rouen, par M. Lecarpentier. *Paris,*
*Jombert*, 1758, in-f°. cart. 6 pl.

273. DESCRIPTION des écoles de chirurgie, par Gon-
doin. *Paris*, *Pierres*, 1780, in-f°. max. carton.

274. RAPPORT des commissaires chargés par l'académie des sciences de l'examen du projet d'un nouvel
Hôtel-Dieu. *Paris*, 1786 et 1788, in-4°. dem.-rel. avec
1 pl., par M. Poyet.

Ce volume ne contient que le 1er et le 3e rapport.

275. ARCHITECTURE , peintures et sculptures de la maison-de-ville d'Amsterdam, représentées en CIX pl. *Amsterdam* , 1719 , in-f°. dem.-rel.

276. RECUEIL d'architecture (en allemand) , avec des explications en franç. et en allem. *Leipsick* , 1725 , in-f°. obl. v. 84 pl.

277. LE Vitruve danois, contenant les plans , les élé-vations et les profils des principaux bâtimens du royaume de Danemarck ( danois , franç. et allem.) , par Lauritz de Thurah. *Kiobenhaun, Ernst. Henrich Berlings* , 1746, 2 vol. in-f°. v. fig.

Le premier vol contient 120 pl. , et le second 161.

278. PLANS , coupes et élévations de l'église royale de Frédéric V à Copenhague, par N. H. Jardin. 1765, 1 vol. in-f°. cart. 12 fig. plus 3 pl. ajoutées.

279. PLAN de l'habitation du prince Poniatowski , au voisinage de Varsovie. Gr. in-f°. obl. 4 pl.

280. MONUMENT élevé à la gloire de Pierre-le-Grand, ou relation des travaux et des moyens mécaniques em-ployés pour transporter à Pétersbourg un rocher de trois millions pesant, destiné à servir de base à la statue de ce prince, par le comte Marin Carburi de Ceffalonie. *Paris, Nyon*, 1777, in-f°. dem.-rel. 12 pl.

281. DISEGNI dell' imperial palazzo S. Michele eretto in San Pietroburgo, da M. Brenna. 1779, in-f°. max· carton. *Recueil de* 21 *gr. pl.*

282. THE designs of Inigo Jones consisting of plans and elevations for public and private buildings , pu-

blished by William Kent. *London*, *Benjam. White*, *at Horace's Head*, 1770, 2 tom. en 1 vol. in-f°. dem.-rel.
Le premier tome 73 pl. et le second 54.

283. Col. Campbell, Vitruvius britannicus or the british architect, containing the plans, elevations of the building, both public and private in Great-Britain. *London* (1715), 1767-71, 5 vol. in-f°. dem.-rel. fig.
Les trois premiers volumes contiennent chacun 100 pl.; Les deux volumes de supplément publiés par Wood et Gandon en renferment 198.

284. Recueil de planches représentant les principales églises, les palais d'Angleterre, et des vues de ports de mer, etc. 1 vol. gr. in-f°. v. 82 pl.

285. Plans, elevations, sections and perspectives views of the gardens and buildings at Kew in Surry, by Villiam Chambers. *London*, *Haberkom*, 1763, in-f°. dem.-rel. 43 pl.

286. Designs of Chinese buildings, furniture, dresses, machines, and ustensils; by Chambers. *London*, 1757, gr. in-f°. dem.-rel. 21 pl.

287. Recueil de planches d'architecture, au nombre de 18. In-f°. max. dem.-rel.

288. Un portefeuille gr. in-f°., contenant plusieurs morceaux d'architecture.
Elévations, plans géométriques, et détails de différens édifices anciens et modernes, levés à Rome par M. Paris (22 feuil.). —Plans géométriques des différens édifices levés à Rome par M. Paris (4 feuil.). —Plan, coupe et élévation du temple de

la Pudicité patricienne, à Rome, dessin terminé à l'encre de
la Chine. — Les ruines du temple de Jupiter-Tonnant, vues
sous leurs différentes faces, avec le plan de la machine à l'aide
de laquelle on est parvenu à redresser les trois colonnes qui
surplombaient (4 feuil. in-f°. en tr.). — Plan géométrique du
Colisée, dessin au crayon, par M. PARIS. — Vue du cloître
de la Chartreuse, dans les thermes de Dioclétien, par François
Piranèse, gr. in-f°. — Plan géométrique des thermes d'Herculanum. — Vue perspective des jardins Farnèse. — Elévation,
coupe et détails d'un Institut des sciences et des arts, par
M. PARIS (17 feuil.). — Façades de différentes métropoles de
France et d'Italie (26 feuil.). — Vues intérieures et détails
d'architecture de différentes églises d'Italie (9 pièces). — Façades du Palais-Royal de Paris et de différens palais de Rome
(13 feuil.). — Projet de restauration de Versailles, par M. PARIS.
— Coupes peintes et détails de la salle de l'opéra du palais de
Versailles (12 feuil.). — Plan géométrique de la salle des bals,
à Versailles. — Plans et décorations de la salle des bals, à
Versailles (13 feuil.). — Détails et décorations intérieures d'un
théâtre, par M. PARIS (5 feuil.). — Décoration pour le grand
théâtre de la cour, représentant l'intérieur du temple de Jérusalem, dessin au crayon, par M. PARIS (2 feuil.). — Plan
d'illumination des jardins de Versailles. — Projet et détails
d'un théâtre portatif, par M. PARIS (12 feuil.). — Plans, coupes et
détails des salles des États à Versailles et à Paris (8 feuil.).
— Elévation, coupe et détails de la salle des Notables et de
celle des États généraux à Versailles, par M. PARIS (6 pièces). —
Coupes et détails de l'amphithéâtre de la salle des États généraux à Versailles (13 feuil.). — Plan et coupe du pavillon du jardin de Trianon. — Elévations peintes, plans et coupes des jardins
de Marly (6 feuil.). — Projet présenté par M. Poyet pour la
réunion des Tuileries au Louvre. — Plan général des embellissemens projetés pour le palais des Tuileries, par Percier
et Fontaine (2 feuil. in-f°.) — Plan du palais Bourbon

5.

( 8 pièces ). — Elévation du portail de l'église de Sainte-Croix d'Orléans, beau dessin à l'encre de la Chine, collé sur toile. — Façade de la même église, beau dessin à l'encre de la Chine, collé sur toile. — Plan géométrique et différens détails (23 feuil.).—Détails de l'hôpital de Bourg, par M. PARIS (4 feuil.). —Plan géométrique de la salle de la Haute-Cour à Orléans, (4 feuil.). —Elévation et plans géométriques des bains de Bourbonne (2 feuil.). — Elévation, plan géométrique et détails des prisons de Château-Chalons, par M. PARIS (4 feuil.). — Projets pour la restauration du château de Villeneuve, par M. PARIS (5 feuil.). —Plan géométrique et détails d'une maison particulière (4 feuil.). — Projets de catafalques par M. PARIS, (9 feuil.).—Dessin au crayon gris du catafalque de Charles III, Roi d'Espagne, par M. PARIS.—Détails d'architecture dessinés par M. PARIS, ou calques de divers projets (25 feuil.). — Plan du casino de la villa du prince Stanislas Poniatowski, dans les environs de Varsovie, par Carle Antonini (4 feuil.).—Détails d'architecture, et coupes de différents monumens, palais, théâtres, basiliques, etc.... anciens et modernes (29 pièces). — Détails d'architecture (9 pièces). —Plans et détails d'architecture (4 feuil.). —Feuilles d'acanthe d'après des fragmens antiques, gravées par Jean Balzar (5 feuil. in-f°.). —Meubles, tables, guéridons, etc.... (4 dessins à la plume).

289. VOYAGE du roi Guillaume III en Hollande, et fêtes données à cette occasion. *Lahaye, Leers,* 1692, 16 pl. —Les guerres de Flandres, recueil de 27 pl. grav. par Romyn de Hooges, 1 vol. in-f°. dem.-rel.

290. DESCRIPTION des fêtes données par la ville de Paris à l'occasion du mariage de Madame Louise-Elisabeth de France, et de Don Philippe, infant d'Espagne, les 29 et 30 août 1739. *Paris, Lemercier,* 1740, 1 vol. in-f°. max. v., aux armes de Paris, 12 pl.

291. JOURNAL de ce qui s'est fait pour la réception du Roi (Louis XV), dans sa ville de Metz, le 4 août 1744. *Metz, Pierre Collignon*, 1744, in-f°. v. avec 8 gr. pl.

292. REPRÉSENTATION des fêtes données par la ville de Strasbourg pour la convalescence du Roi (Louis XV), à l'arrivée et pendant le séjour de S. M. en cette ville ; dessinée et dirigée par J.-M. Weis. *Paris, Laurent Aubert*, (1745), 1 vol. in-f°. max. rel. de Padeloup, texte grav. 12 pl.

293. FÊTES publiques, données par la ville de Paris à l'occasion du mariage de monseigneur le Dauphin, en 1745 et 1747. 1 vol. in-f°. max. texte grav. 27 pl.

294. FÊTE publique, donnée par la ville de Paris à l'occasion du mariage du Dauphin, le 13 fév. 1747. In-f°. max. mar. r. dent., aux armes de la ville de Paris, 8. pl.

295. RELATION de l'arrivée du Roi (Louis XV) au Hâvre-de-Grâce, le 19 Septembre 1749, et des Fêtes qui se sont données à cette occasion. *Paris, Guerin et Delatour*, 1753, in-f°. max. mar. r. aux armes du Roi, avec 6 pl. de Lebas.

296. RAGGUAGLIO delle solenni esequie di Federigo Augusto, Re di Polonia. *Roma, Salvioni*, 1733, in-f°. v. 4 pl. *Exemplaire mouillé*.

297. DESCRIPTION des fêtes célébrées à St.-Pétersbourg pour le couronnement de l'Impératrice Elisabeth Ire. (en allemand). *Pétersbourg*, 1745, in-f°. dem-rel. avec 49 pl. dont les explications sont en Russe.

398. DESCRIPTION des cérémonies et des fêtes qui ont eu lieu pour le couronnement de l'empereur Napoléon, suivie du recueil des décorations exécutées d'après les dessins de MM. Percier et Fontaine, architectes. *Paris, Leblanc*, 1807, 1 vol. gr. in-f°. dem-rel. 12 pl.

299. RECUEIL de descriptions de pompes funèbres faites en l'église de Notre-Dame et dans celle de St.-Denis, depuis 1760 à 74 ; *imprimerie de Ballard*, 1774, in-4°. v. noir. fil. fig.

Ce volume contient les pompes funèbres et les catafalques de Ferdinand VI et de Marie de Portugal, Roi et Reine d'Espagne. —De madame Louise-Elisabeth de France, duchesse de Parme. — De Louis-Joseph-Xavier de France, duc de Bourgogne. — —De Marie-Amélie de Saxe, reine d'Espagne. — De Louis, dauphin de France (4 pl.). — De Philippe de Bourbon, infant d'Espagne (3 pl.). — De Stanislas I, Roi de Pologne (2 pl.). —D'Elisabeth de Farnèse, Reine d'Espagne (3 pl.).—De Marie-Joseph de Saxe, dauphine de France (4 pl.). — De Marie Leczynski, Reine de France, à St.-Denis (4 pl.).—De *la même*, à Notre-Dame (4 pl.).—De Charles-Emmanuel III, Roi de Sardaigne (4 pl.). —De Louis XV, Roi de France, à St.-Denis (4 pl.). — Du *même*, à Notre-Dame (6 pl.).

300. L'ART de charpenterie de Mathurin Jousse, corrigé et augmenté de tout ce qu'il y a de plus curieux dans cet art, et des machines les plus nécessaires à un charpentier, par M<sup>r</sup> D. L. H. (de Lahire). *Paris, Thomas Moette*, 1702, 1 vol. in-f°. v. 127 pl.

301. L'ART du trait de charpenterie, par Nic. Fourneau. *Paris, Dumesnil*, 1767, 3 part. en 1 vol. in-f°. v. avec pl.

La 1<sup>re</sup> partie contient 20 pl.; la 2<sup>e</sup>, 20; la 3<sup>e</sup>, 25. On a réuni dans ce vol. : Essais-pratique de géométrie, et suite de l'art du trait, *par le même. Paris*, 1772, in-f°. 23 pl.

Il a paru en 1802 une nouvelle édition de cet ouvrage, augmentée.

302. CALCUL fait des pieds de fer, suivant leur épaisseur et largeur, par F.-L.-D. Bablot. *Paris*, *B. Morin*, 1779, in-12. v.

303. DÉTAIL général des fers, fontes, serrurerie, ferrure et clouterie, etc., à l'usage des bâtimens, par Bonnot. *Paris*, *Morin*, 1782. in-8°. v.

304. ESSAI sur la musique ancienne et moderne, (par M. Jean-Benjam. Laborde et l'abbé Roussier). *Paris*, *Pierre*, 1780, 4 vol. in-4°. v. fig.

On trouve à la fin du 4ᵉ vol. : Notice d'un manuscrit de la bibliothèque de M. le duc de la Vallière, contenant les poésies de Guillaume de Machau, accompagnée de recherches historiques et critiques pour servir à la vie de ce poëte, par M. l'abbé Rive, 27 pag.

—Lettre de M. l'abbé Rive à M. de Laborde sur la formule *Nos Dei gratia*, 8 pag.

305. MÉMOIRES pour servir à l'histoire de la révolution opérée dans la musique par le chev. Gluck, (par MM. J.-B.-A. Suard (de Besançon), l'abbé Arnaud, l'abbé Leblond, le marquis de Condorcet, etc.) *Naples*, (*Paris*,) 1781, in-8°. v. portrait de Gluck gravé par Saint-Aubin.

Cette collection de pièces curieuses et intéressantes se trouve difficilement.

Parmi les morceaux les plus piquans de ce recueil, on doit distinguer les lettres de *l'anonyme de Vaugirard*, publiées par

M. Suard dans le Journal de Paris. Il est impossible de se faire
une juste idée de l'effet qu'elles produisirent, et de l'impatience
avec laquelle elles étaient attendues. « On courait de toutes
» parts au café de Foi et du Caveau où l'on en faisait des lec-
» tures publiques; on se pressait, on s'étouffait pour mieux
» entendre, on battait des mains avec transport et avec des
» *bravos* comme on applaudissait Gluck et sa musique ». (Mémoires sur la vie de M. Suard, tom. 2, p. 252 ).

306. MOTETS pour la chapelle du Roi, imprimés
par ordre de S. M. *Paris*, Ballard, 1762, in-4°.
mar. vert, dor. sur tr. dent.

307. LE palais de l'Amour et de la Fortune, dédié
aux curieux de ce temps (par Wulson de la Colombière). *Paris*, 1668, in-12.

Ce volume contient : Le palais de la Fortune. — Traité des
songes et des visions nocturnes, avec leur signification selon la
doctrine des anciens, et un Traité de la physionomie.

# BELLES-LETTRES.

308. D*e* la manière d'apprendre les langues, (par l'abbé de Radonvilliers.) *Paris, Saillant,* 1768, in-8°. bas.

309. Nouvel abrégé de la grammaire grecque. *Paris, Aumont,* 1762, in-8°. par.

310. Lexicon græco-latinum, seu epitome thesauri græcæ linguæ, ab Henrico Stephano. (*Genevæ*), *Pet. Aubertus,* 1621, in-4°. v.

311. Dictionnaire grec et français, par J. Planche. *Paris, Lenormant,* 1809, in-8°. bas.

312. Cours de langue latine, par Luneau de Bois-jermain. *Paris,* 1787, 5 vol. in-8°. dem.-rel.

313. Nouveau dictionnaire français-latin, par F. Noël. *Paris, Lenormant,* 1809, in-8°. bas.

314. Précis de la langue française, par dom Blondin. *Paris,* 1790, in-8°. br.

315. Dictionnaire universel, contenant tous les mots français tant vieux que modernes, par A. Furetière. *Lahaye, Leers,* 1694, 2 tom. en 1 vol. in-f°. v.

316. Dictionnaire de l'Académie française, 5e édit. *Paris, J. J. Smith, an* VII, 2 vol. in-4°. bas.

317. DICTIONNAIRE universel de la langue française, par P. C. V. Boïste. 3ᵉ. édit. *Paris*, 1808, in-4°. obl. v. rac.

318. LE maître italien dans sa dernière perfection, etc. par Veneroni. *Paris*, 1696, in-12. bas.

319. LE nouveau maître italien, par Veneroni, nouv. édit. refondue par D. A. Filippi. *Venise*, 1807, in-12, dem.-rel.

320. AVERTTIMENTI grammaticali per chi parla, e scrive in lingua italiana. *In Roma, Zempel*, 1750, in-12. par.

321. VOCABOLARIO italiano e latino. *Venezia, Remondini*, 1764, 2 vol. in-4°. v.

322. DIZIONARIO italiano latino e francese, raccolto dal abb. Annib. Antonini. *In Lione, B. Duplain*, 1770, 2 vol. in-4°. v.

323. LES élémens de la langue anglaise, par V. J. Peyton. *Paris*, 1783, in-12. bas.

324. COURS de langue anglaise, par M. Luneau de Boisjermain. *Paris*, 1784, 2 vol. in-8°. v. mouil.

325. COURS de langue anglaise, par Luneau de Boisjermain. *Paris*, 1784, 3 part. en 1 vol. in-4°. dem.-rel.

326. DIALOGUES english and germand for the use of both nations. *Strasburg, Kœnig*, 1802, in-8°. cart.

327. PRONONCIATION de la langue anglaise, par Mather Flint. *Paris, Prault*, 1754, in-12. v.

328. DICTIONNAIRE de la prononciation anglaise,

( par O'reilly ). *Paris , Lebreton ,* 1756 , 2 tom. en 1 vol. in-8°. bas.

329. DICTIONNAIRE royal français-anglais , par M. A. Boyer. *Lyon , Bruyset ,* 1783 , 2 vol. in-8°. v.

33o. NOUVEAU dictionnaire françois-allemand et allemand-françois. *Strasbourg , Kœnig ,* 1782 , 2 vol. in-8°. bas.

331. LECTURES on rhetoric and belles lettres , by Hugh Blair. *Basil. J. J. Tourneisen.* 1788 , 3 vol. in-8°. v.

332. ELEMENTS of criticism , ( by Henri Home ). *Basil. Tourneisen ,* 1795 , 3 vol. in-8°. bas.

333. ORAISONS funèbres de Bossuet. *Paris , stéréot. de Didot ,* 1802 , in-18. v.

334. ORAISONS funèbres de Fléchier. *Paris , stéréot. de Didot ,* 1803 , 2 vol. in-18. v.

335. IN funere Caroli III , Hispan. Regis catholici , oratio habita in sacello pontificio à Bernard. Ridolfi. *Parmæ , Bodoni ,* 1789 , in-4°. dem.-rel. pap. vel. avec un beau frontis. gravé par Morghen.

336. LES Œuvres d'Hésiode , trad. en franç. par M. Gin. *Paris , Gueffier ,* 1785 , in-12. v.

337. LUCRÈCE , de la Nature des choses , trad. en vers franç. par Leblanc de Guillet. *Paris , Moutard ,* 1788 , 2 vol. in-8°. bas. pap. f.

338. LES Géorgiques de Virgile , trad. en vers français par Delille , 5ᵉ édit. *Paris , Bleuët ,* 1770 , in-12. v.

33g. Les éclipses, poëme par l'abbé Boscovich, trad. en franç. par l'abbé de Barruel. *Paris , Valade,* 1779 , in-4°. bas.

340. Les poésies de Malherbe. *Paris, stéréot. de Didot,* 1800, in-18. v.

341. Œuvres de Sarrasin. *Paris, Aug. Courbé,* 1656, in-4°. mar. bl. dor. sur tr.

342. Les Fables, les Contes, et les Amours de Psyché, par J. Lafontaine. *Paris, stéréot. de Didot,* 1799—1803, 5 vol. in-18. v. rac.

343. Œuvres de Boileau. *Paris,* 1782 , in-12. bas. — Un second exemplaire. *Paris,* 1793, 3 vol. in-12. bas.

344. Œuvres de J. B. Rousseau. *Paris, stéréot. de Didot,* 1799 , 2 vol. in-18. v.

345. Poésies sacrées et philosophiques, tirées des livres saints, par Lefranc de Pompignan. *Paris, Prault,* 1763, in-4°. dem.-rel.

346. L'harmonie imitative de la langue française, poëme par M. Aug. de Piis. *Paris, Pierre,* 1785, in-12. v. port. de l'aut.

347. Stances à M. de Laverdy, contrôleur général des finances. *Paris,* 1791 , in-8°. br.

348. Les Plantes, poëme par Rén. Richard Castel, 3ᵉ édit. *Paris, imprim. de Crapelet,* 1802, in-12. dem.- rel. avec 5 grav.

349. Il Petrarca. *Orléans, Couret de Villeneuve*, 1787, in-8°. v.

350. L'Italia liberata da'Goti di Giangiorgio Trissino. *Orléans, Couret de Villeneuve*, 1787, 2 vol. in-8°. v.

351. Orlando furioso, di Lod. Ariosto. *Vinegia, Gir. Polo*, 1586, in-8°. min. par. fig.

352. Il medesimo. *Orléans, Couret de Villeneuve*, 1785, 3 vol. in-8°. v.

353. La Gerusalemme liberata di Torquato Tasso, (coretto da Gio. Battista Verci). *In Venezia, Remondini*, 1756, 1 vol. in-12. vél.

354. La Secchia rapita, poema di Aless. Tassoni. *Orléans, Couret de Villeneuve*, 1788, in-8°. v.

355. Il Ricciardetto di Nicolo Carteromaco (Fortiguerri). *Orléans, Couret de Villeneuve*, 1785, 2 vol. in-8°. v.

356. Il Cicerone, poema di G. C. Passeroni. *In Milano, Agnelli*, 1768, 6 vol. in-8°. v.

357. L'Austriborbonide ovvero fasti d'Europa, (d'all' abate Pedrini veneto). *In Modena, Montanari*, 1770, 2 v. in-4°. v. fig.

C'est un recueil de 209 sonnets italiens avec des explications. L'auteur a placé son portrait au dernier feuillet.

358. Rime di Adalsio Metoneo, (J. A. de Sant Anna piaristo) pastore Arcade. *In Firenze, Tartini*, 1738, in-8°. par.

359. Nella Venuta in Roma di Madama Lecomte,

e dei Signori Watelet e Copette componimenti poetici. 1765, in-4°. text. grav. 32 pl.

On y a réuni les portraits de M⁰ Lecomte, et de MM. Watelet et Copette.

360. RECUEIL de vers italiens, composés sur la mort du pape Clément XIV. In-8°. manus.

361. IDYLLES et poëmes champêtres de Gessner, trad. de l'allem. par M. Huber. *Lyon, Bruyset,* 1762, in-12. v.

362. PASTORALES et poëmes de Gessner, qui n'avaient pas encore été traduits, suivis de deux odes de Haller, trad. de l'allem., et d'une ode de Dryden trad. de l'Angl. en vers français ( par l'abbé Bruté de Loirelle). *Paris, Vincent,* 1766, in-12. bas.

363. OSSIAN, fils de Fingal, poésies galliques trad. de l'angl. de Macpherson, par Letourneur. *Paris, Musier,* 1777, 2 vol. in-8°. bas.

364. HISTOIRE universelle des théâtres de toutes les nations, depuis Thespis jusqu'à nos jours (par MM· Coupé, Testu, Desfontaines et Lefuel de Méricourt). *Paris,* 1779-81, 13 vol. in-8°. v. fig.

L'ouvrage n'a pas été terminé; le 13ᵉ vol. finit à Robert Garnier.

365. COMÉDIES grecques d'Aristophane, trad. en franç. par M⁰ Dacier. *Altenbourg, Richter,* 1762, in-12. v.

366. LES comédies de Plaute, trad. en franç. par Gueudeville. *Leyde, P. Vanderaa,* 1719, 10 vol. in-12. v. fig.

367. RÈGLEMENT pour les comédiens français ordi-

naires du Roi. *Paris*, *Delormel*, 1766 , in-8°. pap. f. mar.
r. dor. sur tr.

— Nouvelle édit. avec des changemens. *Paris*, *Ballard*,
1781 , in-8°. pap. f. mar. r. dor. sur tr.

368. Œuvres de Pierre Corneille. *Paris*, *veuve Gandoin*, 1759 , 10 vol. in-12. v. f.

369. Œuvres de Thomas Corneille. *Paris*, *veuve
Gandoin*, 1759 , 9 vol. in-12. v. f.

370. Les Œuvres de J. Racine. *Paris*, *Prault*, 1760,
3 vol. in-18. v. fil.

371. Les Œuvres de Pradon. *Paris*, 1744, 2 vol.
in-12. bas.

372. Œuvres de Molière, avec des remarques gram-
maticales par Bret. *Paris*, 1778 , 8 vol. in-12. v.

373. Œuvres de Regnard, édit. publiée par M. de
la Porte, secrétaire de la comédie franç. *Paris*, 1778 ,
4 vol. in-12. v. fil.

374. Théatre de Montfleury, père et fils. *Paris*,
*veuve Duchesne*, 1775 , 4 vol. in-12. v.

375. Théatre de la Thuillerie. *Amsterdam*, 1745 ,
in-12. bas.

376. Œuvres de Champmeslé. *Paris*, 1742 , 2 vol.
in-12. bas.

377. Théatre de Boursault. *Paris*, 1746, 3 vol.
in-12. bas.

378. Théatre de Hauteroche. *Paris*, 1772, 3 vol.
in-12. bas.

379. Les Œuvres de Lafosse. *Paris ;* 1747. 2 , vol. in-12. bas.

380. Théatre de Lafont. *Amsterdam,* 1746 , in-12. bas.

381. Œuvres de Legrand , nouv. édit. (publiée par de la Porte). *Paris, libraires associés,* 1770, 4 vol. in-12. bas.

382. Œuvres dramatiques de la Grange-Chancel. *Paris ,* 1758 , 5 vol. in-12. bas.

383. Les Œuvres de Crébillon. *Paris, stéréot. de Didot,* 1803 , 3 vol. in-18. v. rac.

384. Balet comique de la Royne , faict aux nopces de M. le duc de Joyeuse et M^lle^. de Vaudemont sa sœur , par Balthasar de Beaujoyeulx. *Paris , Patisson ,* 1582 , in-4°. vel. 23 pl.

385. Les plaisirs de l'Ile enchantée , ou les fêtes et divertissemens du Roi à Versailles , divisés en trois journées , et commencés le 7 mai de l'an 1664. —Fêtes de Versailles dans les années 1676–78. 1 vol. in-4°. obl. p. r.

C'est un recueil de 20 estampes gravées par Israël Silvestre et Lepaute.

386. Recueil général des opéras représentés par l'Académie royale de musique depuis son établissement. *Paris , Ballard ,* 1703–45 , 16 vol. pet. in-12. bas.

387. Recueil d'opéras représentés par l'Académie royale de musique depuis 1767 à 1785. in-4.° v.

Ce volume contient : Ernelinde , par Poinsinet. —Castor et Pollux , par Bernard. — Alceste , par le bailli du Rollet. —

Echo et Narcisse, par Tschoudi. — Atys, par Quinault. — Iphigénie en Tauride, par Guillard. — Colinette à la cour. — Les Danaïdes. — Diane et Endymion, par le chev. de Liroux. — Pizarre.

388. Recueil d'opéras représentés par l'Académie royale de musique depuis 1774 à 1789. in-4°. v.

Ce volume contient: Orphée et Eurydice, par Moline. — Les Horaces, par Guillard. — Stratonice. — Le Roi Théodore, par Moline. — Rosine, par Gersain. — La Toison d'or, par Deriaux. — Alcindor, par Rochon de Chabannes. — Arvire et Evélina, par Guillard. — Les Prétendus, par Rochon de Chabannes. — Amphitryon, par Sedaine. — Démophoon, par Deriaux. — Aspasie, par Morel.

389. Recueil de pièces de théâtre. 1 vol. in-8°. v.

Ce volume contient: Iphigénie en Aulide, par le bailli du Rollet. — La Caravane, par Morel. — Didon, par Marmontel. — Pénélope, par le même. — Syncope, parodie de Pénélope. — Thémistocle, par Morel. — Dardanus, par Guillard. — Œdipe à Colonne, par le même. — Intermèdes d'Athalie.

390. Recueil d'opéras. in-4°.

Ce volume contient: Nephté, tragédie en 3 actes (Hoffman). — Les Pommiers et le Moulin (Forgeot) — Antigone (Marmontel). — Louis IX en Egypte (Andrieux). — Œdipe à Thèbes. — Précis sur l'opéra et son administration.

C'est sur les dessins de M. Paris qu'ont été exécutées les décorations de la plupart des pièces représentées depuis 1784 sur le théâtre de l'opéra.

391. Recueil de pièces de théâtre. 1 vol. in-8°. v.

Ce volume contient : Le Mariage par escalade (Favart). — Aucassin et Nicolette (Sedaine). — Matroco (Laujon). — Les Muses rivales (Laharpe). — L'amant bourru (Monvel). — Le Bureau d'esprit (Rutlidge).

392. Recueil de pièces de théâtre. 1 vol. in-8°. v.

Ce volume contient : L'Olympiade ( Framéry ). — L'Electre, imitée de Sophocle, par Rochefort.—Les Philosophes (Palissot). — Le Séducteur, par de Bièvre. — Le Faux Lord, par Piccini.

393. Un recueil de pièces de théâtre. 1 vol. in-8°. v.

Ce volume contient : L'Amant-Sylphe.—Le Dormeur éveillé, par Marmontel. — Le Droit du seigneur, par Desfontaines. — Les quatre Coins, par Piis et Barré. — Mathieu, ou les deux soupers, par Fallet.

394. Le tre più celebri pastorali italiane, cioè: Aminta di Tasso, il Pastor fido del Guarini, Filli di Sciro del Guidubaldo de' Bonarelli. *Orléans, Couret de Villeneuve*, 1787, in-8°. v.

395. La Merope, tragedia del Scipione Maffei. *In Venezia*, 1714, in-12. v.

396. Poesie drammatiche di Apostolo Zeno. *Orléans; Couret de Villeneuve.* 1785, 11 vol. in-8°. v.

397. Poesie di Pietro Metastasio. *In Torino, stamp. reale.* 1757, 10 vol. pet. in-8°. dem.-rel.

Cette édition est belle; il faut réunir aux 10 premiers volumes les *Opere Postume*, 1788, 4 vol. in-8°.

398. Il conte della Nebbia, farsetta in musica.—Tito Manlio, dramma per musica. — Solimano, dramma per musica. — Armida, dramma per musica. In-12. v.

399. Ori Apollinis niliaci, de sacris Ægyptiorum notis, ægyptiacè expressis, libri duo, lat. gal. *Paris, Galeo. à Prato*, 1574, pet. in-8°. par. fig.

La traduction française est de Jean Martin, secrétaire du

cardinal de Lenoncourt, dont on a plusieurs autres traductions
d'ouvrages importans.

400. BIBLIOTHÈQUE d'Apollodore l'Athénien, trad.
nouv. avec le texte grec revu et corrigé par E. Clavier.
*Paris, Delance,* 1805, 2 vol. in-8°. bas.

401. LE Imagini degli dei degli antichi, raccolte dal
sig. Vinc. Cartari. *In Lione, Barthol. Honorati,* 1581,
in-8°. par. fig.

Cette traduction est ornée de jolies estampes de Bolognino
Zaltieri, graveur, sur lequel on est étonné de ne trouver aucun
renseignement dans les dictionnaires. La manière de cet artiste
fait conjecturer qu'il a été l'élève de Jules Bonazonne, où du
fameux Marc-Antoine, deux des plus habiles graveurs du XVIe.
siècle.

402. NOUVELLE histoire poétique, et deux traités
abrégés, l'un de la poésie, l'autre de l'éloquence (par
Hardion). *Paris, Guérin,* 1751, 3 vol. in-12. v.

403. LES amours pastorales de Daphnis et Chloé,
écrites en grec par Longus, et translatées en français par
Amyot. *Londres,* 1779, in-4.° v. por. dor. sur tr. fig.

404. DI Caritone Afrodisieo de' racconti amorosi di
Cherea e di Callirroe libri otto tradotti dàl greco. *In
Venezia, Pavini,* 1755, in-8.° min. v.

Mgr. Mich.-Angelo Giacomelli, archevêque de Chalcédoine,
est l'auteur de cette traduction, qui jouit en Italie du même
succès qu'a en France celle de Roman du Longus, par Amyot,
évêque de Melun.

405. LES aventures de Télémaque, par Fénélon.
*Paris, stéréot. de Didot,* 1800, 2 vol. in-18. v.

6.

406. Il Decamerone di M. Giovanni Boccaccio. *Londra* (*Parigi*), 1757, 5 vol. in–8°. v. dor. sur tr.

Cette édition est ornée de 111 gravures. Tous les exemplaires sont sur papier de Hollande.

407. Don Quichotte de la Manche, trad. de l'espagn. de Michel Cervantes en franç. par M. de Florian. *Paris*, *Déterville*, 1802, 6 vol. in-18. fig. dem.-rel.

408. Gilblas di Santillano, storia galante, tratta dal' idioma francese dal Giulo Monti. *Venezia, A. Bortoli*, 1750, 6 vol. in-12. pàr.

409. The Works of Henry Fielding. *London*, 1775, 2 vol. in-12. v. port.

410. La vie et les opinions de Tristram Shandy, trad. de l'angl. de Sterne par M. Frénais. *Neuchâtel, de l'impr. de la Société typographique*, 1777, 4 vol. in-12. v.

411. L'éloge de la folie, par Erasme, trad. par Gueudeville. *Neuchâtel, Samuel Fauche*, 1777, in-8°. fig. v. ec.

412. Les OEuvres de François Rabelais. (*Hollande*) 1691, 2 vol. in-12. v.

C'est une copie de l'édition des Elzévirs de 1663 ; elle porte au frontispice la sphère, marque employée fréquemment par ces célèbres imprimeurs.

413. Le Rabelais moderne, ou les œuvres de Rabelais mises à la portée de la plupart des lecteurs (par l'abbé de Marsy). *Amsterdam, Bernard*, 1752, 8 vol. pet. in-12. bas.

414. Le chef-d'œuvre d'un inconnu (par M. de Saint-Hyacinthe). *Lahaye*, 1714, in-12. v. n.

415. Mémoires de l'académie des sciences, inscrip-tions, belles-lettres, beaux-arts, nouvellement établie à Troyes en Champagne (par Grosley et Lefèvre). (*Paris*) 1768, in-12. v.

416. Œuvres de Montesquieu, contenant l'Esprit des lois, les Lettres persannes, et les Considérations sur la cause de la grandeur des Romains et de leur déca-dence. *Paris, stéréot. de Didot*, 1803, 8 vol. in-18.

417. Œuvres de Fréret. *Paris, Servières*, 1792, 4 vol. in-8°. bas. marbr. dor. sur tr.

418. Œuvres de Boulanger. *Amsterdam*, 1794, 6 vol. in-8°. bas.

419. Les Œuvres complètes de Voltaire (avec des avertissemens et des notes, par M. de Condorcet). *Kell, Soc. littér. typogr.*, 1784 *et ann. suiv.*, 70 vol. in-8°. v.

420. Œuvres de J. J. Rousseau (publiées par M. Dupeyrou). *Genève*, 1782 *et ann. suiv.*, 24 vol. in-8°. rel. v.

421. Œuvres diverses de J. J. Barthelemy (publiées par M. de Sainte-Croix). *Paris, Jansen, an* VII, 1779, 2 vol. in-8°. cart.

422. Tutte le opere di Nicolo Machiavelli. (*Roma, Blado*), 1550, 3 vol. in-4°. min. bas.
Édition dont les exemplaires sont très-recherchés en Italie. Le *Manuel du libraire*, par M. Brunet, contient des détails intéressans sur cette édition et les réimpressions qui en ont été faites sous la même date.

423. Lettres de Mᶜ de Sévigné à sa fille et à ses amis, nouv. édit. mise dans un meilleur ordre par Ph. A.

Grouvelle. *Paris, Bossange*, 1806, 8 vol. in-8°. v. rac,
port. et fac simile,

424. LETTRES de M^{lle} Aïssé. *Paris, Lagrange*, 1787 ;
1 vol. pet. in-18. rel. v.
Première édition de ces lettres sur lesquelles Voltaire n'a pas
dédaigné de laisser quelques notes.

425. LETTRES familières de Winckelmann ( trad. en
franç. par M. Jansen), *Amsterdam*, 1781, 5 vol. in-8°.
bas. port.

426. LETTERS of lady Mary Wortley Montague.
*London, Symonds*, 1793, 2 tom. en 1 vol. in-12. dem. rel.

# HISTOIRE,

427. Letters on the study and use of history , by the Henry St.-John Bolingbroke. *Basil* , *Tourneisen* , 1788 , in–8°. bas.

428. Atlas historique , généalogique , chronologique et géographique , par A. Lesage ( M. Emman. de Las Cases ). *Paris* (1808) , in–f°. dem.–rel. 32 cart.
Première édition, Les suivantes sont augmentées de plusieurs cartes.

429. Elémens de la géographie (par M. de Papillon de la Ferté). *Paris* , *veuve Ballard* , 1782 , in–8°. v. cart.

430. Dictionnaire géographique portatif, trad. de l'angl. de L. Echard , par Vosgien (l'abbé Ladvocat). *Paris* , 1767 , in–8°. p. v.
— Un second exempl. *Paris* , 1779 , in–8°.

431. Dictionnaire géographique par Franç. Robert. *Paris* , 1818 , 2 vol. in–8°. dem.–rel.

432. Atlas universel, dressé sur les meilleures cartes modernes. *Venise* , *Remondini* , 1776 , 2 vol. in–f°. dem.–rel.
Cet exemplaire est augmenté de plusieurs cartes.

433. Recueil de cartes géographiques, par Herman Moll (en anglais). 1719, in-f°.

434. The small english Atlas. *London*, 1751, in-12. dem.-rel. 52 cart.

435. A new sett of maps both of ancient and present geography, by E. Wells. *London*, in-f°. carton. 40 cart.

436. Atlas géographique et militaire de la France, divisé en deux parties. *Paris, Julien*, 1751, gr. in-4°. v.

437. Cartes de J. Dom. Cassini.

Paris, St.-Denis, Versailles. — Compiegne, Beauvais. — St.-Omer. — Fontainebleau, Etampes. — La Châtre (Berry). — Dieppe, Tréport, St.-Valery en Somme. — Rouen, Vernon, Elbœuf. — Le Valais. — Dreux, Evreux. — Chartres, Nogent-le-Rotrou. — Loches et Cormery. — Le Dorat, Bellac, Souter-raine, St.-Valery. — Chinon, Richelieu. — Le Mans. — Troyes, Bar. — Environs de Londres. — Savoye. — Royaume d'Italie. — Fontainebleau et environs. — Gien. — Orléans. — Meaux. — Provins, Sens. — Chalons, Vitri. — Soissons, Villers-Cotterets. Belloy, Vienne. — Moulins. — Genève.

Ces cartes, collées sur toile, sont renfermées dans trois étuis pet. in-f°. bas.

438. Atlas contenant les cartes des Pays-Bas et des frontières de France, avec un recueil des plans des villes, sièges et batailles. *Bruxelles, E. H. Frick*, 1712. in-f°. vél.

439. Théatre de la guerre en Italie, ou carte nouvelle du Piémont, Gênes, etc., par G. Dheulland et N. Ju-lien. *Paris*, 1748, in-4°. v. fil.

440. RECUEIL de cartes géographiques. 1 vol. in-f°.

La carte topographique de la province de New-Yorck.—Des possessions anglaises et françaises dans le nord de l'Amérique. — De la baye de Hudson. — De la France en 1787. — De la province de Franche-Comté, en 4 feuil., par M. Queret.—De l'empire d'Allemagne. — De la Savoye. —De la Toscane. — Du royaume d'Italie. — De l'état de l'Église.—De la campagne de Rome.—Du royaume de Naples, en 2 feuil.—De l'Espagne et du Portugal, en 2 feuil.

Ces cartes sont collées sur toile, et renfermées dans un étui pet. in-f°.

441. RECUEIL de cartes et de plans topographiques. Portefeuille in-f°.

Gouvernement général du Languedoc, par Jaillot.—Plan du canal royal de Languedoc, par J. B. Nollin. — Cours de la Moselle et de la Sarre.—Carte topographique de la forêt de Marly.—Plan de la partie méridionale de la ville de Lyon, levé en 1772. — De la ville de Marseille. — De la ville de Milan.—De la ville de Ferrare.—De la ville de Véronne, levé en 1737. — De la ville de Rome.

442. L'ASIE en plusieurs cartes nouvelles, etc., par Nicol. Sanson. *Paris*, 1658, in-4°. 17 cartes.

443. PREMIER voyage autour du monde, par le chev. Pigafetta, sur l'escadre de Magellan, pendant les années 1519—22 (trad. de l'ital. par M. Jansen sur l'édit. publiée par le docteur Amoretti). *Paris, Jansen, an IX, 1801*, in-8°. bas. cart. et fig.

444. NOUVEAU voyage autour du monde, par Guil. Dampier. *Rouen*, 1715, 5 vol. in-12. bas. cart. fig.

445. VOYAGE dans l'hémisphère austral et autour du

monde, de 1772—75, par le capitaine Cook, trad. de l'angl. (par MM. Suard et Démeunier). *Paris*, 1778, 5 vol. in-4°. fig.

— Relation des voyages entrepris par S. M. britannique pour faire des découvertes dans l'hémisphère méridional, et successivement exécutés par Byron, Carteret, Wallis et Cook, trad. de l'angl. (par les mêmes). *Paris*, 1774, 4 vol. in-4°. fig.

— Troisième voyage de Cook, ou voyage à l'Océan Pacifique, exécuté de 1776—80, trad. de l'angl. par D. (M. Démeunier). *Paris*, 1785, 5 vol. in-4°., dont un de pl.

C'est à deux Francs-Comtois qu'on est redevable de cette excellente traduction des *Voyages* du capitaine Cook. M. Suard, l'un de nos écrivains les plus ingénieux et les plus délicats, mort en 1818, secrétaire perpétuel de l'académie française, était né à Besançon le 15 janvier 1732. M. Démeunier, secrétaire des commandemens de MONSIEUR (Louis XVIII), député de la ville de Paris à l'assemblée constituante, né à Nozeroy, en 1750, est mort en 1814 dans sa sénatorerie de Toulouse.

446. VOYAGE autour du monde et vers les deux pôles, par terre et par mer, pendant les années 1767—1776, par de Pagès, *Paris*, *Moutard*, 1782, 2 vol. in-8°. bas. fig.

447. RELATION du voyage à la recherche de la Pérouse, fait par ordre de l'assemblée constituante, pendant les années 1791, 92, 93 et 94, par Jacq.-Jul. Labillardière. *Paris*, *Jansen*, 1800, 2 vol. in-4°. dem.-rel et atl. in-f°. de 44 pl. *Ouvrage estimé*.

448. VOYAGES du sieur Aubry de la Motraye en Eu-

rope, Asie et Afrique. *Lahaye, T. Johnson*, 1727, 2 vol.
in-f°. v. cart. et fig.

449. Voyages de Corneille le Brun par la Moscovie,
en Perse et aux Indes orientales. *Amsterdam, Wetstein*,
1718, 3 vol. in-f°. v. cart. et fig.

Le troisième volume contient : Le voyage au Levant, c'est-à-
dire dans les principaux endroits de l'Asie Mineure, etc. *Paris*
(*Amsterdam*), 1714.

450. Lettres écrites de Barbarie, de France, d'Espagne, de Portugal, etc., par un officier anglais
(M. Jardin), trad. sur la 2e édit. (par M. Paris, archit.
du Roi). In-f°, manus. de 341 pag.

Cette traduction est inédite. On trouve, dans le même volume, Examen d'un ouvrage de l'abbé de Condillac, intitulé :
*Essai sur le commerce* (par M. Malouet), manus. de 12 pag.

451. Memoirs of P. H. Bruce, containing an account
of his travels in Germany, Russia, Tartary, Turkey,
the west Indies, etc. *London*, 1782, in-4°. bas.

452. Voyage pittoresque de la Syrie, de la Phénicie,
de la Palestine et de la basse Egypte, grav. sur les dessins
de M. L. F. Cassas. *Paris*, 1799 *et ann. suiv.*, in-f°.
30 livraisons de pl.

Cet ouvrage n'a point été terminé, et M. de Choiseul-Gouffier s'est opposé à la publication du texte. (Voy. la *Biographie
des hommes vivans*, art. Cassas).

453. Voyage fait en 1787 et 1788 dans la haute et basse
Auvergne, par M. Legrand (d'Aussy). *Paris*, 1795,
3 vol. in-8°. dem.-rel.

454. Tableaux topographiques, pittoresques, phy-

siques, historiques, moraux, politiques, littéraires de
la Suisse (rédigés par le baron de Zurlauben, et publiés
par J. Benj. de Laborde). *Paris, Clousier,* 1780, 2 vol.
in-f°. dem.-rel. avec 217 pl.

M. PARIS ne possédait que cette première partie de l'ouvrage, et il est d'autant plus étonnant qu'il ne l'ait pas com-
pletté, qu'il en a été un des collaborateurs. Les gravures sont
de premières épreuves, et rangées d'après l'ordre des cantons.
Celle qui représente la belle fontaine de Vevay a été gravée
sur le dessin de M. PARIS.

455. LETTRES de M. William Coxe à M. William
Melmoth, sur l'état politique, civil et naturel de la Suisse,
trad. de l'angl. et augmentées des observations faites dans
le même pays par le traducteur (M. Ramond). *Paris,
Belin,* 1782, 2 vol. in-8°. v.

456. JOURNAL du voyage de Michel de Montaigne en
Italie, avec des notes par M. Querlon. *Paris, Lejay,*
1774, 3 vol. in-12, avec cart. et le port. de Montaigne.

Le troisième volume contient les remarques de M. Bartoli
sur la partie de son Journal que Montaigne a écrite en italien.

457. VOYAGE d'Italie, par Ch. N. Cochin. *Paris,
Jombert,* 1769, 3 vol. pet. in-8°. dem.-rel.

Exemplaire précieux par les notes que M. PARIS y a ajoutées
sur des feuilles intercalées dans chaque volume.

458. VOYAGES en Sicile, dans la grande Grèce et au
Levant, par le baron de Riedesel (trad. en franç. par
M. Frey des Landres), suivis de l'histoire de la Sicile
par le Novaïri (trad. de l'arabe par M. Caussin). *Paris,
Jansen,* 1802, in-8°. dem.-rel.

459. Voyage pittoresque, ou description des royaumes
de Naples et de Sicile, ( par M. l'abbé Richard de St.-
Non). *Paris, Lafosse,* 1781—86, 6 vol. in-f°. dem-rel.

Bel exemplaire avec les gravures de premières épreuves.
M. Paris a réuni dans le dernier volume le recueil des eaux
fortes de la plus grande partie des estampes de ce magnifique
ouvrage, à l'exécution duquel il a coopéré. « A la tête des
» artistes dont les dessins pleins d'esprit et d'imagination ont
» embelli cette collection, l'abbé de St.-Non s'est fait un de-
» voir de nommer M. Paris, architecte ingénieux et rempli de
» goût, auquel le voyage pittoresque doit l'un de ses plus
» grands agrémens ». ( *Analyse du voyage pittoresque de
Naples et de Sicile,* par l'abbé Brizard, pag. 78).

460. Lettres sur la Sicile et sur l'île de Malte, par
M. le comte de Borch. *Turin,* 1782, 2 vol. in-8°. v. avec
27 pl.

461. Voyage pittoresque des îles de Sicile, de Malte
et de Lipari, par Jean Houel. *Paris,* 1782—87, 4 vol.
in-f°. dem.-rel. avec 264 pl. au bistre.

462. Voyages dans les Alpes, précédés d'un essai sur
l'histoire naturelle des environs de Genève ( par Horace
Benedict. de Saussure ). *Neuchâtel, Samuel Fauche,*
1779—96, 4 vol. in-4°. v. fig. *Ouvrage très-estimé.*

463. Itinéraire de Genève, des glaciers de Cha-
mouny, du Valais et du canton de Vaux, par M. Th.
Bourrit. *Genève, Paschoud,* 1808, in-12. dem.-rel.

464. Voyage de deux Français dans le nord de l'Europe, en 1790, 1791 et 1792 ( par M. Fortia de Pilles).
*Paris, Desenne,* 1796, 5 vol. in-8.° dem.-rel.

465. Voyage de M. P. S. Pallas en différentes provinces de l'empire de Russie, et dans l'Asie septentrionale, trad. de l'allem. par Gauthier de la Peyronie. *Paris, Lagrange*, 1788 *et ann. suiv.*, 5 vol. in-4°. v. et atlas in-f°.

466. Voyage de six mois dans le nord de l'Angleterre, par Arthur Young, trad. de l'angl. (par M. Paris, architecte du Roi). Manus. autogr. et inédit, avec des pl. dessinées et lavées par le traducteur, représentant différens instrumens aratoires. In-f°. de 729 pag.

467. Observations relative chiefly to picturesque beauty particulary the mountains, and lakes of Cumberland and Westmoreland, etc.... by William Gilpin. *Londres, Blamir*, 1786, 2 vol. in-8°. bas.

468. Voyage dans les trois royaumes d'Angleterre, d'Ecosse et d'Irlande, fait en 1788-89, par M. Chantreau. *Paris, Briand*, 1792, 3 vol. in-8°. dem.-rel. avec 3 cart. et 6 pl.

469. Voyage pittoresque de la Grèce, (par M. le comte de Choiseul-Gouffier). *Paris*, 1782—1809—20, 2 vol. in-f°.

Bel exemplaire; les gravures sont de premier tirage. M. le Maire s'est empressé d'accorder des fonds pour compléter cet intéressant ouvrage, dont la dernière livraison paraîtra dans quelques mois.

470. Voyages et mémoires de Maurice-Auguste, comte de Benyowski, contenant ses opérations militaires en Pologne, son exil au Kamtschatka et son voyage à travers l'Océan Pacifique, au Japon, à Formosa, etc.

(Rédigés par J. Hyacinthe de Magellan, et publiés par M. Noël). *Paris, Buisson,* 1791, 2 vol. in-8°. dem.-rel.

471. VOYAGE par le cap de Bonne-Espérance et Batavia, à Samarang, à Macassar, etc., pendant les années 1768—71, par Stavorinus, trad. du hollandais par M. Jansen. *Paris,* 1798, 1 vol. in-8°. dem.-rel. 3 pl.

472. VOYAGE aux Indes orientales et à la Chine, fait par ordre du Roi, depuis 1774 jusqu'en 1781, par M. Sonnerat. *Paris,* 1782, 2 vol. in-4°. v. avec 140 pl.

Bonne édition, et préférable à la nouvelle pour la beauté des épreuves.

473. VOYAGE dans le Béloutchistan et le Sindhy, suivi de la description géographique et historique de ces deux pays, par H. Pottinger, trad. de l'angl. par M. J.-B. Benoit Eyriès. *Paris, Gide,* 1818, 2 vol. in-8°. dem.-rel. avec une carte et une gravure.

474. DESCRIPTION du Pégu et de l'île de Ceylan, par W. Hunter, Chr. Wolf et Eschelskroon, trad. de l'angl. par L. L.... *Paris, Maradan,* 1793, in-8°. br.
— Un second exemplaire, in-8°. dem.-rel.

475. VOYAGE dans l'intérieur de la Chine et en Tartarie, fait dans les années 1792-94, par lord Macartney, trad. de l'angl. par Castéra. *Paris, Buisson,* 1798, 5 vol. in-8°. dem.-rel. avec un atl. de 24 pl.

476. AMBASSADE au Thibet et au Boutan, par Sam. Turner, trad. de l'angl. par M. Castéra. *Paris, Buisson,* 1800, 2 vol. in-8°. bas. et atl. in-4.°.

477. Voyage d'Egypte et de Nubie, par Fréd.-Louis Norden (trad. du dan. en franç. par M. Desroches de Parthenai). *Copenhague,* 1755, 2 tom. en 1 vol. in-f°. v. fil. avec 159 pl., un front. grav. et le port. de l'auteur.

Ouvrage intéressant, et dont les exemplaires sont peu communs.

478. Lettres sur l'Egypte, par M. (Nicolas) Savary. *Paris, Onfroy,* 1785, 3 vol. in-8°. v.

479. Voyage en Syrie et en Egypte pendant les années 1783—85, par M. Volney. *Paris, Voland,* 1787, 2 vol. in-8°. v. avec cart. et 2 grav.

480. Voyage dans la basse et dans la haute Egypte pendant les campagnes du général Bonaparte, par M. Vivant Denon. *Paris, Didot l'aîné,* 1802, 2 vol. très-gr. in-f°. dem.-rel. pap. fort. fig.

Ouvrage très-intéressant et d'une exécution magnifique.

481. Journal d'un voyage dans l'intérieur de l'Afrique fait en 1790—91, par J. Van Reen, publié par le capitaine Riou. *Paris, Jansen, an* VI, in-8°. dem.-rel.

482. Voyage aux sources du Nil, en Nubie et en Abyssinie, pendant les années 1768—72, par James Bruce ; trad. de l'angl. par M. J.-H. Castéra. *Paris,* 1790—91, 10 vol. in-8°. dem.-rel. avec un atl. in-4°. de 88 pl.

Le dixième volume contient : Quatre voyages dans le pays des Hottentots et Cafrerie, en 1777 — 79, par William Paterson, trad. de l'angl. par M. Castéra.

483. Voyage et découvertes dans l'intérieur de l'Afrique, par le major Hougton et Mungo-Park, avec des

éclaircissemens sur la géographie d'Afrique , trad. de
l'angl. ( par M. Lallemand ). *Paris , Tavernier , 1798 ,*
in-8°. dem.-rel. avec cart.

484. An account of the Pelew islands , by George
Keate. *Basil , Tourneisen, 1789 , in-8°.* bas.

485. Voyages from Montreal , on the river St.-Lau-
rence , to the frozen and Pacific Oceans , in the years
1789—92 and 93 , by Alex. Mackenzie. *London (Paris ,*
*Levrault ) , 1802 ,* 2 vol. in-8°. dem.-rel. port. et 3 cart.

486. Les aventures de Jacques Sadeur, dans la découverte et le voyage de la Terre Australe ( par Gabriel
Fogny, ex-cordelier). *Paris , Cavelier , 1705 ,* in-12. bas.
mouil.

487. Voyage sentimental de Sterne , trad. de l'angl.
par M. Frenais , *Neuchâtel , Sam. Fauche , 1776 ,* 2 part.
in-12. v.

488. Discours sur l'histoire universelle , par Bossuet.
*Paris , stéréot. de Didot , 1803 ,* 2 vol. in-18. v.

489. Dissertation historique et politique sur la population des anciens temps, comparée avec celle du nôtre,
par R. Wallace , trad. de l'angl. par M. E. (Eidous).
*Amsterdam , 1769 ,* in-8°. v.

490. Histoire générale des cérémonies , mœurs et
coutumes religieuses de tous les peuples du monde , représentées en 243 fig. dessinées par B. Picard : avec des
explications par les abbés Banier et le Mascrier. *Paris ,*
*Rollin , 1741 ,* 7 vol. in-f°. v.
— Superstitions anciennes et modernes , et préjugés vul-

gaires qui ont induit les peuples à des usages contraires
à la religion (tirées du P. Lebrun et de Thiers). *Amster-*
*dam*, *J. F. Bernard*, 1733 , 2 vol. in-f°. v. 12 pl.

491. DEMONSTRATIO historiæ ecclesiasticæ quadri-
partitæ, comprobatæ monumentis, a Fran. et Jos. Blan-
chino. *Romæ*, 1752 , 3 part. in-f°. vél. avec 6 gr. pl. grav.
par Ant. Jos. Barbazza.

492. BART. Platina delle vite de' pontefici, tradotto
di latino in lingua volgare. *Venetia*, *Comin da Trino*,
1565 , in-12. par.

493. STORIA delle vite de' pontefici di Bartolom.
Platina , e d'altri autori ; dal salvator nostro Gesu-
Cristo fino a Clemente XIII. *Venezia*, *Domen. Ferrarin*,
1760—69 , 5 vol. in-4°. vel. fig.

494. NUMISMATA summorum pontificum templi va-
ticani fabricam indicantia , cum explanationibus , a
P. Phil. Bonanni. *Romæ*, *Georg. Plachus*, 1715 , in-f°.
dem.-rel. 86 pl.

495. ISTORIA degli antipapi , di Lodov. Agnello Anas-
tasio , arcivescovo di Sorrento. *In Napoli*, *Muziano*, 1754 ,
2 vol. in-4°. vel.

496. LE vite di Leon X et d'Adriano VI, sommi
pontefici , et del cardinal Pompeo Colonna, scritte per
Mons. Paolo Giovio, trad. da Mes. Lodov. Domenichi.
*In Fiorenza*, *Lor. Torrentino*, 1551 ,pet. in-8°.

497. La vie du pape Sixte V , trad. de l'ital. de Greg.
Leti (par l'abbé Jean Lepelletier ). *Paris*, 1758 , 2 vol.
in-12. bas. fig.

498. Dissertazione sopra l'anteriorità del Bacio de'. Piedi de' sommi Pontefici all' introduzione della croce sulle loro scarpe, etc., del P. Gi. Pouyard, carmelitano francese. *Roma, Fulgoni,* 1807. — Lettera del cardinale Cesare Brancadoro sopra la dissertazione precedente. *In Roma, Bourlie,* 1807, 1 vol. in-4°. dem.-rel.

499. Alberto Cassio memorie istoriche della vita di santa Silvia. *In Roma, Aug. Rotili,* 1755, in-4°. dem.-rel. 7 pl. sur bois.

500. Memorie di S. Medico, martire et cittadino di Otricoli, raccolte da Francesco Cancellieri. *Roma, Fr. Bourlie,* 1812.

— Descrizione delle carte cinesi che adornano il palazzo della villa Valenti, da il medes. *Roma, Salvioni,* 1813.

— Le sette cose fatali di Roma antica, da il medes. *Roma, Salvioni,* 1812.

— Lettera filosofico - morale di Fr. Cancellieri sopra la voce sparsa dell' improvisa sua morte. *Roma, Bourlie,* 1812.

— Sonetti de' chiarissimi Arcadi, raccolti da il medesimo. *Roma, Salvioni,* 1812, 1 vol. in-12. dem.-rel.

501. Roma sotteranea, opera di Ant. Bosio, compita, disposta e accresciuta da P. Giovan. Severani da S. Severino, etc. *Roma, Gugl. Facciotti,* 1632, gr. in-f°. dem.-rel. fig.

502. Roma subterranea novissima, opera et studio Pauli Aringhi. *Romæ, Vital Mascardus,* 1651, 2 vol. in-f°. vél. fig.

7.

5o3. LETTRES sur l'origine des sciences et sur celle des peuples de l'Asie, par M. Bailly. *Paris*, 1777, in-8°. v.

5o4. RECHERCHES philosophiques sur les Egyptiens et les Chinois (par M. de Pauw). *Berlin*, 1773, 2 vol. pet. in-8°.

5o5. PAUSANIAS, ou voyage historique de la Grèce, trad. en franç. avec des remarques par M. l'abbé Gedoyn. *Paris, Quillaut,* 1731, 2 vol. in-4°. v. avec cart. et fig.

5o6. ERODOTO Alicarnasseo, padre della greca istoria, ( trad. in italiano dall' abbat. Viviani). *Roma, Vinc. Poggioli,* 1808, 3 vol. in-8°. dem.-rel.

5o7. HISTOIRE de Diodore sicilien, trad. du grec en français par Robert Macault et Jacques Amyot. *Paris, Guillemot,* 1585, in-f°. v.

5o8. DESCRIPTION exacte et curieuse de l'ancienne et nouvelle Grèce, composée en latin par Jean Lauremberg, et trad. en franç. *Amsterdam, Jansson,* 1677, in-f°. vél. *Les cartes manquent.*

5o9. ATHENIAN letters : or, the epistolary correspondence of an agent of the King of Persia, residing at Athens during the Peloponnesian war (by Phil and Ch. Yorke). *Basil, James Decker,* 1800, 3 vol. in-8°. v.

5io. VOYAGE du jeune Anacharsis en Grèce, vers le milieu du 4ᵉ siècle avant l'ère vulgaire; par l'abbé J. J. Barthelemy. *Paris, Debure,* 1788, 7 vol. in-8°. et atl. in-4°.

5ii. THE history of ancient Greece, its colonies,

and conquets, by John Gillies. *Basil, Tourneisen*, 1790, 5 vol. in-8°. bas.

512. LES antiquités romaines de Denis d'Halicarnasse, trad. en franç. par le P. Gabr. Fr. Le Jay. *Paris, Greg. Dupuis*, 1722, 2 vol. in-4°. v. b.

513. LES Commentaires de César, traduc. (de Nicolas Perrot d'Ablancourt), revue et retouchée par (Noël-Fr.) de Wailly, avec le texte latin en regard. *Paris, Barbou*, 1775, 2 vol. in-12. v.

514. HISTOIRE des douze Césars de Suétone, trad. par Henri Ophellot de la Pause (M. Joseph Isoard Delille de Sales), avec des mélanges philosophiques et des notes. *Paris, Saillant et Nyon*, 1771, 4 vol. in-8°. v. rac. dor. sur tr. Ex. pap. de Holl.

515. HISTOIRE des révolutions de la république romaine, par l'abbé de Vertot. *Amsterdam*, 1789, 2 vol. in-12. bas.

516. THE history of the decline and fall of the Roman empire, by Edw. Gibbon. *Basil, Tourneisen*, 1787, 13 vol. in-8°. bas.

517. PROJET d'une nouvelle histoire romaine, par M. de Fortia d'Urban. *Rome, de Romanis*, 1813, in-12. carton. avec 4 cartes et 2 estampes de Fr. Morel.

Cet artiste, né en Fr.-Comté, s'est fait à Rome une grande réputation par ses productions gracieuses et spirituelles.

518. HISTOIRE chronologique du dernier siècle (par le P. Cl. Buffier). *Paris, Giffard*, 1715, in-12. bas.

519. THE Remembrancer, or impartial repository of

public events. *London*, *J. Almon*, 1775, pet. in-4°. carton, avec une carte.

520. Costumes civils actuels de tous les peuples connus, dessinés d'après nature, gravés et coloriés (par Grasset de St.-Sauveur), accompagnés d'une notice historique, par Sylvain Maréchal. *Paris*, *Pavard*, 1787-88, 4 vol. pet. in-4°. v.

Le 1ᵉʳ vol. contient 77 pl.; le 2ᵉ, 76; le 3ᵉ, 71; et le 4ᵉ, 81; 305 pl. y compris les frontispices.

521. Le Conducteur français, contenant les routes desservies par les messageries, diligences, etc., avec un détail historique et topographique des endroits par où elles passent, etc., par Louis Denis. *Paris*, *Ribou*, 1776—85, in-8°. 52 cahiers br.

522. Les monumens de la monarchie française, qui comprennent l'histoire de France, avec les figures de chaque règne que l'injure du temps a épargnées; par D. Bern. de Montfaucon (en fr. et en lat.). *Paris*, *Jul. Mich. Gaudoin*, 1729—33, 5 vol. in-f°. v. fig.

Ouvrage très-intéressant, et dont les exemplaires sont peu communs. Celui-ci est conforme à la description donnée par M. Brunet dans le *Manuel du libraire*.

523. Delle memorie di Filippo di Comines, libri VIII (tradotti da Nicol. Reinco, Parigino). *In Milano*, *Bordoni*, 1610, 3 vol. in-8°. v.

524. Labyrinthe royal de l'hercule gaulois triomphant, sur le sujet des fortunes, batailles, victoires, trophées, triomphes, mariage et autres faits héroïques et mémorables de Henri IV, Roi de France; représenté à

l'entrée triomphante de la Royne ( Marie de Médicis ) en la cité d'Avignon , le 19 novembre , l'an 1600 ( par Andr. Valladier , abbé de St.-Arnoul de Metz ). *Chez Jacques Bramereau, imprimeur en Avignon,* in-4°. bas.

Ce volume est orné du portrait de Henri IV, de celui de la Reine Marie , et de 11 planches.

525. Mémoires du duc de Guise (publiés par de Saint-Yon, son secrétaire). *Cologne , Pierre Delaplace ,* 1668 , 2 vol. pet. in-12 , avec la sphère.

Cette édition fait partie de la collection des Elzévirs.

526. Entrée triomphante de Louis XIV et de Marie Thérèse d'Autriche , son épouse, dans la ville de Paris (par Jean Tronçon, avocat au parlement). *Paris,* 1662 , in-f°. v. avec fig. de Chauveau et de Jean Marot.

527. Mémoires de M. de la Colonie, maréchal de camp (de 1692 à 1717 ). *Bruxelles,* 1737 , 2 vol. in-12. bas.

528. Quelques notices pour l'histoire, et le récit de mes périls depuis le 31 mai 1793, par J.-B. Louvet. *Paris, an* III , in-8°. dem.-rel.

529. Rapport fait au nom de la commission chargée de l'examen des papiers trouvés chez Robespierre et ses complices, par E. B. Courtois. *Paris , Maret , an* III , in-8°. dem.-rel.

530. Histoire des inaugurations des Rois, Empereurs, et autres souverains de l'univers ( par D. Ch. Bévy ). *Paris , Moutard ,* 1776 , in-8°. v. 14 pl.

531. Le sacre et couronnement de Louis XVI , dans

l'église de Rheims, le 11 juin 1775 (par M. l'abbé Pichard), précédé de recherches sur le sacre des Rois de France (par M. Gobet, secrétaire de M. le comte d'Artois). *Paris, Vente*, 1775, in-4°. mar. r. dor. sur tr. aux armes de France ; fig. dessinées par Patas.

532. HISTOIRE du couronnement, ou relation des cérémonies religieuses, politiques et militaires, qui ont eu lieu pendant les jours mémorables consacrés à célébrer le couronnement de Napoléon I$^{er}$, etc. (rédigée par M. Dusaulchoy). *Paris, Dubray*, 1805, in-8°. v. rac. rel· de Lefebvre, avec 7 portraits.

533. ALMANACH royal pour les années 1788, 1789, 1790 et 1813. 4 vol. in-8°.

534. DICTIONNAIRE historique de la ville de Paris, par MM. Hurtault et Magny. *Paris, Moutard*, 1779, 4 vol. in-8°. bas. avec un pl.

535. RECHERCHES critiques, historiques et topographiques sur la ville de Paris, avec le plan de chaque quartier, par (J.-B.) Jaillot. *Paris*, 1772-75, 19 cahiers in-8°. cart.

Il manque le 20$^e$ cahier et la table générale de l'ouvrage.

La famille des Jaillot, originaire d'un village de la terre de St.-Claude en Franche-Comté, a produit plusieurs hommes de mérite, entr'autres Alexis-Hubert, qui s'est fait une grande réputation par ses cartes géographiques.

536. NOUVEAU plan de Paris et de ses faubourgs, par l'abbé Jean de Lagrive. *Paris*, 1728, gr. in-f°. 15 feuill.

537. ALMANACH des environs de Paris, par Desnos. *Paris*, 1773, in-12. v. dor. sur tr.

538. Description générale de l'hôtel royal des Invalides, établi par Louis-le-Grand (par Le Jeune de Boul-
lencourt, commissaire des Invalides). *Paris, G. Martin,*
1683, in-f°. v. pl.

53g. Description historique de l'hôtel royal des Invalides, par l'abbé Pérau, avec les plans dessinés et
gravés par Cochin. *Paris, Dezprés,* 1756, in-f°. v. 108 pl.

540. Le trésor des merveilles de la maison royale de
Fontainebleau, par le P. Pierre Dan, trinitaire. *Paris,
Seb. Cramoisy,* 1642, in-f°. v. fil. fig. Ex. gr. pap.
Livre curieux et utile. Les estampes sont de Bosse et Mich.
Lasne.

541. Histoire de la ville de Rouen (par Fr. Farin,
revue par T. Amyot). *Rouen, Hérault,* 1710-38, 6 vol.
in-12. bas.

542. Histoire des antiquités de la ville de Nismes et
de ses environs, par Ménard. *Nismes, Gaude fils,* 1814,
in-8°. br. fig.
C'est un extrait du grand ouvrage de Léon Ménard, conseiller au présidial de Nismes.

543. Eclaircissemens sur les antiquités de la ville de
Nismes, par M. N. (Ch. Caumette, avocat). *Nismes,
veuve Belle,* 1775, in-12. dem.-rel. avec 3 fig.

544. Analyse géographique de l'Italie, par d'Anville.
*Paris, Estienne,* 1744, in-4°. dem.-rel. avec 2 cart.

545. Itinerario overo nuova descrittione di viaggi
principali d'Italia, di Fran. Scotti. *Roma, de' Rossi,*
1650, pet. in-8°. par. fig.
— Un second exemplaire. *Padova,* 1688, pet. in-8°. par.

546. DISSERTAZIONI sopra le antichità italiane , da Lod. Ant. Muratori opera postuma; seconda edizione revista dall' abbate Gaetano Cenni. *In Roma, gli eredi Barbiellini*, 1755, 6 vol. in-8°. vél.

547. ANNALI d'Italia dal principio dell' era volgare sino all' anno 1750. Compilati da L. A. Muratori, colle prefazioni critiche di Gius. Catalani. *In Roma, Casaletti,* 1786, 25 vol. in-8°. dem.-rel.

Les cinq derniers volumes renferment la continuation de l'abbé Jos. Oggeri.

548. DELLA istoria d'Italia di Fran. Guicciardini, libri xx, con vario annotazioni. *In Venezia, Pasquali,* 1738, 2 vol. in-f°. v.

Bel exemplaire d'une bonne édition à laquelle on a joint la vie de l'auteur par le savant dom Mar. Manni, et les remarques de Leoni.

549. Recueil d'estampes représentant les feux d'artifices et les fêtes publiques d'Italie dans le XVIII° siècle. In-f°. cart.

550. NUOVA guida per la città di' Torino , da Honorato Verossi. *Torino ,* 1781 , in-12. v. avec une carte.

551. DESCRIPTION des beautés de Gênes et de ses environs , ornée de différentes vues et d'une carte topographique. *Gênes,* 1773 , pct. in-8°. bas. 14 pl.

552. DESCRIZIONE delle feste celebrate in Parma , per le nozze del reale infante duca Ferdinando di Borbone con l'arciduchessa d'Austria Maria-Amelia, l'anno 1769, ital. et fr. *In Parma , nella stamperia reale ,* in-f°. avec des

estampes gravées par Volpato ; bel exemplaire mar. r.
dor. sur tr. aux armes du duc de Parme.

553. Il forestiere in Milano, da Bartol. Borroni. *In
Milano*, 1808 , in-8°. br.

554. Iconografica representazione dell' inclita citta
di Venezia (da Lod. Ughi). 1729 , in-f°. dem.-rel. 24 cart.

555. Forestiere illuminato intorno alle cose più rare
e curiose della citta di Venezia, etc.... *Venezia*, *Gian.
Albrizzi*, 1765, pet. in-8°. v. fil.
Cet ouvrage est orné de 70 jolies gravures.

556. Historia della republica Veneta, di Battista
Nani. *Venetia*, *Combi*, 1686, 2 vol. in-4°. v.
Bonne edition d'une histoire estimée par son exactitude.

557. Il forestiere istruito delle cose piu' rare di architettura e di alcune pitture della citta di Vicenza, dialogo
di Ottavio Bertotti Scamozzi. *Vicenza*, *Mosca*, 1761,
in-4°. dem.-rel. avec le portrait du marquis Mario Capra
à qui l'ouvrage est dédié, et 36 pl.

558. Verona illustrata da Scipione Maffei. *Verona*,
1732, 4 vol. pet. in-4°. fig. v. dor. sur tr.

559. La Verona illustrata ridotta in compendio con
la vita del Scip. Maffei. *In Verona*, *Moroni*, 1771, 2 vol.
in-8°. dem.-rel. avec cart. et pl.

560. Antichita di Verona disegnate da Giov. Caroto.
*In Verona*, *Merlo*, 1764, in-f°. 31 pl.

561. L'antiquario florentino o sia guida per osservar
con metodo le cause notabili della citta di Firenze.

*In Firenze, Cambiagi*, 1781, in-12. v. avec le plan de la ville.

562. THE life of Lorenzo de' Medici, called the magnificent, by William Roscoe. *Basil, Tourneisen*, 1799, 4 vol. in-8°. v.

563. RITRATTO di Roma antica. *Roma, F. Moueta*, 1645, in-8°. par. fig.

564. NUOVA pianta di Roma data in luce da Giam-Bapt. Nolli, l'anno 1748. In-f°. dem.-rel. 32 feuil.

565. NOUVELLE carte de Rome, réduite d'après celle de J. B. Nolli, par les soins de M. le comte de Fortia d'Urban. 1814, in-8°. dem.-rel.

M. PARIS a inséré dans ce volume un grand nombre de vues des principaux édifices et des monumens de cette ville.

566. DELLE magnificenze di Roma antica e moderna da Gius. Vasi da Corleone; con una spiegazione istorica composta dal P. Gius. Bianchini. *In Roma*, 1747, in-f°. obl. v. avec 29 pl.

On a ajouté à la tête du volume un plan de Rome; cet ouvrage a eu une suite.

567. ROMA antica e moderna o sia nuova descrizione. *Roma, Roissecco*, 1765, 3 vol. pet. in-8°. v. fig.

568. ITINÉRAIRE instructif de Rome ancienne et moderne, et de ses environs, par Marien Vasi, 5e édit. *Rome*, 1806, 2 vol. in-12. dem.-rel. avec 95 pl.

569. ROME et ses environs par André Manazzale, antiquaire. *Rome*, 1802; 2 tom. en un vol. in-12 dem.-rel. avec 25 jolies gravures.

570. Roma descritta ed illustrata dall' abbate Giuseppe Ant. Guattani. *Roma, Pagliarini,* 1805, 2 tom.
en un vol. in-4°. dem.-rel. fig.

Cet exemplaire est enrichi d'un grand nombre de notes de
la main de M. Paris.

571. Templum vaticanum et ipsius origo, cum ædificiis maximè conspicuis antiquitùs et recens ibidem
constitutis; editum a Carolo Fontana; opus in vii libros
distributum, latinisque litteris consignatum a Joan. Jos.
Bonneron de St.-Romain. *Romæ, J. Fr. Buagni,* 1694,
in-f°. v. b. 79 pl.

572. De basilica et patriarchio lateranensi libri iv,
auct. Cæsar. Raspono. *Romæ, de Lazzeris,* 1656, in-f°. v.
fig. *Ouvrage estimé.*

573. Dell' antico pago Limonio in oggi Roma-Vec-
chia ricerche storico-filologiche, di Giov. Ant. Riccy.
*Roma, Fulgoni,* 1802, in-4°. dem.-rel.

574. Memorie storiche dell'antichissima città di Alba-
Longa, e dell' Albano moderno, dall' abb. Giov. Ant.
Riccy. *In Roma, Zempel,* 1787, in-4°. dem.-rel. avec
une vue de la ville d'Albano.

575. Jos. Mar. Suaresii, epis. Vasionensis, Prænestes
antiquæ libri duo. *Romæ, Angel. Bernabò,* 1655, in-4°.
vél. avec 5 gr. pl.

Cet ouvrage a été inséré dans le *Thesaurus antiquitatum
italiæ,* tom. 18°.

576. Storia di Palestrina città del prisco Lazio,
scritta da Leonard. Ceccioni, vescovo di Montalto. *Ascoli,
Nicol. Ricci,* 1756, in-4°. vél. avec un plan de Palestrine.

577. MEMORIE Prenestine disposte in forma di annali ( da Piet. Ant. Petrini ). *In Roma, Pagliarini*, 1795, in-4°. dem. rel. avec 6 pl.

578. MEMORIE storiche dell' antichissimo municipio ora terra dell' Ariccia et delle sue colonie, etc..., da Emmanuele Lucidi. *Roma, Lazarini*, 1796, in-4°. par.

579. INFORMAZIONE all' forestieri delle cose piu notabili della citta, e strato di Bolonia. 1773, in-12. v. avec le plan de la ville de Bologne. Manq. le frontis.

580. ITINÉRAIRE instructif de Rome à Naples, par Marien Vasi. *Rome*, 1813, in-12. dem.-rel. fig.
Ce volume contient plusieurs notes de la main de M. PARIS.

581. PLAN de la ville de Naples et de ses environs. 1775, in-f°. dem.-rel. 35 feuil.

582. NAPOLI e suo contorno con un appendice. *Napoli*, 1803, in-8°. dem.-rel. mouil.

583. GUIDA ragionata per le antichità e per le curiosità naturali di Pozzuoli e de luoghi circonvicini, da Gaet. d'Ancora. *Napoli, Onof. Zambraia*, 1792, in-8°. dem.-rel. avec 50 pl.

584. THE history of the reign of the Emperor Charles V, by William Robertson. *London, W. Strahan*, 1788, 4 vol. in-8°. v.
M. Suard (de Besançon), secrétaire perpétuel de l'académie française, en a publié une excellente traduction.

585. THE history of the reign of Philip the second, king of Spain, by Robert Watson. *Basil, Tourneisen*, 1792, 3 vol. in-8°. bas.

586. Histoire du cardinal de Granvelle, ministre de Philippe II (par M. Courchetet d'Esnans). *Paris, Duchesne*, 1761, in-12. v. avec le port. du cardinal.

M. Courchetet, né à Besançon, d'une famille patricienne, est mort à Paris en 1776 ; il est auteur de plusieurs ouvrages estimables.

587. The history of the reign of Philip the third, king of the Spain, by Robert Watson. *Basil, Tourneisen,* 1792 , 2 vol. in-8°. bas.

588. La storia del cardinale Alberoni, del signor J. R. (Rousset), tradotta dallo spagnuolo. *All' Haya, Moetjens*, 1720, in-4°. par.

Cet ouvrage n'est point traduit de l'espagnol comme le titre l'annonce ; Jean de Rousset qui en est l'auteur, réfugié en Hollande pour cause de religion, y trouva des ressources dans sa facilité d'écrire sur toutes sortes de matières.

589. Pompa introitus honori S. P. Ferdinandi Austriaci, Hisp. infantis, a S. P. Q. Antuerpiens. decreta et adornata , cum iconibus Rubenii et commentariis Casperii Gevartii. *Antuerpiæ*, 1635 , in-f°. vél. dor. sur tr., avec 29 estampes gravées , d'après Rubens , par Théodore Van Tulden.

Bel exemplaire d'un ouvrage rare.

690. Histoire de la guerre de trente ans, par Schiller, trad. de l'allem. par CH. (M. de Chanfeux). *Paris, Lenormant*, 1803, 2 vol. in-8°. v. rac.

591. Annales du règne de Marie-Thérèse , Impératrice et Reine de Hongrie, par M. Fromageot. *Paris,* 1775 , in-8°. v. fig. de Moreau le jeune.

592. Tableau de la Grande-Bretagne, de l'Irlande et des possessions anglaises dans les quatre parties du monde (par M. Baërt). *Paris, Jansen, an* VIII (1801), 4 vol. in-8°. bas. fig. et cart.

593. The seats of the nobility and gentry, in a collection of the most interesting et picturesque views engraved by W. Watts. *London*, 1779, in-4°. obl. v.
C'est un recueil de 84 jolies gravures représentant des vues de châteaux et de maisons de plaisance de l'Angleterre.

594. Angleterre ancienne, ou tableau des mœurs, usages, armes, habillemens, etc., des anciens habitans de l'Angleterre ; ouvrage trad. de l'angl. de Jos. Strutt, par M. B. (Boulard). *Paris, Maradan*, 1789, 2 tom. en un vol. in-4°. bas. avec 67 pl.

595. The history of England, from the invasion of Julius Cæsar to the revolution in 1668, by David Hume. *Basil, Tourneisen*, 1789, 12 vol. in-8°. bas.

596. The history of England, from the revolution to the death of George II, by Smolett. *Basil, Tourneisen,* 1794, 8 vol. in-8°. bas.

597. The history of the reign of Henry the second, and of Richard and John, his Sons; by the Joseph Berington. *Basil, Tourneisen*, 1793, 3 vol. in-8°. v.

598. The history of the rebellion and civil wars in England, by Edward of Clarendon. *Basil, Tourneisen*, 1798, 12 vol. in-8°. bas.

599. The life of Edward of Clarendon, by Himself. *Basil, Tourneisen*, 1798, 5 vol. in-8°. bas.

dessins exécutés à Pekin par ordre de l'Empereur Kien-Long. *Paris*, gr. in-4°. obl. dem.-rel.

.. Les dessins de la 1ʳᵉ, de la 14ᵉ et de la 15ᵉ estampes sont de frère Jean-Denis Attiret, célèbre missionnaire, né à Dole en 1702, mort à Pekin le 8 décembre 1768, honoré des regrets de l'Empereur Kien-Long.

614. DESCRIPTION de l'Egypte , composée sur les mémoires de Maillet , par l'abbé le Mascrier. *Lahaye* , *J. Beauregard*, 1740 , 2 vol. in-12. avec cart. et pl.

615. MÉMOIRE sur la véritable entrée du monument egyptien qui se trouve près de Saccara, par M. le duc de Chaulnes. *Paris, Jorry,* 1783.—Projet d'une salle d'opéra par P. Bernard , architecte , avec 7 pl. — Lettre à un ami sur un monument public, par d'Ulin , architecte , avec 3 pl. In-4°. dem.-rel.

616. HISTOIRE philosophique et politique des établissemens et du commerce des européens dans les deux Indes , par Guil. Thom. Raynal. *Genève , Pellet ,* 1780 , 4 vol. in-4°. et un atlas même format.

617. RECHERCHES philosophiques sur les Américains ( par M. de Pauw). *Berlin,* 1771 , 2 vol. pet. in-8°.

618. THE history of America , by William Robertson. *Basil , Tourneisen ,* 1790 , 3 vol. in-8°.

619. THE history of America , containing the history of Virginia to the year 1688 ; and the history of new England to the year 1652 , by William Robertson. *Basil , Tourneisen ,* 1800 , in-8°. bas.

620. THE revolution of America , by the abbé Raynal. *London , Lockyer Davis ,* 1781 , in-8°. br.

8.

621. LETTERS on the present disturbances in Great-Britain and its American provinces. *London*, 1777, in-8°.

622. AN Answer to that part of the narrative of lieutenant-general sir Henry Clinton, etc., by Earl Cornwallis. *London*, 1783, in-8°. br.

623. LETTERS to a nobleman, on the conduct of the War in the middle colonies. *London, Wilke*, 1799, in-8°. bas.

624. LA science héroïque, traitant de la noblesse, de l'origine des armes, de leurs blasons et symboles, etc., par Marc. de Vulson, sieur de la Colombière. *Paris, Séb. Cramoisy*, 1644, in-f°. v. fig.

625. TRAITÉ des tournois, joustes, carrousels et autres spectacles publics (par le P. Cl. Menestrier). *Lyon, Jacq. Muguet*, 1669, in-4°. v. fig.

626. DELLA origine et de'fatti delle famiglie illustri d'Italia, di Fran. Sansovino. *In Vinegia, Alt. Salicato*, 1609, in-4°. v.

## ANTIQUITÉS.

627. L'ANTIQUITÉ expliquée et représentée en figures, par D. Bernard de Montfaucon. *Paris*, 1719, 10 vol. in-f°. v. gr. pap.
—Supplément au livre de l'antiquité expliquée et représentée en fig. *Paris*, 1724, 5 tom. en 3 vol. in-f°. pet. p.

Exemplaire de première édit. bien conditionné. A la suite du 5e vol. de supplément, on a ajouté 76 pl. de différens artistes, représentant des vues de monumens anciens, les détails de la colonne théodosienne, etc.

600. REMARKS on the history of England, by Henry St.-John Bolingbroke. *Basil*, *Tourneisen*, 1794, in-8°. bas.

601. LE guide des étrangers faisant le tour des villes de Londres et de Westminster (angl.-franç.), *Londres*, *Kent*, 1763, in-8°. bas.

602. HISTOIRE d'Écosse, sous les règnes de Marie Stuart et de Jacques VI, par Guil. Robertson, trad. de l'angl. (par Nicol. Pierre Besset de la Chapelle). *Londres*, 1764, 3 vol. in-12. v.

603. ABRÉGÉ chronologique de l'histoire du Nord, par M. Lacombe. *Paris*, *Hérissant*, 1762, 2 vol. pet. in-8°. bas.

604. HISTOIRE des gouvernemens du Nord, trad. de l'angl. de M. Williams (par M. Démeunier, de Nozeroy). *Amsterdam*, 1780, 4 vol. in-12. bas.

605. SUECIA antiqua et hodierna (ab Erico Dalberg), figuris æneis illustrata. *Holmiæ* (1693—1714), 3 vol. in-f°. vél. vert fil. dor.
Le premier vol. contient 150 pl.; le second 77, et le troisième 126. L'exemplaire est d'une belle conservation.

606. LETTRES du comte Algarotti sur la Russie, contenant l'état du commerce, de la marine, des revenus et des forces de cet empire, etc., trad. de l'ital. *Londres* (*Paris*), 1769, in-12. v.

607. RECUEIL de 100 estampes représentant différentes nations du Levant, gravées par les ordres de M. de Ferriol, ambassadeur de France; et mis au

8

jour par M. Lehay. *Paris, Basan*, 1714, gr. in-f°. dem.-rel.

608. An historical concerning the knowledge which the ancients had of India, by William Robertson. *Basil, Tourneisen*, 1792, in-8°. bas.

609. Choix de vues de l'Inde, prises sur les lieux pendant les années 1780—83, avec les descriptions en anglais et en français, par Guill. Hodges. *Londres, Edwards*, 1786, 2 part., in-f°. obl. dem.-rel. avec 49 gravures à l'aquatinta.

On trouve à la suite une *Dissertation* sur les prototypes de l'architecture indienne, moresque et gothique, avec deux gr. pl. représentant le tombeau de l'empereur Shere-Shah, et celui de l'empereur Akbar.

610. Description géographique, historique et chronologique de l'empire de la Chine et de la Tartarie chinoise, par le P. J. B. Duhalde. *Paris, Lemercier*, 1735, 4 vol. in-f°. v. fig.

611. Abrégé historique des principaux traits de la vie de Confucius, philosophe chinois, en 24 estampes gravées par Helman. *Paris*, in-4°. v.

612. Faits mémorables des Empereurs de la Chine, tirés des annales chinoises, en 24 estampes gravées par Helman. *Paris*, in-4°. v.

613. Les victoires et conquêtes de l'Empereur de la Chine, représentées dans une suite de 16 estampes gravées par Cochin et les meilleurs artistes, d'après les

940. Via Appia illustrata ab urbe Roma ad Capuam, a Carlo Labruzzi (angl.-ital.). In-f°. obl. 24 pl.

641. Francisci Ficoronii dissertatio de larvis scenicis et figuris comicis antiquorum Romanorum , ex ital. in lat. ling. versa (a Dominico Cantagallo). *Romæ, de Rubeis,* 1750, in-4°. dem.-rel. avec 85 pl.

642. Lettre de M. Millin à M. Langlès sur le carnaval de Rome. *Paris, Sajou,* 1812 , avec 2 pl. color. — Discours sur les murs saturniens et cyclopéens, par M. Fortia d'Urban. *Rome, de Romanis,* 1813 , avec 2 pl. — Ricerche sulle diverse maniere di contrarre matrimonio , etc...., da Gonsalvo Ardono. *In Roma, Bourlie,* 1807.—Sul culto reso da gli antichi Romani alla **Dea Febre** dissertazione, del dottor. G. de Matthæis. *Roma, de Romanis,* 1814. In-8°. dem.-rel.

643. Recherches curieuses d'antiquités , contenues en plusieurs dissertations sur des médailles , bas-reliefs, etc. , par Jacob Spon. *Lyon, Th. Amaulry,* 1683 , in-4°. v. fig.

644. Recueil d'antiquités égyptiennes , étrusques , grecques et romaines ( par M. le comte de Caylus). *Paris, Desaint et Saillant,* 1771—77, 7 vol. in-4°. v. fig.

Cet ouvrage intéressant contient des antiquités découvertes en Franche-Comté , et dont on nous saura gré de donner ici l'indication.

Tome 1er (pag. 229), deux inscriptions trouvées en 1732 à Besançon , tirées du cabinet de M. le professeur Dunod; une troisième trouvée à Mandeurre, et conservée dans le cabinet de M. Schoepflin , à Strasbourg.

Tome iii ( pl. 98), 6 figurines en bronze trouvées à Montot, village situé sur la petite rivière de Salon, entre Champlitte et Dampierre. (Pl. 99), deux inscriptions et une petite statue équestre, en pierre du pays, découvertes en 1755 à Luxeuil.

TOME IV (pl. 123), la superbe mosaïque découverte en 1717 à *Estavaye*, dans la plaine de Poligny. Elle avait déjà été décrite par M. le professeur Dunod (*hist. de l'égl. de Besançon*, tom. 11, p. 355); et par M. Chevalier (*mém. hist. sur la ville de Poligny*, tom. 1er); et elle a été récemment l'objet de l'attention de nos antiquaires. M. Jos. Bruand, de Besançon, mort en 1820, sous-préfet à Belley, a publié en 1815 une *dissertation* sur cette mosaïque, avec 2 pl.; et M. Désiré Monnier, conservateur du musée du département du Jura, en a donné l'explication dans le 12e chap. de *l'essai sur l'origine de la Séquanie*.

TOME V (pl. 105), le camp de St.-Etienne de Coldres, près de Conliège. Le plan et la description en avaient été adressés à M. de Caylus par M. le marq. de Montrichard, de l'acad. de Besançon, amateur éclairé des arts. (Pl. 106), la cuvette de marbre blanc trouvée dans les fouilles d'*Estavaye*, et qui servait alors de bénitier dans l'église de Tormont. (Pl. 107), l'ancien camp situé sur la route de Dole, près d'Orchamps, levé par M. le marquis de Montrichard. (Pl. 108), le taureau de bronze à trois cornes, découvert en 1756 à Avrigney, et acheté par M. de Choiseul, Archevêque de Besançon, qui le fit graver. Ce monument précieux appartient aujourd'hui à M. de Chifflet, président à la Cour royale, et membre de la chambre des Députés.

TOME VI (pl. 108), un bas-relief en marbre représentant Diane assise, le bras appuyé sur un cerf couché près d'elle. Ce morceau, d'une belle exécution, trouvé en 1734 à *Estavaye*, faisait partie du cabinet de M. le professeur Dunod. (Pl. 109), la mosaïque trouvée en 1759 à Besançon, en creusant les fondations de l'hôtel de M. de Fleury, rue du Perron.

Le P. Dunand, de Besançon, adressa en 1767 à M. de

628. Mœurs, coutumes et usages des anciens peuples, par M. l'abbé (Franç.) Sabbathier. *Chalons-sur-Marne*, 1770, 3 vol. in-12. bas.

629. Miscellanea filologica critica et antiquaria, dell'avocat. Carl. Fea, tomo primo. *In Roma, Pallearini*, 1786, in-8°. cart.

630. Storia delle arti del disegno presso gli antichi, di Giovanni Winkelmann, tradotta dal tedesco da' M. Carlo Fea. *In Roma, Pagliarini*, 1783, 3 vol. in-4°. v. fig.

Le tome 1er contient 18 pl. et un front. grav.; le 2e, le port. du chev. Azara et 11 pl.; le 3e, le portrait de Winkelmann et 23 pl. On trouve à la fin du 3e vol. une réponse de Charl. Fea aux critiques d'Onofrio Boni.

631. Histoire de l'art chez les anciens, par Winkelmann, trad. de l'allem. (par Huber et Jansen), avec des notes historiques et critiques. *Paris, Imprimerie de Seguy-Thiboust*, 1790—94, 2 vol. in-4°. avec 25—37 pl.

632. Histoire de l'art par les monumens, depuis sa décadence au IVe siècle jusqu'à son renouvellement au XVIe, pour servir de suite à l'histoire de l'art chez les anciens, par M. Seroux d'Agincourt. *Paris, Treuttel et Wurtz*, 1811 *et ann. suiv.*, in-f°.

Les 18 premières livraisons. Cet ouvrage curieux sera complètté.

633. Onuphrii Panvinii de ludis circensibus libri ii, et de triumphis liber i, cum notis Joan. Argoli et additamento Nic. Pinelli. *Patavii, Paul. Frambottus*, 1642, in-f°. dem.-rel. fig.

Pagination incorrecte — date incorrecte

**NF Z 43**-120-12

634. Métrologie , ou tables pour servir à l'intelli-
gence des poids et mesures des anciens , par M. de
Romé de l'Isle. *Paris, impr. de Monsieur*, 1789 , in-4°.
dem.-rel.

M. J.-B. de Romé de l'Isle , l'un des plus célèbres physi-
ciens du 18ᵉ siècle, était né à Gray en 1736; il est mort à
Paris le 8 mars 1790.

635. Explication abrégée des coutumes et cérémonies observées chez les Romains , ouvrage écrit en latin
par Nieupoort, et trad. en franç. par M. (l'abbé Desfontaines). *Paris, Brocard*, 1770 , in-12. bas.

636. Discours sur la castramétation des Romains,
par Guill. Duchoul , etc. *Lyon, Guill. Rouille*, 1555. —
Discours sur la religion des anciens Romains, *ibid.*,
1556, 2 tom. en un vol. in-f°. vél. fig.
Édition originale très-belle.

637. Discours de la religion des anciens Romains;
de la castramétation et discipline militaire d'iceux ; des
bains et antiques exercitations grecques et romaines,
par Guill. Duchoul. *Lyon, Guill. Rouille*, 1581 , 2 tom.
in-4°. v. fig.
Cette édit. passe pour plus complette que la précédente.

638. Histoire des grands chemins de l'empire romain, par Nicol. Bergier ; nouv. édit. revue et augmentée de remarques historiques. *Bruxelles, Jean Léonard,*
1728 , 2 vol. in-4°. v. b. cart. et fig.

639. Della Via Appia riconosciuta et descritta da
Roma a Brindisi libri iv (da Franc. Maria Pratilli).
*Napoli, Gio. di Simone*, 1745; in-f°. vél. cart. et fig.

sans explication, représentant la Vénus accroupie, le Méléagre
et l'Apollon du Belvédère.

655. Museo Chiaramonti aggiunta al Pio-Clementino
da S. S. Pio VII P. M., con l'esplicazione de' Filippo
Aurelio Visconti e Gius. Ant. Guattani ; publicato da
Ant. d'Este e Gaspare Capparone. *In Roma*, 1808, in-f°.
max. dem.-rel avec 46 pl. et un portrait du Pontife à
qui l'ouvrage est dédié.

Ce 1er vol. est le seul qui ait paru jusqu'à ce jour.

656. Museum Etruscum exhibens insignia veterum
Etruscorum monumenta, illustrata observationibus Ant.
Fran. Gorii. *Florentiæ, Cai. Albisinius,* 1737, 2 vol. in-f°.
v. f. fil. 200 pl. *Manque le 3e vol.*

667. Vetera monumenta quæ in hortis Cælimontanis
et in ædibus Matthæiorum adservantur ; nunc primùm
in unum collecta et adnotationibus illustrata à Rodul-
phino Venutio et Joa-Chri. Amadutio, *Romæ, Monaldini,*
1779, in-f°. 3 vol. dem.-rel.

Le 1er vol. contient les statues, 106 pl. ; le 2e, les bustes,
les trophées, les bas-reliefs, les masques scéniques et les ornemens, 90 pl. ; et le 3e, les anaglyphes, les sarcophages et
les inscriptions, 74 pl.

657. Osservazioni soprà alcuni antichi monumenti
esistenti nella villa dell' card. Alessand. Albani (da P.
Stefan. Raffei). *In Roma, Salomoni,* 1779, in-f°. dem.-
rel. 6 pl.

Ce vol. renferme six autres dissertations du P. Raffei sur
autant de monumens de la même villa : Ricerche soprà un
Apolline, 1772, 3 pl.—Saggio di osservazioni soprà un Bassorilievo, 1773, avec une gr. pl. —Osservazioni soprà un altro

Bassorilievo , une pl. — Dissertazione soprà un singular com-
battimento espresso in Bassorilievo , une pl. —Filoteto ado-
lorato , altro Bassorilievo , une pl.—Il Nido , canzone didascalica
sóprà un antico nido di marmo , 1778 , 2 pl.

659. LES dimensions des antiquités , statues , marbres ,
bronzes , etc......, composant le musée Borghèse , prises
sous les ordres de M. PARIS , lors de l'acquisition de ce
musée en 1807 par le gouvernement français. 5 vol. in-4°.
dem.-rel. *Manuscrit*.

660. JOURNAL des commissaires nommés par le ministre de l'intérieur, pour surveiller le déplacement et le
transport des objets d'antiquités de la Villa-Borghèse ,
avec l'état des dépenses faites par leurs ordres. 2 vol.
in-f°. cart. *Manuscrit*.

661. LE pitture antiche d'Ercolano e contorni incise ;
con qualche spiegazione ( da Ottavio Ant. Bayardi).
*Napoli*, *stamperia regia*, 1757—92 , 9 vol. in-f°. dem.-rel.

Ouvrage curieux et d'une exécution magnifique. Les 5 1rs vol.
contiennent les peintures ; le 6e , le catalogue des monumens ;
le 7e et le 8e , les bronzes ; et le 9e , les lampes et candélabres.

662. CHOIX de quelques morceaux des peintures antiques d'Herculanum , extraits du muséum de Portici
( par l'abbé de St.-Non ). *Naples* , 1773 , in-4°. dem.-rel.
vél. vert , 20 pl. au bistre , sans explications.

Le volume contient en outre : Fragmens choisis dans les
peintures et les tableaux les plus intéressans des palais et des
églises de l'Italie. *Rome* , 1772 , 40 pl. gravées par St.-Non ,
d'après Robert , Fragonard et Ango. — Seconde suite , 20 pl.
— Troisième suite ( Bologne ), 40 pl.—Quatrième suite ( Naples),
30 pl.

Caylus des inscriptions et des bronzes récemment découverts dans le jardin des capucins à Autun; mais ces antiquités furent perdues par la mort de ce savant.

645. Recueil d'antiquités dans les Gaules, par M. de la Sauvagère. *Paris, Hérissant,* 1770, in-4°. v. 39 pl.

646. Monumenti antichi inediti, spiegati ed illustrati da Giov. Winkelmann. *Roma,* 1767, 2 vol. in-f°. dem.-r.
Le 1er contient 207 pl., et le 2e, les explications. Ouvrage très-recherché, et dont les exemplaires sont rares en France.

647. Vasi, candelabri, cippi, sarcofagi, tripodi, lucerne ed ornamenti antichi, disegn. ed inc. dal cav. Gio. Batt. Piranesi; publicati l'anno 1779, 1 vol. gr. in-f°. dem.-rel., 116 *pl. non compris 2 frontis. grav.*

648. Monumenti antichi inediti owero notizie sulle antichità e belle arti di Roma (da Gius. Ant. Guattani). *Roma, Pagliarini,* 1784—89, 6 vol. in-4°. cart. fig.— *Ibid.* 1805, tom. 7, in-4°.
Le volume de 1805 est le premier de la continuation.
Les plans et l'élévation du colisée, qu'on trouve dans le volume pour l'année 1789, ont été gravés sur les dessins que M. Paris avait faits pour un religieux français (le P. Dumont), qui se proposait de publier un ouvrage sur les antiquités romaines. Guattani loue beaucoup l'élégance et l'exactitude des dessins de M. Paris, qu'il nomme *uno esimio professore al servizio del Re di Francia.* Voy. p. xxx.

629. Monumens antiques inédits, ou nouvellement expliqués, par A. L. Millin. *Paris, impr. de Didot jeune,* 1802, 2 vol. in-4°. dem.-rel.
Le tom. 1er renferme 40 pl.; le tom. 2, 39.
La 38e pl. du 1er vol. représente le dyptique d'Aréobinde,

conservé à la bibliothèque de Besançon. Ce monument, sous-
trait de notre musée pendant la révolution ; a été retiré par
M. Coste des mains d'un ouvrier à qui il avait été vendu à
vil prix ; et pour nous en assurer davantage la possession, il
l'a fait dessiner, et en a donné une savante description dans
une *Lettre à M. Millin sur l'origine des dyptiques consulaires.*
Paris, 1803, in-8°. de 34 pag.

550. GALLERIA Giustiniana del marchese Vincenzo
Giustiniani. (*Roma*, 1640), 2 vol. gr. in-f°. mar. r. dor.
sur tr.

Le 1$^{er}$ vol. contient 153 pl., et le 2$^e$ 169.

651. INDICAZIONE delle sculture del palazzo Giustiniani, compilata da Phil. Aurel. Visconti. *Roma, de
Romanis*, 1811, in-4°. br. de 23 pag.

652. LE grand cabinet romain, ou recueil d'antiquités
romaines, avec les explications de Michel-Ange de la
Chausse. *Amsterdam, l'Honoré*, 1706, in-f°. v. b. fig.

653. IL museo capitolino (dà Giov. Bottario e Nic.
Foggini). *In Roma*, 1741—82, 4 vol. in-f°. dem-.rel.

Le 1$^{er}$ vol. contient les portraits des hommes illustres,
90 pl. Le 2$^e$, les bustes des Empereurs et Impératrices, 83 pl.
Le 3$^e$, les statues, 91 pl. Le 4$^e$, les bas-reliefs, 69 pl.

654. IL museo Pio-Clementino, descritto da Giam-
Battista (Ennio - Quirino) Visconti. *In Roma*, 1782—
1807, 7 vol. in-f°. max. dem.-rel. fig.

Cet ouvrage, d'une belle exécution, est peu commun en
France. Les trois premiers volumes contiennent les statues ;
les deux suivans les bas-reliefs ; le sixième les bustes, et le
septième les monumens d'antiquités de tous genres. On trouve
à la fin du quatrième volume, trois planches, sans numéro et

675. SPECULUM romanæ magnificentiæ omnia ferè
quæcumque in urbe monumenta extant, partìm juxta
antiquam, partìm juxta hodiernam formam, accuratis-
simè delineata repræsentans. *Romæ, Ant. Lafrery Sequanus*,
1554 *et ann. suiv.* , in-f°. v. dor. sur tr. 118 pl.

Ant. LAFRERY, graveur et marchand d'estampes à Rome ; où
il jouissait d'une grande réputation, était né à Salins, dans le
comté de Bourgogne, au commencement du XVIe siècle. La
bibliothèque de Besançon possède plusieurs suites d'estampes
publiées par Lafrery, et portant son monogramme; mais il est
probable qu'il n'en a été que l'éditeur.

676. DISCORSI sopra l'antichita di Roma, di Vicenzo
Scamozzi, archit. vicentino. *Venezia, Fran. Ziletti*, 1583,
in-f°. v. avec 40 gr. pl. *Édition rare*.

677. LIBRO d'Antonio Labacco appartenente a l'architettura, nel qual si figurano alcune notabili antichita
di Roma. *In Roma, Carlo Losi*, 1773, in-f°. cart. 36 pl.

678. LIBRI quattro dell'antichita della citta di Roma,
raccolte per Bernardo Gamucci. *Venetia, Gio. Varisco*,
1565, in-4°. vél. fig.

Ce volume a appartenu au respectable M. d'Agincourt, l'ami
de M. PARIS.

679. ANTIQUÆ urbis splendor, hoc est præcipuorum
ejusdem templorum descriptio ; etc., operâ et industriâ
Jac. Lauri. *Romæ*, 1612—1613, 2 part. in-f°. obl. v.
166 pl.

670. ROMA antica di Famiano Nardini. *In Roma*,
*Falco*, 1666, in-4°. vél. On trouve à la suite : Discorso
d'Ottavio Falconieri intornò alla piramide di C. Cestio,

avec 4 pl. — Del medesimo , una lettera a Carl. Dati ,
4 pl.

Ces différens ouvrages ont été trad. en latin , et insérés par
Grævius dans le *Thes. antiquit. Roman.* , tom. IV.

681. ROMA antica di Famiano Nardini , con note et
osservazioni storico-antiche. *In Roma , Carl. Barbiellini* ,
1771 , 3 vol. in-12. dem.-rel.

682. FRAGMENTA vestigii veteris Romæ ex lapidibus
Farnesianis ; nunc primùm in lucem edita cum notis
Jo. Petri Bellorii. *Romæ , Jos. Corvus* , 1673 , in-f°. vél.
vert dor. sur tr. 20 pl.

683. ROMA vetus ac recens utriusque ædificiis illustrata ab Alex. Donato. *Amstelod* , 1695 , in-4°. vél. fig.
*Manque le frontispice.*

684. I vestigi dell' antichita di Roma , raccolti et ri-
tratti in perspettiva da Stef. Duperac , parisino. *In Roma,*
*Carlo Losi* , 1773 ( 1673 ) , in-f°. obl. cart. pl.

« Le recueil d'Etienne Duperac ( archit. de Bordeaux ) con-
» tient beaucoup de statues et de bas-reliefs qui nous sont
» connus ; et la fidélité avec laquelle ils sont dessinés , est un
» garant de l'exactitude de tout ce qui compose le même re-
» cueil ». ( *Antiq.* de Caylus , tom. 1er , p. 209. )

685. VEDUTE degli antichi vestigi di Roma , di Alò
Giovannoli. *In Roma* , in-4°. obl. v. *Recueil de* 106 pl.

686. LES édifices antiques de Rome , mesurés et dessinés très-exactement sur les lieux par Ant. Desgodets ,
nouv. édit. *Paris , impr. de Monsieur,* 1779, in-f°. dem.-rel.

Exemplaire très - précieux , auquel M. PARIS a ajouté un
grand nombre de vues des édifices de Rome , avec des observations critiques.

663. Il teatro d'Ercolano, da Franc. Piranesi. *Roma,*
*Salomoni*, 1783, in-f°. cart. 9 pl. et un frontis. grav.

664. HERCULANENSIUM voluminum quæ supersunt
(edent. Carolo Rosinio et Nicolao Ciampittio). *Neapoli*,
*ex regia typogr.*, 1793—1809, 2 tom. en un vol. in-f°. v.
rac. fil. avec 38 et 25 pl.

Bel exemplaire d'un ouvrage très-rare en France, puisque
l'auteur de l'excellent *manuel du libraire* n'en a pas connu
la seconde partie.

665. DISSERTATIONES isagogicæ ad Herculanensium
voluminum explanationem ; pars prima. *Neapoli, regia*
*typogr.*, 1797, in-f°. dem.-rel. 20 pl. non compris deux gr.
cartes des environs d'Herculanum, avant la célèbre
éruption du Vésuve qui détruisit cette ville.

666. GLI Ornati delle Pareti ed i Pavimenti delle
stanze dell'antica Pompei, incisi in rame. *Napoli, stam-*
*peria reale*, 1796, 2 vol. in-f°. max. dem.-rel.

Chaque volume se compose de 47 pl., d'un frontispice et
d'une feuille de préface. Il est parvenu en France fort peu
d'exemplaires complets de cet ouvrage. (*Man. du libr.*, 3ᵉ éd.
au mot *Ornati*).

667. PROSPETTO storico-fisico degli scavi di Ercolano
e di Pompei, di Gaetano d'Ancora. *Napoli, stamp. reale,*
1803, in-8°. dem.-rel. 2 pl.

668. LES ruines de Pompéï, dessinées et mesurées par
François Mazois, architecte, pendant les années 1809,
1810 et 1811. *Paris, Didot l'aîné*, 1812—19, gr. in-f°.

Dix livraisons : les deux dernières, qui ont paru depuis
la mort de M. PARIS, completteront ce bel ouvrage.

669. Description des tombeaux découverts à Pompéï en 1812, par A. L. Millin. *Naples, impr. royale,* 1813, 7 pl. —Fouilles faites à Pompéï le 18 mars et le 1er mai 1813, 15 pl. 1 vol. in-8°. dem.-rel.

670. Les ruines de Palmyre, autrement dite Tedmor au désert (par Rob. Wood, Borra et Dawkins). *Londres, A. Millar,* 1753, gr. in-f°. v. 57 pl.

Ouvrage très-recherché et d'une exécution magnifique. L'exemplaire est bien conservé.

671. The ruins of Balbec otherwise Eliopolis in Cœlosyria (by Rob. Wood and Dawkins). *London,* 1757, in-f°. cuir de Russie, fil. 46 pl.

Cet ouvrage est aussi recherché que le précédent.

672. Les ruines des plus beaux monumens de la Grèce, par (Julien-David) Leroy, 2e édit. *Paris, Delatour,* 1770, 2 tom. en un vol. gr. in-f°. v. fig.

Cette édition est la plus recherchée : la 1re partie contient 35 pl., et la 2e 26.

673. The antiquities of Athens, measured and delineated by James Stuart and Nichol. Revett. *London, John Haberkorn,* 1762—87—94—1816, 4 vol. in-f°. pap. vél., les 2 premiers dem.-rel., et les 2 suivans carton. non rog.

Ouvrage fort bien exécuté, et dont les exempl. complets sont très-rares. Le 1er vol. contient 70 pl.; le 2e, 74; le 3e, 77 et 4 cartes; le 4e, 85.

674. Jonian antiquities published by R. Chandler, N. Revett, archit., et W. Pars, painter. *London, T. Spilsbury,* 1769, 2 vol. in-f°. dem.-rel. fig.

Le 1er vol. contient 27 pl., et le 2e 63.

687. EXAMEN des édifices antiques et modernes de la ville de Rome, sous le rapport de l'art ; ouvrage destiné à faire suite à celui d'Ant. Desgodets (par M. PARIS, architecte du Roi). *Rome*, 1813—16, 2 vol. pet. in-4°. dem.-rel. avec un grand nombre d'estampes.

Cet ouvrage est le fruit des études et des observations de M. PARIS, pendant un séjour à Rome de près de vingt années. Le manuscrit que nous annonçons n'est que l'esquisse de ce travail important, qui doit mettre le sceau à la réputation de son auteur. Depuis son retour dans sa ville natale, M. PARIS a revu cet ouvrage avec tout le soin dont il était capable, et en a adressé une copie à M. Lenormand, l'un de nos plus habiles graveurs, à qui il en a cédé la propriété ; ne se réservant qu'un certain nombre d'exemplaires, qu'il espérait avoir le plaisir d'offrir à ses amis, et le manuscrit qui doit revenir à la bibliothèque de Besançon.

La gravure des planches a retardé jusqu'ici la publication de ce bel ouvrage, attendu avec impatience par tous les amateurs.

688. Le antichità Romane, da Gio. Batt. e Carl. Fr. Piranesi. *In Roma*, 1756, 4 vol. très-gr. in-f°. dem.-rel.

Cette belle collection n'est malheureusement pas complète. Le tom. 1er ne contient que 80 pl. des Piranesi ; le 2e, 69 ; le 3e, 24 ; représentant les anciens temples les mieux conservés ; et le 4e, 57.

On a inséré dans le 1er et dans le 3e volumes, un grand nombre de cartes et de vues d'Italie, d'après les meilleurs maîtres. Le 3e volume contient entr'autres une suite de 38 estampes par Antoine Visentini, d'après les dessins de Canal, représentant les vues des plus beaux édifices de Venise.

On croit devoir ajouter ici le détail des pièces que renferment ces volumes, pour en faciliter la recherche.

TOME Ier. Carte de l'Etat ecclésiastique du P. Boscowich. —

9

Plan de Rome, par Piranesi.—Autre, par Lalande.—L'ancienne basilique de St.-Pierre.—Plan du conclave de 1774.—Portrait de Sixte V.—Soixante-quatorze gr. vues de Piranesi.—Dix-sept vues de J. P. Panini.—Une de Vasi.—Deux de Labella.—Deux de Cochin.—Une d'Israël Silvestre.—Une de Goyran, et dix petites.—Plans, élévations et coupes d'édifices anciens et modernes, par Alex. Spechi (6 pl.).—Une de Galileo Galilei.—Plan des catacombes de St.-Caliste.—Port d'Ostie, par Pirro Ligorio.—Deux grandes vues de la Villa-Frascati, par Mathieu Greuter.—Plan de la Villa-Tiburtina.—De la Villa d'Este.—Des théâtres de la Villa-Adriana. (3 pl.)—Obélisques, avec leurs dimensions (5 pl.).—Le baldaquin de St.-Pierre.—Tombeau de Grégoire XIII, etc.

TOME II. Quarante-six grandes vues de Piranesi.—Seize compositions de prisons, par le même auteur.—Elévation et coupe du palais *Monte-Citorio*.—Plan des thermes de Dioclétien (estampe rare de Scamozzi).

TOME III. Deux vues du palais de l'Escurial.—Trois cartes d'Italie.—Plan de Turin et de la maison de plaisance de la Reine.—Plan de Milan.—De la cathédrale de cette ville (3 pl.).—De la ville de Gênes.—De l'église de Carignano.—Trois plans de Mantoue.—Carte de la Spezzia, dessinée à la plume.—Plan de la ville de Plaisance.—De Parme.—De Brescia.—De Véronne, avec 7 feuil. d'antiquités.—Le théâtre olympique de Vicence.—Six vues de Padoue.—Deux plans de Venise.—L'église St.-Marc.—Ste.-Sophie de Constantinople.—*Urbis Venetiarum prospectus celebriores ab Ant. Canal.*—Carte du pays entre Ferrare et Bologne.—Plan de Bologne avec 17 vues et 25 façades des palais et portes de cette ville.—Vue de la cathédrale, de la tour inclinée et du baptistaire de Pise.—Plan de Florence, et six vues de cette ville.—Plan de Modène.—De la cathédrale de Sienne.—Plan de Rome.—Les temples de Pestum, par Piranesi (21 pl.).—Ruines de l'amphithéâtre de Bénévent.—Carte des marais Pontins.

—Vue de la Solfatarra et du golfe de Bayes. — L'arc de
Trajan, à Ancône. — Plan de Naples. —Vue des temples de
Pestum. —De la cascade de Terni. —Du temple d'Hercule,
à Cori. —De la cathédrale d'Orviette. —Plan du temple de
Jérusalem, par Vilalpand (12 pl.). — Quatorze vues, par
J. P. Panini. —Grande vue de la ville de Naples.

689. Vues des plus beaux restes des antiquités romaines, dessinées par J. Barbault, et gravées par d'habiles maîtres, en 120 pl. sans explications. *Rome, Bou-*
*chard,* 1775, in-f°. dem.-rel.

690. Descrizione topografica delle antichità di Roma,
dell'abate Rodolphino Venuti; edit. seconda accresciuta.
*In Roma, Montagnani–Mirabili,* 1803, 2 vol. in-4°. cart.
fig.

691. Antichita Romane de' tempi della republica e
de primi Imperatori, disegnate ed incise da Gio. Bat.
Piranesi, archit. veneziano. *Roma, in-*4°. obl. dem.-rel.
28 pl. sans explications.

692. Journées pittoresques des édifices de Rome ancienne, par l'abbé Ange Uggeri, Milanais (franç.-ital.).
*Rome,* 1800 *et ann. suiv.,* 7 vol. in-4°. obl. dem.-rel.

Cet ouvrage intéressant n'est pas entièrement complet. Les
différentes parties que nous en possédons sont distribuées dans
l'ordre suivant :

Tome I<sup>er</sup>. Description historique des anciens monumens de
Rome. — Journée de Capo di Bove, et de la vallée des Camè-
nes (20 pl.).

Tome ii. Iconographie des édifices de Rome ancienne, dessinés, rectifiés et restaurés (30 pl.). — Journée de Tivoli (14 pl.).

Tome iii. Détails des matériaux dont se servaient les anciens
pour la construction de leurs monumens (50 pl.).

9.

Tome iv. Les trois ordres grecs d'après les monumens de
Rome antique : l'ordre dorique (38 pl.); l'ordre ionique (33 pl.);
l'ordre corinthien et supplément (50 pl.).

Tome v. Edifices de la décadence ( 25 pl. ).

Tome vi. Vues des anciens monumens de Rome (60 pl. au
trait et au bistre).—Des monumens de Capo di Bove, etc.(24 pl.).
— De Tivoli (30 pl.). — Ruines d'édifices antiques (12 pl.). —
Vues des édifices antiques réparés par les ordres de Pie VII
(6 pl.). — Basiliques de Constantin , et édifices de la décadence
(12 pl.).

Tome vii. Vues des monumens de Tusculum (24 pl.). —
D'Albano et de Castel-Gandolfo (30 pl.). — Portes, voies consulaires et municipales (32 pl.).

693. Viaggi in alcune citta del Lazio che diconsi
fondate dal Re Saturno (da Marianna Candidi Dionigi).
*Roma*, 1809—1812, *L. P. Salvioni*, in-f°. obl. carton.
32 pl. sans explications.

694. Raph. Fabretti de aquis et aquæ ductibus veteris
Romæ dissertationes tres ; edit. secunda romana adnotationibus illustrata. *Romæ, Barbiellini*, 1788, in-4°.
dem.-rel. avec 29 pl.

695. Alberto Cassio corso dell' acque antiche por-
tate de lontane contrade fuori e dentro Roma sopra xiv
acquidotti, etc.... *Roma, Giannini*, 1756, 2 vol. in-4°.
vél. 6 pl.

696. Del palazzo de' Cesari opera postuma di Mgr. Fr.
Bianchini Veronese. *In Verona, Pierantonio Berno*, 1738,
in-f°. v. dor. sur tr. 20 pl.

697. Joan. Bapt. Piranesii campus martius antiquæ
urbis. *Romæ*, 1762, gr. in-f°. dem.-rel. 48 pl.

698. L'ANFITEATRO Flavio descritto e delineato da Carlo Fontana. *Nell'Haia, Vaillant*, 1725, in-f°. max. v. 24 pl.

699. DELLE memorie sacre e profane dell'anfiteatro Flavio di Roma, volgarmente detto il Colosseo, dissertazione dal canonico Giovani Marangoni, Vicentino. *Roma, Pagliarini*, 1746, in-4°. carton.

700. DISSERTAZIONE storica sopra gli anfiteatri in genere, scritta da Matteo Torelli. *Roma, Puccinelli*, 1813. — Osservazioni sull'arena, e sul podio dell'anfiteatro Flavio fatte dal sig. P. Bianchi, illustrate dal sig. Lorenzo Re, discusse e conflate dal Carl. Fea, parte prima e seconda. *Roma*, 1813, avec le portrait de Ch. Fea.—Inscrizioni di monumenti publici trovate nelle attuali escavazioni; illustrate dal Carl. Fea. *Rome*, 1813. — Nuove osservazioni dal Carl. Fea intorno all'arena dell'anfiteatro Flavio, etc... *Roma*, 1814. — Notizie degli scavi nell'anfiteatro Flavio e nel foro Trajano, con inscrizioni ivi trovate illustr. dal Carl. Fea. *Roma*, 1813. — Riflezioni pacifiche di G. F. Masdeu intorno all'arena del Colosseo. *Roma*, 1813. — La logica nell Colosseo lettera. *Roma*, 1813. — La logica nel foro Romano e nel Ulpio. *Roma*, 1813; 1 vol. in-8°. dem.-rel.

701. L'AMPHITHÉATRE Flavien, vulgairement nommé le Colisée, restauré d'après les détails encore visibles de la construction, attentivement et soigneusement recueillis (par M. PARIS); avec les plans, coupes et détails des souterrains découverts lorsque le gouvernement français fit fouiller dans l'arène de cet amphithéâtre, pendant les

années 1811, 1812 et 1813. In-f°. max. dem.-rel. avéc
45 gr. pl. dont 4 doubles et des explications.

« Mon travail, dit M. Paris, a été vu à Rome par la plupart
» des antiquaires français et italiens, et tous m'ont vivement
» pressé de le publier; mais mon âge et mes infirmités ne
» m'ont pas permis d'y penser. J'en fais hommage au plus sage
» des Rois, en le suppliant d'ordonner qu'il soit déposé dans sa
» bibliothèque de Paris. Si quelque antiquaire avait jamais le dé-
» sir de le publier, en y joignant de nouvelles explications qui le
» rendraient encore plus intéressant, j'y donne d'avance mon
» consentement. Mais désirant éviter l'effet de quelque évène-
» ment destructeur, j'ai fait faire une copie de cet ouvrage, que
» je lègue à la bibliothèque publique de Besançon, ma patrie ».

La copie que nous possédons a été faite par M. Alex. Lapret,
qui avait mérité par ses talens la confiance d'un juge aussi
éclairé. C'est à ce jeune artiste que nous sommes redevables
de pouvoir mettre sous les yeux des amateurs quelques-unes des
antiquités du cabinet de M. Paris, qu'il a gravées à l'eau forte
avec beaucoup de délicatesse et de précision. Ce premier essai
de M. Lapret, dans un art où il n'a point eu de maître, ne
peut qu'ajouter à l'opinion avantageuse qu'avait déjà donnée
de lui son beau dessin de *Porte noire ;* et on n'apprendra pas
sans intérêt qu'il se propose de recueillir et de publier les *vues
des principaux monumens* de la ville de Besançon.

702. Le Panthéon, gravé par François Piranesi. In-f°.
28 pl. sans explications.

703. Osservazzioni istorico-architettoniche sopra il
Panteon (da Luigi Hirt). *Roma, Pagliarini,* 1791, in-4°.
br. 3 pl.

704. Raccolta delle più insigne fabriche di Roma
anticha, misurate da Gius. Valladier (tempio di Vesta).
*Roma,* 1813, in-f°. 3 livrais.

705. GLI antichi sepolcri, owero mausolei romani ed
etruschi, trovati in Roma; raccolti, disegnati ed intagliati da Pietro Santo Bartoli. *In Roma*, 1768, in-f°.
dem.-rel. 110 pl.

706. DESCRIZIONE dei circhi, particolarmente di quello
di Caracalla, e dei giuochi in essi celebrati, opera postuma di Gio. Lod. Bianconi, pubblicata con not edal'
Carlo Fea (ital.-franç.). *Roma, Pagliarini*, 1789, gr. in-f°.
carton. non rogné, 20 pl.

707. MONUMENTUM sive columbarium libertorum et
servorum. Liviæ Augustæ et Cæsarum, ab Ant. Franç.
Gorio descriptum, et xx acre incisis tabulis illustratum,
adjectis notis Anton. Mariæ Salvinii. *Florentiæ, ex typis
regiis*, 1727, in-f°. dem.-rel.

708. CAMERA ed inscrizioni sepolcrali de' liberti,
servi ed ufficiali della casa di Augusto, scoperta nella
via Appia, con le annotazioni di Franc. Bianchini.
*Roma, Salvioni*, 1727, in-f°. br. 7 pl.

709. CAMERE sepolcrali de'liberti e liberte di Livia
Augusta ed'altri Cesari, etc., disegnati da Piet. Leon.
Ghezzi, date in luce da Lor. Fil. de Rossi. *Roma, de Rossi*,
1731, in-f°. max. vél. 40 pl.

710. ICHNOGRAPHIA villæ Tiburtinæ Hadriani Cæsaris
olim a Pyrrho Ligorio delineata et descripta, posteà a
Francisco Continio recognita (lat.-ital.). *Romæ*, 1751,
in-f°.-dem.-rel. avec le plan de Tibur.

711. PIANTA della villa Tiburtina di Ad. Cesare gia

da Pirro Ligorio descritta, dapoi da Fran. Contini riveduta e data alla luce (ital.-lat.) *Roma*, 1751, in-f°. vél.

M. PARIS a ajouté à cet exemplaire, un grand nombre de plans et de vues perspectives, qu'il avait dessinés en présence d'objets si dignes de l'inspirer.

712. ILLUSTRAZZIONI della villa di Mecenate in Tivoli, da Piet. Marquez. *Roma*, *de Romanis*, 1812, 4 gr. pl.
—Lettera sopra la colonna dell'Imperatore Foca, scritta da Fil. Aurel. Visconti. *Roma*, *il medes.*, 1813. 1 vol. in-4°. dem.-rel.

713. PLANS et descriptions de deux des plus belles maisons de campagne de Pline le consul, par Félibien. *Paris*, *Delaulne*, 1699, in-12. bas.

714. ANTICHITA d'Albano e di Castel Gandolfo descritte ed incise da Giov. Bat. Piranesi. *Roma*, 1764, in-f°. max. dem.-rel. 55 pl.

715. RELAZIONE di un viaggio ad Ostia e alla villa di Plinio, fatto dal' Carlo Fea. *Roma*, *Fulgoni*, 1802.
—Dei diritti del principato sugli antichi edifizi publici sacri e profani in occasione del Panteon di Mar. Agrippa. *Roma*, 1806. — Annotazioni alla memoria su i diritti del principato, etc.... *Roma*, 1806, avec 4 pl. — Conclusione per l'integrità del Panteon di Marc. Agrippa. *Roma*, 1807.—Miscellanea philologica, critica e antiquaria dal Carlo Fea. *Roma*, *Pagliarini*, 1790, tom. 1er. 1 vol. in-8°. dem.-rel.

716. IL tempio di Minerva in Assisi, confrontato colle tavole di And. Palladio, da Giov. Antolini. *Milano*, *de Stefanis* (1803), 10 pl. —Pitture antiche ritrovate nello

scavo aperto di ordine di Papa Pio VI, etc., incise e
publicate da Giov. M. Cassini, somas. *Roma,* 1783, 7 pl.
— Projet d'un prytanée, d'un palais, d'un monument
national, d'un tombeau antique; d'un tombeau dans le
style égyptien à la mémoire de Michel – Ange; d'une
maison de campagne, d'un temple à la gloire des grands
hommes; d'une bourse, d'un arsenal; par Vincent
Balestra, 21 pl. au bistre. 1 vol. in-4°. dem.–rel.

717. Ruins of the palace of the Emperor Diocletian
at spalatro in Dalmatia, by R. Adam, architect. *London,*
1764, in-f°. max. v. 61 pl.

Ouvrage bien exécuté et peu commun en France.

718. Antichita di Pozzuoli, Cuma e Baia (ital. e lat.
da P. Ant. Paoli). (*Firenze*), 1768, in-f°. dem.–rel. 68 pl.
de Fr. la Marra.

719. Les ruines de Pæstum ou de Posidonie, dans la
grande Grèce, par T. Major, trad. de l'angl. (par Gab.
Mart. Dumont). *Londres, J. Dixwell,* 1768, gr. in-f°. v.
24 gr. pl. et 6 pet.; la 19° est répétée.

M. Paris a ajouté à cet exemplaire des plans et vues perspectives des trois temples de la ville de Pæstum, par Soufflot,
Robert, et enfin par lui-même; 15 pl.

720. Pæsti quod Posidoniam etiam dixere rudera
cum dissertationibus lat. et ital. (auc. P. Ant. Paoli).
*Roma,* 1784, in-f°. dem.–rel. 64 pl.

721. Les ruines de Pæstum ou Posidonia, ancienne
ville de la grande Grèce, mesurées et dessinées sur les
lieux, par C. M. de la Gardette. *Paris, an* VII (1799),
in-f°. max. dem.–rel. 14 pl.

722. ANTIQUITÉS de la France, par C. Clerisseau ; le texte historique et descriptif par J. G. Legrand. *Paris, impr. de Pierre Didot*, 1804, 2 vol. in-f°. max. cart.

Le tom. 1er contient le texte, et le 2e, les pl. au nombre de 63.

723. ANTIGUEDADES arabes de Espana (Grenada y Cordoba). (*Madrid*) 1804, in-f°. max. dem.-rel. 24 pl. pour les antiquités de Grenade, et 5 pour celles de Cordoue.

Il a paru une suite qui contient les médailles d'Espagne.

724. ANTIQUITATES britannico-belgicæ præcipuè romanæ, figuris illustratæ ; auct. Guil. Musgrave. *Iscæ Dunmoniorum (Exeter)*, 1719—20, 4 vol. in-8°. rel. angl. v. 27 pl.

725. DUO antichi monumenti di architettura messicana, illustrati da D. Pietro Marquez. *Roma, Salomoni*, 1804, in-8°. dem.-rel. 4 pl.

726. DISCOURS sur les murs saturniens ou cyclopéens, par M. de Fortia d'Urban. *Rome, de Romanis*, 1813, in-12. cart. 2 gr. pl.

727. DE obelisco Cæsaris Augusti, e campi martii ruderibus nuper eruto, commentarius; auct. Angelo Maria Bandinio. Accedunt clar. virorum epistolæ atque opuscula (cum vers. italica). *Romæ, Palearini*, 1750, in-f°. vél. vert. *Exemplaire non rogné.*

728. VEDUTA dell' arco fabricato in onore d'Augusto vicino alla citta di Aosta in Piemonte, insculta da Piranesi. In-f°. obl.

Recueil de 22 pl. représentant des ruines de Rome et de différentes villes d'Italie.

729. VETERES arcus Augustorum triumphis insignes ex reliquis, quæ Romæ adhuc supersunt, notis illustrati a P. Bellorio. *Romæ, J. J. de Rubeis*, 1690, in-f°. max. v. 47 pl. *Manque le frontis.*

730. COLONNA Trajana eretta dall senato e popolo romano al Imperat. Trajano Augusto, etc....., nuovamente disegnata et intagliata da Piet. Santi Bartoli, con l'espositione latina dall' Ciaccone. *Roma, de Rossi*, in-f°. obl. v. 119 pl.

731. COLUMNA Cochlis M. Aur. Antonino Aug. dicata, brevibus notis Jo. Pet. Bellorii illustrata, et a Pet. Sancte Bartolo aere incisa. *Romæ, de Rubeis*, 1704, in-f°. obl. v. 77 pl.

732. DESCRIPTION succincte de la colonne dressée à l'honneur de l'Empereur Théodose-le-Jeune, expliquée par le P. Cl. Franç. Ménestrier, et gravée par Jer. Vallet. *Paris, impr. de Louis Colin*, 1702, in-f°. v. 16 pl.

733. LE pitture antiche delle grotte di Roma, e del sepolcro de' Nasoni, disegnate et intagliate da P. Santi Bartoli; descritte et illustrate da Gio Pietro Bellori, e Mich. Ang. Causei de la Chausse. *In Roma, Gaetano degli Zenobi*, 1706, in-f°. v. 75 fig.

734. LE antiche camere delle terme di Tito, e le loro pitture restitute al pubblico, da Lud. Mirri delineate, et descritte dall'ab. Gius. Carletti. *Roma, Generoso Solomoni*, 1776; in-f°. max. obl. dem.-rel. avec 61 pl.

735. ANTIQUISSIMI Virgiliani codicis fragmenta et picturæ, ex biblioth. vaticana, ad priscas imaginum formas a

Petro Sancte Bartolo incisæ. *Romæ*, 1741, in-f°. dem.-rel. fig. 55 pl. *Exemplaire non rogné.*

736. RACCOLTA di statue antiche e moderne data in luce da D. de Rossi, illustrata colle sposizioni di Paolo Al. Maffei. *In Roma*, 1704, in-f°. v. dor. sur tr. 149 pl.

737. ADMIRANDA Romanorum antiquitatum ac veteris sculpturæ vestigia, a Pet. Sancte Bartolo delineata ac notis Jo. Pet. Bellorii illustrata. *Romæ, de Rubeis*, 1693, in-f°. obl. v. 81 pl.

On a ajouté à la fin du vol. 12 pl. représentant des antiquités.

738. MONUMENTI Gabini della villa Pinciana, descritti da En. Quir. Visconti. *In Roma, Ant. Fulgoni*, 1797, gr. in-8°. dem.-rel. 59 pl. au trait.

739. OSSERVAZIONI intorno alla celebre statua detta di Pompeo dall' Avv. Carlo Fea. *Roma, de Romanis*, 1812.—La difesa di Pompeo ossia risposta di G. A. Guattani alle osservazioni, etc.... *Roma, de Romanis*, 1813.—La logica sulla statua di Pompeo; lettera. *Roma, Salvioni*, 1813, in-8°. dem.-rel.

740. RECUEIL de fragmens de sculpture antique en terre cuite (par M. Seroux d'Agincourt). *Paris, impr. de Pillet*, 1814, in-4°. dem.-rel. avec le port. de l'aut. et 37 pl.

M. PARIS a placé à la tête de ce vol. une notice manuscrite sur M. d'Agincourt, son ami; et deux lettres, l'une de Mgr. Courtois de Pressigny, archevêque de Besançon, alors ambassadeur de France près du St.-Siège; et l'autre de Mgr. le cardinal Paca, relatives au don que M. d'Agincourt avait fait au muséum du Vatican, de sa collection de terres cuites.

Les pl. II, XI, XXIX et XXXI, représentent des fragmens antiques qui font partie du cabinet de M. PARIS.

741. Li bassirilievi antichi di Roma incisi da Thom. Piroli, colle illustrazioni di Gior. Zoega. *In Roma, Bourlie*, 1808, 2 vol. gr. in-4°. dem.-rel. avec 115 pl.

742. Saggio di bronzi etruschi trovati nell'agro Perugino, etc...., descritti da Gio. Bat. Vermiglioli. *Perugia*, Franc. Baduel, 1813, in-4°. dem.-rel. avec 2 gr. pl.

743. Recueil de pierres gravées antiques. In-4°. dem.-rel.

Ce sont les planches de la Dactyliothèque d'Abrah. Gorléé, sans les explications.

744. Choix des principales pierres gravées de la collection qui appartenait autrefois au baron de Stosch, qui se trouvent maintenant dans le cabinet du Roi de Prusse ; accompagnées de notes et d'explications par Fréderic Schlichtegrol. *Nuremberg, J. B. Transsenholz*, 1778, tom. 1er. In-f°. dem.-rel. 48 pl.

La 1re livraison du 2e vol. a paru en 1806 ; mais ce bel ouvrage n'est pas encore terminé.

745. Gemmæ antiquæ, ex thesauro medicео et privatorum dactyliothecis Florentiæ, exhibentes tabulis C. imagines virorum illustrium et Deorum, cum observationibus Ant. Franc. Gorii. *Florentiæ, F. Moncke*, 1732, in-f°. vél.

Ce volume fait partie du *Museum Florentinum*, collection importante, et dont le prix est très-élevé quand elle est bien complète.

746. Museum Odescalchum, sive thesaurus antiquarum gemmarum quæ in museo Odescalcho adservantur, et a Petro Sancte Bartolo incisæ, in lucem proferuntur. *Romæ, Monaldini*, 1751—52, 2 tom. en un vol. in-f°. v. marbr. fil. 102 pl.

747. DESCRIPTION des principales pierres gravées du cabinet du duc d'Orléans (par MM. de Lachau et Leblond). *Paris*, 1780—84, 2 vol. in-f°. v.

Le 1ᵉʳ vol. contient 94 pl., et le 2ᵉ 76.

748. PICTURÆ Etruscorum in vasculis nunc primum in unum collectæ, explicationibus et dissertationibus illustratæ a Jo. Bap. Passerio. *Romæ, Jean Zempel*, 1767—75, 3 vol. in-f°. cart.

Chaque volume contient 100 pl. numérotées. M. PARIS a ajouté au 1ᵉʳ vol. une belle estampe gravée à Rome aux frais de M. d'Agincourt, représentant un vase rapporté de la Grèce par M. Ed. Dodwell, savant antiquaire anglais.

749. ANTIQUITÉS étrusques, grecques et romaines, tirées du cabinet de M. Hamilton, envoyé extraordinaire de S. M. Britannique à la cour de Naples (par M. d'Hancarville), en angl. et en franç. *Naples*, 1766—67, 4 vol. in-f°. mar. v. dor. sur tr. fig. color.

Bel ex. d'un ouvr. précieux et exécuté avec beaucoup de luxe.

750. RECUEIL de gravures d'après des vases antiques, la plupart d'un travail grec, trouvés dans des tombeaux au royaume des Deux-Siciles, principalement dans les environs de Naples, en 1789 et 1790; tirés du cabinet du chev. Hamilton, avec des observations sur chacun des vases, par l'auteur de cette collection; publié par Guill. Tischbein, directeur de l'académie de peinture de Naples. *Paris, impr. de Gillé fils*, 1803—09, 4 tom. en 2 vol. gr. in-f°. dem.-rel.

Les trois premiers tomes contiennent chacun 69 pl. numérotées; et le 4ᵉ 61. Il y a en outre 5 pl. marquées des lettres A., B, etc.; 2 au 1ᵉʳ tom., 2 au 2ᵉ, et une au 4ᵉ.

751. Le nozze di Paride ed Elena rappresentate in un vaso antico del museo del signor Tom. Jenkins (da Oratio Orlandi). *Roma, Zempel,* 1775, 2 pl. — Alcuni bassirilievi della Grecia descritti e publicati da Ed. Dodwel. *Roma,* 1812, in-f°. 8 pl. dem.-rel. dos mar.

752. Peintures antiques et inédites de vases grecs, tirées de diverses collections, avec des explications par J. V. Millingen. *Rome, de Romanis,* 1813, in-f°. dem.-rel. 60 pl.

753. Le antiche lucerne sepolcrali figurate disegnate, ed intagliate da Pietro Santi Bartoli, con l'osservazioni di Gio Pietro Bellori. *Roma, Gio. Franc. Buagni,* 1691, in-f°. vél. 116 pl.

754. Recueil de quelques médailles grecques inédites par M. Millingen. *Rome, de Romanis,* 1812, avec 4 gr. pl. —Sopra due laminette di bronzo trovati ne' contorni di Atene dissertazione (da M. Akerblad). *Roma, Fran. Bourlié,* 1811, 1 vol. in-4°. dem.-rel.

755. Le imagini con tutti e riversi trovati e le vite degli imperatori, tratte dalle medaglie e dalle historie degli antichi, da Enea Vico. *Parma, l'anno* 1548, in-4°.

756. Catalogue d'une collection d'empreintes en soufre de médailles grecques et romaines (par M. Mionnet). *Paris, Crapelet, an* VIII, in-8°. br.

757. Inscriptiones antiquæ in Etruriæ urbibus exstantes (cum notis Ant. Mar. Salvinii, studio Ant. Francisci Gorii). *Florentiæ, Jos. Manni,* 1726, in-f°. vél. avec 20 pl.

Cet ouvrage est incomplet.

# HISTOIRE LITTÉRAIRE.

758. HISTOIRE et mémoires de l'Académie royale des inscriptions et belles-lettres, depuis son établissement. *Paris, impr. royale*, 1717—1793, 46 vol. in-4°. v. — Tableau général, raisonné et méthodique des ouvrages contenus dans le recueil des Mémoires de l'académie des inscriptions, jusques et compris l'année 1788, par M. D. (de Laverdy). *Paris, Didot l'aîné*, 1791, in-4°. v.

759. LA solenne apertura delle scuole di belle arti celebrata sul Campidoglio, etc. *Roma, de Romanis*, 1812, in-4°. de 42 pag. pap. vél.

760. STATUTI dell' Academia romana di Archeologia. *Roma, de Romanis*, 1813, in-4°. de 24 pag. pap. vél. cart.

M. PARIS avait été admis à cette Académie pendant son séjour à Rome.

761. DICTIONNAIRE portatif de bibliographie par M. F. I. Fournier. *Paris*, 1805, in-8°. bas.

762. A new and general biographical dictionary; containing the lives and writings of the most eminent persons in every nation. *London*, 1761, 11 vol. in-8°. dem.-rel.

763. DICTIONNAIRE historique des personnages célèbres de l'antiquité, etc...., avec l'étymologie et la valeur de leurs noms et surnoms; précédé d'un essai sur les noms propres, chez les peuples anciens et modernes; par M. Fr. Noël. *Paris, Nicole*, 1806, in-8°. bas.

764. THE history of the life of M. Tullius Cicero, by
Conyers Middleton. *Basil, Tourneisen,* 1790, 4 vol. in-8°. b.

765. THE history of the lives of Abeillard and Heloisa,
with his original letters, by Joseph Berrington. *Basil,
Tourneisen,* 1793, 2 vol. in-8°. v.

766. NOTICE sur J. C. Richard de Saint-Non, par
G. Brizard. *Paris, Clousier,* 1792, broch. in-8°. de 36 p.
Cette notice n'a jamais été mise dans le commerce, et elle
est assez rare.

767. MÉMOIRES historiques et critiques sur les plus
célèbres personnages vivans de l'Angleterre, trad. de
l'angl. *Paris, Duprat,* 1803, 2 vol. in-8°. dem.-rel.

768. THE life of captain James Cook, by Andrew
Kippis. *Basil, Tourneisen,* 1788, 2 vol. in-8°. v.

769. VITE de' più eccellenti pittori, scultori et architetti, scritte dà M. Giorgio Vasàri; arricchitte per opera
del Padre Guiglielmo della Valle. *In Siena, Pazzini,* 1791-
98, 11 vol. in-8°. dem.-rel.

770. LE vite de' pittori, scultori, architetti, ed inta-
gliatori da 1572 sino al 1642, scritte da Giac. Baglione.
*Napoli, Vinc. Rispoli,* 1733, in-4°. vél.

771. ENTRETIENS sur les vies et sur les ouvrages des
plus excellens peintres anciens et modernes (par A. Felibien). *Paris, Cramoisy,* 1685, 5 part. en 4 vol. in-4°. v.

772. EXTRAIT des différens ouvrages publiés sur la vie
des peintres (par M. Papillon de la Ferté). *Paris, Ruault,*
1776, 2 vol. in-8°. v. mouil.

773. Tables historiques et chronologiques des plus fameux peintres anciens et modernes, par Ant. Fréd. Harms. *Brunswic, Meyer*, 1742, in-f°. dem-rel.

774. Vita di Angelica Kauffman, pittrice, scritta dal cav. Giovanni Gherardo de Rossi. *Firenze (Pisa), Molini,* 1811, in-8°. cart. pap. vél. avec un beau port.
Exemplaire offert par l'auteur à M. Paris.

775. Recueil historique de la vie et des ouvrages des plus célèbres architectes (par A. Felibien). *Paris, Cramoisy,* 1687, in-4°.

776. Le vite de piu celebri architetti d'ogni nazione e d'ogni tempo (da Gius. Ant. Monaldini). *Roma, Giunchi Komarek,* 1768, in-4°. vél. 6 gr. pl.

777. Vies des architectes anciens et modernes, trad. de l'italien (de Milizia), par Pingeron. *Paris, Jaubert,* 1771, 2 vol in-12. v.

# DESCRIPTION

DU

# CABINET DE M. PARIS,

CHEVALIER DE L'ORDRE DU ROI.

~~~~~~~~~~~~~~~~~~~~~~~~~~~~~~~~~~~~~~~~~~~~~~~~~~~

Le cabinet de M. Paris, quoiqu'inférieur à la plupart de ceux qui font l'ornement des grandes capitales, n'en renferme pas moins des objets intéressans dans presque tous les genres.

La partie d'histoire naturelle offre des échantillons d'un grand nombre de bois étrangers, une belle suite des marbres de l'Italie et de la Grèce, des morceaux curieux des mines de fer de l'île d'Elbe, etc.

Parmi les tableaux et les sculptures, on en remarquera plusieurs de MM. Durameau, Vincent, Fragonard, Pérignon, Robert, Moitte etc., tous, amis et compagnons d'étude de M. Paris. La classe des sculptures modernes vient d'être enrichie par M. Ordinaire, recteur de l'académie, de l'esquisse de la *Descente de croix*,

10.

chef-d'œuvre de Breton, l'un des statuaires Franc-
Comtois les plus distingués (1).

Mais la partie de ce cabinet la plus importante est celle
des antiquités. On y remarquera deux têtes grecques
d'une rare beauté, des bronzes précieux, des peintures
égyptiennes, des vases dignes, par l'élégance de leurs
formes et la délicatesse de leurs ornemens, de figurer
dans les collections d'Hamilton ou de Millingen; et enfin
un grand nombre de fragmens qui offrent les premiers
essais de la sculpture chez les Volsques et les Étrusques.

M. PARIS n'ayant presque jamais habité la Franche-
Comté, il n'est pas étonnant que son cabinet ne con-
tienne pas d'antiquités trouvées dans cette province, si
riche en monumens de tout genre. C'est une lacune qu'on
cherchera à remplir par la suite, et les nouvelles découvertes faites à Mandeurre nous permettent d'espérer
qu'on ne tardera pas à se procurer des objets d'un grand
intérêt.

Déjà M. le comte de Montrond, dont on ne peut trop
louer le zèle pour les recherches archéologiques, nous
a annoncé le prochain envoi de médailles et d'inscriptions tirées des ruines de cette ville. Parmi les inscriptions, on distinguera celle qui contient les regrets d'une
mère sur la mort de son fils unique; elle est écrite en

(1) M. Maire, jeune sculpteur Franc-Comtois, dont les
premiers essais donnent les plus hautes espérances, a fait
hommage à la bibliothèque de Besançon, d'une épreuve de
la belle tête de *Christ* qu'il vient d'exécuter en marbre pour
l'église Saint-Sulpice de Paris. Le même artiste a été chargé
par le Gouvernement du buste de MAIRET, destiné à notre
bibliothèque.

grec, et comme cette pièce est probablement inédite,
on nous saura gré d'en donner ici la traduction littérale
que nous a adressée M. Duvernoy, bibliothécaire de
Montbéliard, savant modeste, dont nous avons éprouvé
plus d'une fois l'extrême obligeance.

« Vous dont l'amour peu chaste et le cœur passionné
» ne se plaît qu'à Cypris, qui ne s'endort jamais, éloi-
» gnez-vous, profanes, de cet asile de la tendresse ma-
» ternelle ; quittez ce monument respectable des senti-
» mens pieux. Ici, sur le monument d'un fils chéri,
» très-éloigné d'elle, une mère tendre vient quelquefois
» verser des pleurs. Elle, que le ciel abandonne, répand
» dans sa douleur des larmes suppliantes, telles qu'une
» mère aimante les verse pour un enfant qu'elle affec-
» tionne tendrement. Mais le génie exaucera ses vœux,
» lui qui inspire les bons sentimens au petit nombre de
» ceux qu'il a doués du don immortel de la sensibilité ».

C'est avec peine que nous avouerons que la pierre qui
porte cette touchante élégie est restée quarante ans ca-
chée dans le foyer d'un des principaux habitans de Mandeurre, et qu'elle aurait été perdue pour les amateurs
de l'antiquité, sans les démarches que M. le comte de
Montrond a bien voulu faire pour la procurer au muséum
de Besançon.

De ce fait particulier, il serait injuste de conclure
que l'étude de l'archéologie est négligée en Franche-
Comté. Peu de provinces au contraire ont produit un
plus grand nombre d'antiquaires et de numismates. Dès
le XVIᵉ siècle, J. J. Boissard, de Besançon, s'est
acquis une réputation immortelle par la description des
monumens de Rome. Dans le même temps, Cl. Chifflet

avait formé une collection de médailles , citée avec éloge
par les savans contemporains , et cherché à en faciliter
l'étude par un ouvrage qui est encore utilement consulté (*de antiquo numismate*). La seule famille des Chifflet,
dans le siècle suivant, a produit quatre antiquaires distingués : J. J. Chifflet, à qui l'on doit une histoire de
Besançon pleine de recherches , et une curieuse dissertation sur le tombeau de Childeric Ier , découvert de son
temps; Jean, chanoine de Tournay, et Henri-Thomas,
aumônier de la célèbre Christine , reine de Suède , qui
ont laissé plusieurs ouvrages sur la numismatique et les
pierres gravées; et enfin le P. Pierre-Franç. Chifflet
que Louis XIV plaça à la tête du cabinet des médailles
nouvellement fondé. Claude Menestrier, Franc-Comtois, était en 1650 conservateur du cabinet des médailles
du card. Barberin ; le P. Panel , jésuite , de Nozeroy, a
rempli les mêmes fonctions dans le XVIIIe siècle , à
Madrid, avec une réputation extraordinaire. M. Ballyet,
évêque et consul de France à Baghdad , en a rapporté
une suite de médailles des Rois Parthes , la plus complète peut-être qui existe en Europe ; M. Miroudot du
Bourg, son successeur, avant son départ pour l'Asie,
avait mérité par ses connaissances archéologiques l'estime de ce Roi Stanislas, que la reconnaisance des peuples a surnommé le philosophe bienfaisant.

Après Gollut et J. J. Chifflet, le P. Dunod s'est
occupé de rechercher les antiquités de la province ; et
malgré les erreurs répandues dans ses ouvrages , on ne
peut nier qu'il n'ait contribué à éclaircir plusieurs points
obscurs de notre ancienne histoire. Héritier des talens
de son oncle , le professeur Dunod avait formé un cabi-

net précieux de monumens découverts en Franche-
Comté, et il en a décrit ou expliqué un grand nombre.
Les recueils de l'académie de Besançon contiennent une
foule de dissertations sur nos antiquités, par MM. Droz
et Perreciot, deux savans d'un mérite supérieur. Le
médecin Normand s'est attaché à prouver par les monumens, que la ville de Dole est le *Didattium* de Ptolémée.
M. Muyart, bailli de Moirans, a recueilli les médailles
et les antiquités trouvées dans le voisinage de la ville
d'Antre, et il en a publié la description dans le Journal
encyclopédique et dans les affiches de la province ;
MM. Prinet et Fonclause ont formé des médaillers
intéressans de pièces découvertes dans les environs de
Luxeuil ; M. Seguin, l'un de nos plus illustres juriscon-
sultes, a décrit les antiquités de Jalleranges ; M. Chevalier, celles de Poligny ; M. David de St.-Georges, celles
de l'arrondissement de St.-Claude ; M. Boigeot, celles
de Mandeurre ; enfin il n'est pas un canton de la province qui n'ait été l'objet des recherches de quelques
savans (1).

Besançon, au commencement du XVIII^e siècle, possédait plusieurs cabinets remarquables (2) ; c'étaient

(1) M. l'abbé Baverel a été chargé, depuis 1814, de recueillir
et de décrire les antiquités du département du Doubs. M. Marc
a publié une savante dissertation sur celles du département de
la Haute-Saône ; et M. Bechet, secrétaire perpétuel de l'académie de Besançon, termine en ce moment le *Jura ancien,
moyen et moderne*, ouvrage qui a coûté à son auteur d'im-
menses recherches, et dont les fragmens qu'il a communiqués
à l'académie, font attendre la publication avec impatience.

(2) Il existait plusieurs autres cabinets d'antiquités dans la

ceux de l'abbé et du président Boisot, de MM. Chifflet
et de Lampinet, et enfin celui des jésuites, formé par
le P. Tharin, savant numismate; le P. de Montfaucon
en a tiré un grand nombre de monumens qu'il a fait
graver dans son *Antiquité expliquée*. Toutes ces collections ont été dispersées par le temps. Celle de l'abbé
Boisot, qu'il avait léguée à la ville avec sa riche bibliothèque, ne consiste plus qu'en un petit nombre de morceaux dont M. Coste a décrit les plus curieux (1); mais
la libéralité de M. Paris a réparé nos pertes, et nous
lui devrons de pouvoir bientôt offrir aux jeunes gens et
aux amateurs de l'antique des sujets intéressans d'études
et de réflexions.

province. L'un des plus riches était sans contredit celui de
l'abbaye de Luxeuil. Le P. Panel cite avec éloge le médailler
de M. Croichet, à Poligny (*de Cistophoris*, p. 17); le médecin
Normand: ceux de MM. de Moissey et de Commenaille, à Dole
(*dissertation*, p. 88). Ces renseignemens seraient incomplets,
si nous n'ajoutions pas que l'on compte aujourd'hui dans la
province plusieurs cabinets intéressans de médailles et d'antiquités. A Besançon, ceux de MM. de Magnoncourt, Bruand,
conseiller de préfecture, Crestin, chevalier de St.-Louis, et
Huguet, membre du Conseil municipal. A Montbéliard, ceux
de MM. Duvernoy et Rossel, ancien maire; à Salins, celui de
M. Lemonnier. Enfin, pendant l'administration de M. le baron
Destouches, aujourd'hui préfet du département de Seine et Oise,
il a été établi à Lons-le-Saunier un musée départemental dont
M. D. Monnier, conservateur actuel, a décrit plusieurs morceaux dans son *Essai sur l'origine de la Séquanie*.

(1) Dissertations sur le dyptique d'Aréobinde, sur un sceau
antique, etc, dans le *Magasin encyclopédique*.

~~~~~~~~~~~~~~~~~~~~~~~~~~~~~~~~~~~~~~~~~~~~~~~~~~~~~~~~~~~~

# HISTOIRE NATURELLE (1).

1. L E squelette d'une tête humaine, trouvé dans le tombeau de la famille *Servilia*, près du cirque de Caracalla à Rome. On y aperçoit les traces de l'action du feu.

(1) La ville de Besançon possède un beau cabinet d'histoire naturelle, dans les bâtimens de l'académie ; formé des débris de l'ancien cabinet des capucins, et de quelques autres collections peu importantes, il a pris en peu d'années un accroissement remarquable par les soins de M. le recteur Ordinaire, et de son frère, professeur à la faculté des sciences. Le conservateur, M. Gevril, est un de ces hommes rares, faits pour assurer la prospérité des établissemens qui leur sont confiés. C'est à son zèle et à son activité que le cabinet doit une collection complète des insectes de Franche-Comté ; il a renouvellé en outre les deux parties si intéressantes de la zoologie et de l'ornithologie, et augmenté la classe des roches, des minéraux et des fossiles, de tous les produits de la province. Puisque nous sommes à énumérer nos richesses, qu'il nous soit permis d'ajouter que nous comptons aujourd'hui plus d'amateurs d'histoire naturelle qu'à aucune autre époque ; et qu'on a l'espoir de voir les productions des trois règnes, dans les départemens du Jura et de la Haute-Saône, décrites avec le soin et l'exactitude que M. Girod de Chantrans a mis dans sa *Géographie physique du département du Doubs* (2 vol. in-8°.), ouvrage qui jouit de l'estime méritée de tous les savans.

2. OSSEMENS humains trouvés dans les ruines de Pompeia.

3. DOUZE ossemens qui paraissent appartenir à un quadrupède ; ils sont recouverts d'une cristallisation calcaire métastatique, vulgairement *dents de cochon.*

4. HUIT dents de poissons pétrifiées, dont une de requin.

5. TROIS empreintes de poissons sur autant de morceaux de schiste du mont Bolca, près de Vérone.

6. DEUX fragmens de pinces et d'antennes d'écrevisse de mer, pétrifiés.

7. UN groupe de vermiculaires en spirale.

8. Un beau nautille papyracé.

9. TROIS groupes de balanites, vulgairement *glands de mer*, pétrifiés.

10. DEUX coquilles fossiles dentaires ; et un groupe de coquilles, même espèce.

11. DIX huitres pétrifiées.

12. TRENTE-SIX valves de pectinites.

13. SIX cornes d'ammon, dont un fragment très-curieux.

14. HUIT musculites pétrifiées.

15. CENT fragmens d'orthocératites ou étoiles.

16. QUATRE-VINGT orthocératites de différens genres,

toutes pétrifiées ; et quatre-vingt-quatre fragmens déta-
chés.

17. Trente-deux bélemnites pétrifiées.

18. Trente-quatre pointes d'oursin.

19. Cinquante - trois échinites ( oursins pétrifiés )
d'une belle conservation, dont un gros spatangue.

20. Dix limaçons pétrifiés.

21. Vingt-deux buccins pétrifiés.

22. Un pied de tête de Méduse pétrifié.

23. Cinq fragmens de madrépore.

24. Un beau tubipore musique.

25. Cinquante-deux échantillons de différentes espèces de bois rares et étrangers.

26. Quatre morceaux de bois pétrifiés, et deux aga-
tifiés.

27. Deux petites agates onix œillées à trois couleurs.

28. Huit échantillons d'agate.

29. Une plaque lapis-lazuli polie d'un côté.

30. Trois morceaux de jaspe.

31. Morceau de porphyre des bords du lac de Garda.

32. Quatre morceaux de granit des Alpes.

33. Deux écailles du granit de l'obélisque de Monte-
Cittorio.

Elles ont été données à M. Paris , en 1812, par M. d'Agincourt.

34. Douze échantillons de granit de diverses couleurs.

35. Un fragment de roche micacée.

36. Seize échantillons de serpentine verte antique.

37. Un morceau de serpentine verte antique, qui formait une partie de la draperie d'une statue.

38. Un échantillon de serpentine des Vosges.

39. Deux pierres en rognon, agatifiées; l'une polie, et l'autre calcédonieuse.

40. Un caillou veiné d'une forme singulière.

41. Quatre-vingt-seize tablettes de différens marbres d'Italie, parmi lesquels on distingue un beau morceau jaune pur (*giallo schetto*), un violet (*paorrazzetto*), et un de marbre de Ste.-Baume.

42. Dix échantillons de marbres, parmi lesquels on remarque une très-belle plaque, vert antique de Corse, très-rare; et des morceaux de laves parvenues à l'état de marbre.

43. Un morceau de marbre de Paros.

44. Un vase en marbre pudding, rempli de chaux carbonatée stalactite et de quartz de Fontainebleau.

45. Trois tablettes de marbre, travaillées, dont une double.

46. Un piédestal marbre brun, mélangé de parties roses.

47. Cinq échantillons de stalactite.

48. CHAUX carbonatée incrustante, tirée de la piscine admirable, à Baies, dans le royaume de Naples.

49. FRAGMENT de concrétion pierreuse de la voûte du temple de la Fortune, à Préneste.

50. UN paquet d'amiante ou lin fossile.

51. QUATRE morceaux de mica noir.

52. DIX gros morceaux de scories et de laves du Vésuve, contenant des parties de mica, d'idocrase, etc.

53. QUARANTE-SEPT morceaux plus petits.

54. UN morceau de la pierre de *Palombino*.

55. UN autre de la pierre *Travertino*.

56. DEUX échantillons de la pierre *Paperino*.
C'est une lave poreuse que les anciens employaient dans leurs constructions, et dont on se sert encore dans toute la basse Italie.

57. UN morceau de la lave dont on pave les rues à Rome.

58. UN morceau de serpentine antique dont l'action du feu a détruit la couleur.

59. PIERRE de *Travertino* volcanisée.
Elle provient des ruines de Tivoli.

60. COUPE remplie d'amphigènes ou grenats de volcan.

61. DEUX morceaux de soufre natif.

62. PLUSIEURS morceaux de houille ou charbon de terre (vulgairement *liège fossile*), recouverts de bitume.

63. Onze morceaux de succin et de copal de diffé-rentes grosseurs.

Il y en a deux fort curieux, qui renferment des insectes.

64. Trente morceaux de chaux carbonatée quartzifère, cristallisée en rhomboïde ; et dix en rognon.

65. Un échantillon de dentrite.

66. Fragment de chaux sulfatée, trouvé sur le sommet du Mont-Cenis.

67. Un gros morceau de fer oligiste des mines de l'île d'Elbe ; cinq d'une grosseur moyenne, et dix plus petits, dont deux sulfurés.

68. Un morceau de pyrite cuivreuse.

69. Quatre morceaux de fer oxidulé, vulgairement *pierre d'aimant*, renfermés dans un bocal de verre.

# ANTIQUITÉS.

## MONUMENS ET ÉCHANTILLONS

DES MATÉRIAUX QUE LES ANCIENS EMPLOYAIENT DANS LEURS
CONSTRUCTIONS.

70. LE Parthénon, ou le temple de Minerve à Athènes ;
modèle en talc, d'un travail précieux, placé dans une
caisse de verre. Long. 10 p. 9 l., larg. 5 p. 3 l.

71. LABRUM de porphyre, trouvé au Panthéon, et
formant aujourd'hui le sarcophage du tombeau du pape
Clément XII, dans la chapelle Corsini, à St.-Jean de
Latran ; modèle en bois exécuté avec la plus grande per-
fection. Haut. 11 p. 8 l., long. 12 p. 6 l., et larg. 7 p. 2 l.
Il est placé sur un beau disque de granit rose.

72. LE même Labrum ; copie en marbre rouge égyptien, placée sur un socle de basalte. Haut. 4 pouc., long.
7 pouc. 10 lig., larg. 3 pouc. 10 lig.

73. LA grande baignoire des thermes de Titus, faite
d'un seul morceau de granit de 21 pieds de longueur, et
qu'on voit aujourd'hui à la Villa-Medicis ; modèle en
bois peint. Long. 11 p., larg. 5 p. 5 l., haut. 2 p. 6 l.

74. MORCEAU du tuf nommé *sperone*, provenant des ruines du Colisée.

75. BRIQUE dont est formée l'aire des pavés des différens étages du Colisée.

76. ÉCHANTILLON de *paperino*, tiré d'une construction d'Herculanum.

77. CYLINDRE de terre cuite que les anciens employaient à la construction de voûtes, d'une grande légèreté. Celui-ci a été tiré de la voûte d'un temple de Ravenne, dédié à St.-Vital.

78. ENDUIT des colonnes du temple de Vesta, à Tivoli.

79. ENDUIT du temple de Junon, à Gabies.

80. ENDUIT recouvert de peintures, trouvé dans les bains de Domitien, à Albano.

81. CIMENT de la Villa-Adriana.

82. ENDUIT de grandes colonnes construites en briques, à Pompeia.

83. ENDUIT peint de Pompeia.

84. ENDUIT d'un aquéduc creusé dans le tuf volcanique, à Baies.

85. ENDUIT de l'amphithéâtre de Capoue. — Autre fragment de celui de Minturnes.

86. ENDUIT et ciment d'un tombeau entre Caserte et Capoue.

87. DEUX fragmens de l'enduit de la piscine admirable, à Baies.

88. Trois fragmens de peinture des thermes de Titus.

89. Cinabre trouvé dans le tombeau de la famille Cocceia.

90. Pate antique dont on se servait pour décorer l'intérieur des appartemens.

Ce fragment a été trouvé à Tusculum.

91. Morceau de charbon, d'une des poutres du théâtre d'Herculanum.

92. Beau clou en bronze, d'une des portes du Panthéon ; il est incrusté dans un dé de marbre bleu turquin.

93. Deux clous de fer, qui ont servi à attacher les ornemens de la voûte du temple de la Paix, à Rome.

94. Deux goujons de fer, trouvés dans les fouilles du Colisée.

## OBÉLISQUES ET COLONNES.

95. Deux obélisques de basalte antique , placés sur des carrés de porphyre. Haut. 20 p.

Ils sont imités de l'obélisque de Campo-Marzo qu'on voit aujourd'hui devant le palais de Monte-Cittorio ; on les a tirés de la plinthe du sphinx égyptien , qui fait partie du célèbre musée Borghèse , acheté en 1808 par le Gouvernement français.

96. Un obélisque de porphyre , avec un socle de jaune antique , posé sur des degrés de porphyre et de serpentine. Haut. 13 p.

97. Un bel obélisque de granit rose de 26 pouc. de

haut. , sur un piédestal , garni de jaune antique , de
9 p. 6 lig.

Cet obélisque est supporté par quatre petites tortues de
bronze, et surmonté d'un aigle éployé.

98. La colonne trajanne , modèle en *scaiola* ; elle est
placée sur deux degrés de marbre blanc, dont un plus
élevé et mobile, sert à la présenter sous toutes ses faces.
Haut. 2 pieds.

Elle est couronnée d'une petite statue de Trajan , en bronze.

99. Deux bases de colonnes antiques, ornées de très-
belles sculptures. Haut. 13 pouc.

100. Colonne de porphyre , élevée sur un socle de
même matière , et posée sur un cube de brèche d'Afrique.
Haut. 13 pouc.

Elle supporte un aigle antique ; contre le piédestal est fixé
un petit bas-relief de bronze, représentant une femme accroupie
qui verse de l'eau dans un vase, placé devant elle.

101. Colonne de rouge antique , portant dans le centre
le chiffre vii. Haut. 12 pouc.

C'est un modèle de colonne milliaire ; elle est surmontée
d'un globe d'albâtre, armé d'une pointe de cuivre doré ; et on
a appliqué au piédestal une figurine, bas-relief en bronze, représentant Diane chasseresse ou l'une des nymphes de sa suite.

102. Six colonnes d'une belle pierre antique du genre
des porphyres. Haut. 7 pouces.

Deux de ces colonnes supportent de petits vases, terre
cuite, à double anse ; et les quatre autres, des fragmens d'orthocératites pétrifiées.

103. Une petite colonne de la même pierre que les

précédentes ; elle porte un poids antique de bronze qui a servi à un niveau. Haut. 7 pouc. 3 lig.

104. DEUX belles colonnes d'ordre ionique, cannelées, posées sur des piédestaux plaqués d'albatre rubanné ; elles sont surmontées de deux petites victoires en bronze, dont l'une tient une palme, et l'autre une couronne. Haut. 2 pieds 9 pouc.

105. DEUX belles colonnes d'ordre dorique, de rouge antique, posées sur des piédestaux de jaune antique, dont les corniches et les bases sont de marbre blanc; elles supportent deux petits vases d'albâtre transparent. Haut. 13 pouc.

106. DEUX colonnes d'albâtre oriental de 23 pouc. de haut.; elles portent deux jolis petits bustes en terre cuite, que l'on croit du fameux Germain Pilon.

## PEINTURES ÉGYPTIENNES
### ET MOSAIQUES.

107. QUATRE divinités égyptiennes : Isis à tête humaine; Osiris à tête d'épervier ; Typhon à tête de loup, et Anubis à tête de chien. Elles sont représentées debout, un bâton à la main.

108. UNE Isis à genoux, tenant de chaque main un instrument ressemblant à un aviron ; de la naissance de ses bras sortent de grandes aîles étendues ; sa tête est couronnée du disque ou globe; et de chaque côté on voit des tables couvertes de caractères hiéroglyphiques.

109. Une Isis accroupie ; elle porte une de ses mains au modius dont elle est couronnée, et laisse tomber l'autre sur sa cuisse.

110. Un Osiris, la tête couverte d'une coiffure singulière.

111. Un Anubis, placé dans une espèce de niche dorée, et tenant à la main le *thau*, ou croix à anse.

112. Deux divinités égyptiennes, entourées de caractères hiéroglyphiques.

113. Un bas-relief représentant un sacrifice ; ce morceau est peint sur un enduit rapporté sur de la toile.

114. Deux colonnes de hiéroglyphes, peintes de diverses couleurs.

115. Une colonne fond d'or, couverte de caractères en relief également dorés.

116. Une colonne hiéroglyphique dont les caractères sont noirs, sur un fond chamois.

117. Deux pectoraux de momies, peints en or et en couleurs, dans des bordures de bois d'acajou demi-circulaires ; à côté de l'un de ces pectoraux, on voit un scarabée les aîles déployées.

118. Deux chiens noirs, avec des colliers d'or, sur un fond blanc.

On voit par ce morceau que les Egyptiens esquissaient à la sanguine les contours de leurs figures avant de les peindre.

119. Plusieurs fragmens de mosaïque, qui n'offrent rien de remarquable.

# DIVINITÉS ÉGYPTIENNES
## ET INDIENNES.

120. Isis tenant sur ses genoux son fils Orus ; elle
est coiffée de la poule de Numidie (*Numidica guttata*),
et couronnée de feuilles de *musa*, entre lesquelles s'é-
lèvent deux cornes qui soutiennent un disque. Orus a
la tête couverte d'un bonnet d'où s'échappe une tresse
de cheveux.

Ce morceau précieux, du plus ancien style égyptien, est
d'une pierre de touche tendre, et a 10 pouc. 6 lig. de hauteur.
Il est posé sur un socle de granit rose. On y a pratiqué une
niche orbiculaire où est incrusté un petit *Priape* de bronze qui
a la tête et les mains prises entre deux barres.

121. Isis accroupie, à tête de lionne. ·
Elle est d'une brèche fine à fond verdâtre, et posée sur quatre
disques de différens marbres rares. Haut. 4 pouc. 8 lign.

122. Deux petites Isis emmaillotées.
L'une est à mi-corps, et l'autre entière. La plus grande a 3
pouces, et la plus petite, 2 pouc. 2 lign. ; elles sont d'une espèce de grès d'Egypte, verdâtre. Le P. de Montfaucon en a
publié de semblables dans le tom. 11 de l'*Antiquité expliq.*,
2e partie, pl. cxi.

123. Deux Osiris, en bronze, placés sur des piédestaux de bois, couverts de caractères hiéroglyphiques.
Haut. 2 pouces.

M. Foucault en possédait un pareil, que le P. de Montfaucon
a publié pl. cxviii, n° 5.

124. HARPOCRATE , en bronze, posé sur une lame de marbre agatifié. Hauteur , 2 pouc.

Ce dieu est représenté le doigt sur la bouche , la tête couronnée du fruit du *lotus* , arbre qui lui était consacré , et les reins enveloppés d'une draperie dont les extrémités retombent sur son bras gauche. Cette petite figure est d'un beau travail.

125. CANOPE. Empreinte vernissée de celui qui est au musée du Capitole. Haut. 17 pouc. 9 lig.

126. TÊTE de chat en bronze; elle est placée sur un cylindre formé de trois disques de porphyre. Hauteur, 2 p. 6 l.

127. Un épervier en bronze. Haut. 11 l.

M. Sonnini en a publié un semblable dans son *Voyage d'Egypte*, tom. II , pl. XIII , fig. 4.

128. UN animal d'une forme bizarre , en bronze. Long. 2 pouc.

On ne le place ici , que parce qu'on croit en avoir vu de pareils dans les tables hiéroglyphiques.

129. DIVINITÉ du Malabar, à dix-huit bras. Elle est en bronze , et assise sur un socle de même métal. Haut. 4 pouc. 6 lig.

130. AUTRE divinité indienne (peut-être le *Quanon* des Japonais) , à quatre bras. Haut. 4 pouc. 6 lig.

131. AUTRE divinité accroupie et à quatre bras. Haut. 2 pouc.

132. AUTRE debout; elle a les mains jointes , et paraît livrée à la méditation ; à sa ceinture pend une espèce

de poignard. Haut. 2 pouc. 2 lig. Cette figure et les deux précédentes sont en bronze.

133. Petit monstre, en terre cuite, d'un travail chinois.

## BRONZES ANTIQUES.

134. Juiter *Brontœus*, ou le Tonnant. Haut. 2 p. 11 l.
La tête a de la finesse. Cette figurine a l'avant-bras gauche cassé ; elle est placée sur un piédestal de marbre.

135. Jupiter *Anxurus*, ou sans barbe. Haut. 4 p. 4 l.
Cette petite figure est également mutilée.

136. Bacchus. Haut. 5 pouc. 6 lig.
Il est représenté couronné de raisins et de feuilles de pampre, et portant la peau de lion sur le bras gauche. La conservation en est parfaite.

137. Vénus. Haut. 4 pouc.
Elle tient une pomme de la main droite, et de l'autre elle relève ses cheveux.
Ces deux figurines, trouvées il y a quelques années dans les ruines de Mandeurre, ont été acquises par M. le comte de Montrond, qui s'est empressé d'en faire hommage au muséum de Besançon, sa ville natale (Voy. pl. 11, nos 5 et 6.).

138. Mercure, avec la bourse, le caducée et le pétase à trois aîles. Haut. 2 pouc. 6 lig.

139. Un autre Mercure coiffé du pétase, et la chlamyde sur le bras gauche. Haut. 2 pouc. 5 lig.

140. Un autre Mercure, avec le pétase et la chlamyde nouée sur les épaules ; il tient une bourse de la main droite. Haut. 3 pouc. 4 lig.

141. TÊTE de Mercure, qui a servi de poids à une balance romaine. Haut. 4 p.

Elle est placée sur un piédouche de marbre blanc.

142. DEUX Amours. Le premier, armé d'un arc, est placé sur un carré de porphyre; haut. 2 pouc. Le second est assis sur un pied d'albâtre transparent. Haut. 15 lig.

143. UNE divinité Panthée. Joli bronze de 5 pouc. de hauteur, placé sur un cylindre de marbre.

La figure est celle d'un jeune homme : il a la tête coiffée du casque de Mars, et la poitrine couverte de l'égide de Minerve; il porte sur l'épaule droite le carquois d'Apollon, et tient à la main la bourse de Mercure.

144. ATLAS portant sur ses épaules le globe du monde. Haut. 4 pouc. 9 lig.

145. LE groupe de Laocoon, placé sur un beau piédestal de jaune de Sienne. Haut. 13 pouc. 6 lig. sur 10 pouc. 6 lig. de face.

Cette copie a été exécutée à Rome par Righetti, célèbre fondeur.

146. LA statue équestre de Marc-Aurèle, sur un piédestal de granit rose, dont les corniches et la base sont de marbre blanc. Haut. 11 pouc. 9 lig.

Copie exécutée par le même artiste.

147. SÉNÈQUE : tête en bronze sur un piédouche de marbre blanc. Haut. 11 pouc. 10 lig.

148. BUSTE d'une femme âgée, posé sur un socle de granit rose. Haut. 2 pieds. Elle a au cou une chaîne de laiton à laquelle sont suspendus une bulle et deux phallus de bronze.

149. Un soldat nu, coiffé du casque grec. Haut. 3 pouc. Les deux mains sont cassées.

150. Une prêtresse avec la mitre, et tenant de la main droite un gâteau ou une patère. Haut. 20 lig.

151. Deux figurines qui paraissent avoir été détachées d'un groupe. Un trou à la main droite prouve que la plus grande (haut. 5 pouc. 3 lig.) tenait un instrument arrondi. La plus petite ( 1 pouc. 10 lig.) est un garçon cestiaire.

152. Fragment d'une statue, d'un bon travail. Haut. 3 pouc. On y a réuni un pied couvert de la calige. Long. 1 pouc.

153. La louve frappée de la foudre dans le temple de Remus et Romulus, à Rome; belle copie sur un carré de jaune antique. Haut. 4 pouc. 6 lig., long. 7 p 9 lig.

154. Tête de lion, posée sur un cylindre de porphyre noir, fort rare. Haut. 2 pouc.

155. Deux lions posés sur des carrés de jaune antique; copies très-bien exécutées. Haut. 2 pouc. 2 lig., long. 4 pouc.

156. Belle tête de mule, couronnée de lierre. Ce morceau précieux vient du cabinet du président Lebret (*Voy. pl.* 111. 2.). M. Paris lui a donné pour base une cloche de bronze, très-bien ornée, fondue par Petri à Venise, au commencement du XVIe siècle.

On a trouvé plusieurs têtes semblables à Herculanum, et l'abbé de St.-Non prétend qu'elles décoraient des *lectisternium* (*Voyag. à Naples*, tom. v, pl. 137.).

## MARBRES ET BAS-RELIEFS.

157. APOLLON, buste en marbre de Paros, posé sur un piédouche de marbre blanc. Haut. 1 pied 4 p.

158. HERCULE jeune, tête d'un beau travail grec, sur un piédouche. Haut. 6 p.

159. AUGUSTE et M. Agrippa, deux beaux bustes marbre blanc, copiés sur l'antique. Haut. 1 pied 4 p. 6 l.

160. L'EMPEREUR Vitellius, tête posée sur un cylindre de marbre jaune, veiné de rouge. Haut. 4 p. 6 l.

161. TÊTE de l'Empereur Trajan. Haut. 6 p.

162. L'EMPEREUR Adrien, buste posé sur un piédouche. Haut. 15 pouc.

163. L'EMPEREUR Gallien, buste de la même haut. que le précédent.

164. TÊTE grecque de marbre de Paros, de la plus grande beauté. On conjecture que c'est celle d'Antinoüs ou de Méléagre. Elle est posée sur un cube de marbre bleu turquin, dans lequel est incrusté un des plus grands clous de bronze de la porte du Panthéon.

La hauteur de la tête est de 11 pouces; elle a été achetée 1200 à la vente du cabinet de M. le duc de Chaulnes; elle est gravée pl. VI.

165. PETITE tête grecque d'un travail précieux. Haut. 4 pouc. 9 lig.

166. TÊTE d'un personnage inconnu, placée sur un cylindre de marbre. Haut. 4 pouc. 6 lig.

167. Un terme représentant deux têtes adossées, l'une barbue, et l'autre sans barbe.

Ce petit monument était consacré à Bacchus : il en existe un assez grand nombre du même genre dans les cabinets des curieux. Le P. de Montfaucon en a publié trois (pl. 160 et 161). Le nôtre a 8 pouc. 6 lig. de hauteur (Voy. pl. v, n° 2).

168. AUTEL laraire consacré à Diane lune ou Sélene. Haut. 1 pied.

169. DEUX griffes de lion. Haut. 8 pouc.

170. Pied de candélabre triangulaire, orné de bas-reliefs sur chaque face. Haut. 1 pied 6 pouc. 9 lig.

Sur la première face on voit un Satyre dansant; il a les épaules couvertes de la nébride, et tient un thyrse à la main droite (Voy. pl. v, n° 1). La seconde face représente Hercule portant sur ses épaules le sanglier d'Erymanthe; il est couvert de la peau du lion et tient à la main sa massue; et la troisième, une victoire qui brûle des parfums sur un candélabre.

171. Un beau fragment des trophées de Domitien pour ses victoires sur les Germains; il a été trouvé à Villa-Albano. Haut. 2 pied. 4 p. 6 lig.

172. BAS-RELIEF représentant le supplice de Prométhée; c'est un fragment d'une urne antique. Haut. 1 pied 3 pouc.

173. AUTRE bas-relief représentant Bacchus revenant de la conquête des Indes. Il est assis sur une panthère, et verse du vin de son *cantharus* dans une

corne que tient un satyre placé à sa droite. A la gauche
du dieu on voit un faune ; et sous la panthère, la ciste
ou corbeille mystique. Haut. 1 pied 3 pouc. 6 lig.

174. PORTION d'un bas-relief, ouvrage grec, représentant un masque scénique couronné de pins ; la ciste
ou corbeille qu'on portait aux fêtes dionysiaques, dont
s'échappe un serpent apprivoisé ; le thyrse et la flûte
à sept tuyaux (Voy. la pl. v, n° 3). Haut. 10 pouc.,
larg. 13.

175. AUTRE fragment de bas-relief représentant une
ciste suspendue par une corde à une fenêtre. Haut.
2 pouc. 6 lig.

176. PORTION de bas-relief représentant un prêtre
qui tient de la main droite une branche de palmier ornée
de rubans, et de la gauche un vase. Dans le fond on voit
un chien placé sur une colonne. Haut. 11 pouc. 6 lig.

177. COURONNEMENT d'un cype sépulcral, en manière
de fronton, orné de roses. Long. 16 pouc.

178. PORTION de cype funéraire, représentant un
génie occupé d'éloigner les insectes du corps d'une
nymphe. Long. 12 pouc.

179. BEAU fragment d'une corniche ornée, dont le
travail annonce l'époque la plus brillante de la sculpture ;
il est enfermé dans une bordure de bois noirci. Haut.
9 pouc. 4 lig. Long. 2 pieds 6 pouc.

180. FRAGMENT d'un chapiteau corinthien. Haut. 4
pouces et demi.

181. UNE rosace.

# TERRES CUITES, FIGURINES, BUSTES,
## BAS-RELIEFS, TUILES ET BRIQUES.

182. QUATRE petites statues : trois de prêtres et une de prêtresse, bien conservées. Haut. 6 pouc. Les figurines de cette dimension sont très-rares.

183. FRAGMENT d'une statue de Diane d'Ephèse (1), sur un piédestal.

184. LA statue d'un sacrificateur, mutilée. Haut. 9 p.

185. CINQ fragmens de statues, dont quatre mi-reliefs, d'un travail très-remarquable. Haut. 6 pouc.
M. d'Agincourt en a publié un dans son *Recueil de sculptures, pl.* XII, n° 6.

186. PARTIE inférieure d'une statue dont la chaussure est singulière. Haut. 18 lig.

187. DEUX petits bustes de Jupiter Sérapis, couronnés du *modius*. Ils sont placés sur des piédouches d'albâtre, posés sur des plaques de rouge antique. Haut. 4 pouc.

(1) Cl. Menestrier, antiquaire du card. Barberin, dont on a déjà parlé, a laissé un savant traité sur la statue de Diane d'Ephèse, sous ce titre : *Symbolica Dianæ Ephesiæ statua exposita.* Rome, 1657, in-4°. Ce traité a été imprimé avec une lettre de Lucas Holstenius : *De fulcris seu verubus Dianæ Ephesiæ simulacro appositis.* Rome, 1689, in-f°. ; et inséré par Jacq. Gronovius dans le tom. VII du *Thesaur. antiquitat. græcar.*

188. Tête antique, posée sur une portion de console de travail égyptien assez précieux. Haut. 10 pouc.

189. Une tête votive. Haut. 4 pouc.

190. Deux têtes votives de femmes coiffées d'un voile.

191. Oreille et mamelle votives.

192. Trois pieds votifs. Long. 3 à 4 pouc.

193. Deux phallus et une matrice votifs.

194. Masque scénique, placé sur un piédouche d'albâtre, posé sur un disque de porphyre. Haut. 3 pouc. 3 l.

195. Les deux lions égyptiens du Capitole ; modèles par Delaistre. Long. 14 pouc., haut. 7 pouc. 6 lig.

196. Tête de chien de berger, ayant une clochette au cou, posée sur un pied de jaune antique. Haut. 4 pouc. 6 lig.

Elle est gravée dans le recueil de M. d'Agincourt, pl. xxiv.

197. Tête de truie placée sur un pied. Haut. 5 pouc.

198. Un cheval, espèce de jouet d'enfant. Long. 2 pouc. 6 lig.

Il a été trouvé par M. Paris dans les catacombes de Saint-Sébastien, à Rome.

199. Une cuirasse, fragment d'un trophée militaire. Long. 1 pied, haut. 11 pouc.

200. Une autre plus petite. Haut. 4 pouc. 6 lig.

201. Bas-relief représentant un esclave qui poignarde le grand-prêtre de la forêt de Némi, en présence des

prêtresses qui applaudissent à sa victoire. Haut. 8 pouc.,
larg. 12 pouc.

« Sur la gauche d'un bras de route qui monte d'Aricia aux
» lieux formant le territoire de cette ville, on voit le bois de
» Diane que l'on appelle *Némus* avec le temple de la déesse.
» La Diane à qui le temple et le bois sont consacrés, est, à ce
» que l'on prétend, Diane *Tauropole*. Et, en effet, les rites
» observés dans cette fondation religieuse ont quelque chose
» de barbare et de scytique. On n'y établit successivement
» pour grand prêtre que quelque brigand fugitif, assez adroit
» pour assassiner celui qui se trouve déjà installé dans cet em-
» ploi, et qui, à raison d'une pareille institution, devant être
» toujours en garde, ne quitte jamais l'épée ». STRABON, liv. v.
(Tom. II, p. 228 et 229 de la traduct. de M. de la Porte du Theil.)

Cette Diane se nommoit *Aricine*, de la ville dans le voisinage de laquelle son temple était situé, aujourd'hui la Riccia,
dans la campagne de Rome. Le bas-relief que nous annonçons,
est une copie réduite de celui qui fut trouvé en 1794, dans une
fouille à la Riccia, et qui appartient au cardinal Despuig. Haut.
8 pouc., larg. 11 pouc. 6 lig.

202. FRAGMENT de plastique représentant deux cavaliers coiffés du casque béotien, et couverts du bouclier
rond.

Ce morceau précieux pour l'histoire de l'art, faisait partie des
bas-reliefs trouvés en 1784 près de Velletri, ancienne capitale
des Volsques, et recueillis pour le célèbre musée du cardinal
Borgia. M. d'Agincourt, qui en a fait présent à M. PARIS, l'a
publié dans l'ouvrage déjà cité, *pl.* II, n° 3.

203. DIVERS fragmens de plastique plus ou moins
mutilés, représentant : une tête d'Hercule.—Une femme
dans une posture suppliante. — Un combat d'amazones.
—Une amazone penchée sur le cou d'un cheval, dont elle

serre le poitrail.—Deux faunes en regard, soutenant le bassin d'une fontaine. — Un guerrier casqué s'appuyant sur l'épaule de son compagnon.—Tête d'homme sur un fond d'arabesques. — Un génie ailé. — Tête de femme remarquable par sa coiffure.—Un hermès.—Un homme à genoux, levant les bras comme pour demander grâce.—Néréïde vue par derrière ; près d'elle un amour tenant un trident et assis sur un dauphin.—Un génie ailé. —Une course de cirque avec les *meta*, et un cheval courant. « Ce fragment est curieux pour la perspective ». —Une chimère à tête de cochon.—Une femme à genoux sur un fond d'arabesques.—Un faune tenant une corbeille de raisins, et une seconde devant lui.—Un autre occupé à détacher des raisins d'un grand cep, au pied duquel sont déjà deux corbeilles remplies.—Un autre portant dans ses bras un panier de raisins. — Une corbeille de raisins ; « ces quatre fragmens paraissent avoir fait partie du même bas-relief ».—Portion d'un vase de terre rouge, sur lequel on voit des quadrupèdes en relief, d'un travail grossier.—Une femme à genoux sur un fond d'arabesques.—Une victoire ou un génie féminin. —Une femme jouant de la flûte. — Partie de sarcophage qui offre une ligne d'oves et une branche de lauriers ; dans un petit renfoncement on lit, VALES.—Les deux bras d'un génie dont on n'aperçoit que la sommité des ailes. —Portion d'arabesque. —Un bouc traîné par un faune. —Un jeune faune assis sur un animal qui a la tête d'une panthère, et dont le corps se termine en feuillage. « L'enfant, dit M. d'Agincourt, est assis avec une aisance et une légèreté admirable ; il a publié ce joli fragment pl. xi, n° 5. ». — Portion de candélabre.—Une jeune femme debout. — Un sacrificateur, tenant de la main droite une branche dont il frappe l'animal placé devant lui, — Un génie. — Une danseuse. — Un Amour assis sur un dauphin. — Une tête sur un fond d'arabesques ; portion d'antéfixe. — Un dauphin. — Une rosace. — Une cariatide. — Une Amphitrite tenant le *peplum* au-dessus de sa tête, et traînée par des dauphins. — Une amazone tombée de cheval. — Un faune couronné de pampres, et frappant des cymbales. — Une femme tenant la corne d'abondance. — Une chaumière. — Portion de Mercure. — Un masque scénique. — Une femme assise sur un dragon. — Un rinceau.

204. FRAGMENT d'un modillon sur le côté duquel on voit un génie appuyé sur un taureau.

205. TÊTE de Bacchus ; portion d'antéfixe qui a servi de console dans le temple de la Fortune, à Préneste.

206. PORTION d'antéfixe représentant deux têtes de bélier.

207. HUIT antéfixes ou devantures, dont les anciens recouvraient les combles de leurs édifices ; elles sont décorées de têtes et d'arabesques. Celle qui porte le n° 8 a été tirée des ruines de Véies, ville dont la véritable position n'a été déterminée qu'en 1820.

208. QUINZE briques sigillées, dont neuf de forme circulaire, avec des inscriptions (1).

(1) Il est difficile de se faire une idée des précautions des Romains pour garantir la solidité et la durée de leurs construc-

## I.

## APRONI TPAET. COS
## PPBSALAR
## EX FI G  ANNI  VERI

Cette brique est ornée d'un bas-relief, représentant un autel laraire portant un canard; à droite, une cicogne et une chouette, à gauche une oie.

Il manque deux lettres dans la seconde ligne; l'une au commencement, et l'autre à la fin.

tions, même les moins importantes. Ils avaient des magistrats chargés de l'examen des matériaux; et on ne pouvait les mettre en vente, ni les employer sans leur permission. Les fabricans de tuiles et de briques étaient tenus d'y apposer un cachet, indiquant leur nom et celui du maître du four, le lieu où la fabrique était située, le canton d'où elle tirait ses approvisionnemens, et les consuls en exercice. Il est certain que l'étude de ces inscriptions peut avoir une utilité historique; et c'est ce qui a déterminé plusieurs antiquaires à les recueillir. Le baron Bimard de la Bastie, Fabretti, Boldetti, Caylus, Gaëtano Marini et M. d'Agincourt en ont publié quelques-unes. Le célèbre Marini, préfet de la bibliothèque du Vatican, en avait rassemblé plus de deux mille; et il a laissé en manuscrit un ouvrage sur cette matière (*opus doliare*), dont les savans attendent la publication avec beaucoup d'impatience. M. PARIS a ajouté à la collection de Marini une brique trouvée dans les ruines du Colisée, portant le nom du consul *Lateranus*, omis dans les fastes consulaires. Celles qui font partie de son cabinet présentent des inscriptions inédites, dont on se borne à offrir des copies fidèles aux amateurs de l'antiquité.

II.

DAEDALVS DD
LVCET. TVL .S.F

III.

EX. ANN
APHRODIS

IV.

N. DECE
TE GL
FIG. ASIN. PO.

V.

EXᴅRTFA

VI.

OP. D. EX. PR. DOM. LVC. EP. CL. QVIN.
SERVIANO III COS.

VII.

CN DOMITI CLEMENTIS
Cette brique et les suivantes sont circulaires.

VIII.

EX PRMPETMAMOGAVI
PROCVL ISAL

IX.

M. TERENTI. PRAENEST.

12.

## X.

### OFFSRFDOM

Autour d'un cœur.

## XI.

### OFSDOMISATVM NIN.

*Dans le centre* SS.

## XII.

### DRFIGVLINIS SABINANIS
### CARII
### IVLIANI
### C V.

## XIII.

### SVCCESII PIIS PS.

Autour d'une clef.

## XIV.

### CN DOMADIECOPVSD EXP DOMLVC
### PAETINO ET APRONI
### COS.

## XV.

### OPDOLEXPRDOMAVGNFI
### GLINAS GENIANAS

Autour d'un buste de Pallas.

## PIERRES GRAVEES.

209. Un choix d'empreintes des plus belles pierres gravées antiques.

Ces empreintes, tirées de la *dactyliothèque* de Lippert, sont au nombre de 541. On en a distribué deux cents dans huit bordures de cuivre doré; les autres ont été placées dans les quatre tiroirs d'une cassette de bois d'acajou.

## VASES PEINTS, *dits* ÉTRUSQUES (1).

210. Un vase rond à deux anses. Haut. 10 pouc. 9 lig.

La première face représente un festin. Un homme et une femme, assis sur un *lectisternium*, élèvent leurs coupes pour une libation; sur le devant on voit une joueuse de flûte. Sur la seconde face, trois hommes enveloppés de leurs manteaux, paraissent se concerter pour troubler la fête.

211. Un vase de même forme. Haut. 10 pouc.

D'un côté, un homme couronné de lierre, un thyrse à la main, est assis entre deux Bacchantes qui tiennent des cymbales; de l'autre, un homme et une femme font leurs offrandes à Bacchus, figuré par la colonne placée entr'eux.

(1) Les savans ont eu une longue discussion sur la véritable dénomination de ces vases; mais les découvertes faites depuis quelques années, dans l'Attique, ne permettent plus de douter que ce ne soient des vases *grecs*. (Voy. la *lettre* de M. Mongez, dans le *mag. encycloped.*, tom. III, ann. 1808.)

212. Un vase à deux anses. Haut. 6 pouc. 9 lig.

D'un côté, un homme assis, une couronne sur la tête, et tenant un sceptre ; de l'autre, une femme assise, tenant un thyrse.

213. Un vase à deux anses. Même haut.

D'un côté un homme debout, couvert de la chlamyde, et tenant à la main un bâton ; de l'autre, une femme enveloppée d'un manteau.

214. Un vase à deux anses, avec un col resserré dont l'ouverture est en trèfle. Haut. 11 pouc. 2 lign. (*Voy. la pl.* iv, *n°* 2.)

Une Bacchante renversée tenant un thyrse de la main droite, et de la gauche une cassette ou pixide.

215. Un vase à trois anses, à cou resserré (*voy. la pl.* iv, *n°* 1.)

Un jeune prince, le front ceint du bandeau royal et s'appuyant sur son sceptre, paraît écouter, avec attention, une femme debout devant lui, qui tient un thyrse.

216. Un vase à une seule anse, dont le cou resserré est terminé en trèfle. Haut. 9 pouc.

Une prêtresse courant ; elle tient la patère d'une main, et de l'autre une couronne du genre de celles que les anciens nommaient *lemniscatæ* (garnies de rubans).

217. Un vase à deux anses. Haut. 7 pouc. 5 lig.

D'un côté, un génie ailé couronné de lauriers, et tenant de la main droite le strigile, devant un autel laraire ; de l'autre une prêtresse qui tient de la main droite la pixide, et de la gauche la couronne *lemniscata*.

218. Un vase à une seule anse de forme très-élégante. Haut. 8 pouc. (*Voy. pl.* iv, *n°* 4.)

Sur la face, une tête de femme coiffée richement.

219. Un vase à une seule anse. Haut. 3 pouc. 9 lig.
Sur la face une tête de femme coiffée.

220. Un vase à une anse. Haut. 2 pouc. 6 lig.
Sur la face, une palmette. Il a été donné à M. Paris, pendant son séjour à Rome, par M. Dodwell, célèbre antiquaire anglais, qui l'avait rapporté d'Athènes.

221. Un vase de forme très-élégante, un peu mutilé. Haut. 3 pouc.

Sur le contour, deux cavaliers, dont l'un tient la lance en arrêt. C'est M. Auguste Paris, chef de bataillon d'état-major, qui l'a rapporté de Corfou.

222. Vase à une seule anse, de la fabrique de Nola. Haut. 6 pouc.

223. Beau vase volsque, très-bien décoré. Haut. 15 pouc.
Ce morceau précieux est grav. pl. IV, n° 3.

224. Une coupe à deux anses de forme très-élégante, un peu endommagée. Diam. 8 pouc. 9 lig.

225. Une tasse à deux anses. Haut. 2 pouc. 6 lig.
Sur chaque face une chouette entre deux branches d'oliviers. La pl. 18 des antiquités étrusq. de d'Hancarville, en offre une pareille.

226. Une tasse. Haut. un pouc. 6 lig.
Sur la face une tête de femme.

227. Deux soucoupes à anses horizontales. Diamètr. 6 pouc. 6 lig.

Dans l'une on voit un cygne, et dans l'autre une palmette, avec des couronnes d'olivier.

228. Deux petits plateaux. Diam. 7 pouc.
Sur l'un est représentée une limule, et sur l'autre une tor-
pille, entourées de poissons.

## VASES ANTIQUES.

229. Un vase en bronze à une anse, en forme de
coquemare, avec un couvercle à charnière, couronné
d'un gland; le goulot est terminé par deux becs. Haut.
8 pouc. 3 lig.

230. Un autre vase en bronze à large panse, avec un
cou étroit et une seule anse. Haut. 7 pouc. 6 lig.

231. Une coupe en bronze de 4 pouc. de diamètre,
couverte en totalité de caractères arabes. Elle est posée
sur un cylindre de brêche africaine, porté par un socle
de porphyre.

232. Deux beaux vases d'albâtre rose, à anses évidées.
Haut. 11 pouc. 3 lig. (*Voy. la pl.* iv, *n°* 5).

233. Un vase, terre cuite, à large panse, trouvé en
1809 dans les fouilles du Colisée. Haut. 4 pouc. 4 lig.

234. Un autre petit vase, terre cuite, trouvé en 1812
dans les thermes de Titus.

235. Une coupe, terre cuite, trouvée à Rome dans
les catacombes de St.-Sébastien. Diam. 5 pouc. 3 lig.

236. Deux petites fioles, terre cuite, trouvées dans
des tombeaux. Haut. 5 pouc.

237. Deux autres petites fioles de même forme. Haut. 5 pouc. 4 lig.

238. Deux petits lacrymatoires en verre. Haut. 3 p.

239. Un vase de verre, forme carrée, trouvé dans les catacombes de Rome, et destiné à recueillir le sang des martyrs. Haut. 4 pouc.

240. Fragment d'un vase de même forme, recouvert à l'intérieur d'un enduit.

## VASES D'APRÈS L'ANTIQUE.

241. Deux beaux vases de serpentine, à anses évidées. Haut. 14 pouc.
Une note de la main de M. Paris, nous apprend qu'une paire de vases pareils a été payée cent louis par M. le duc de Chabot.

242. Deux jolis vases de brèche africaine antique, à anses évidées. Haut. 8 pouc. 5 lig.

243. Une autre paire de vases, marbre fleuri antique, à anses évidées. Haut. 11 pouc. 6 lig.

244. Deux beaux vases de rouge antique, forme de lacrymatoire, à anses évidées, placés sur des carrés de jaune antique. Haut. 8 pouc. 3 lig.

245. Deux vases d'albâtre de Lagny, posés sur des socles de marbre. Haut. 10 pouc.

246. Une belle coupe de porphyre rouge-brun, de

8 pouc. de diam., sur son piédestal. Elle est portée par un socle précieux d'albâtre rose.

247. Une autre coupe de porphyre rouge-brun de 6 pouces de diamètre, portée par un piédestal de serpentine, dont les encadremens sont de jaune antique. Elle est élevée sur un disque de porphyre fleuri ; placé sur une tranche de brèche égyptienne, marbre fort rare et de la plus grande beauté.

248. Deux belles coupes de jaune antique avec leurs piédestaux cannelées. Diam. 8 pouc. Haut. 5 pouc.

249. Deux petites coupes d'albâtre rubanné, décorées de cercles en bronze qui se terminent par des têtes de boucs d'un joli travail. Diam. 6 pouc. 10 lig.

250. Une belle tasse de jaune antique, recouverte en dessus et en dessous de feuilles d'acanthe, avec un piédestal cannelé. Diam. 5 pouc. 6 lig. Haut. 3 pouc.

251. Une belle tasse de brèche coraline, sur son piédestal. Diam. 6 pouc.

252. Une autre belle tasse de rouge antique, sur son piédestal. Haut. 6 pouc. 3 lig., diam. 4 pouc. 2 lig.

## LAMPES.

253. Une petite lampe en bronze, forme de vase. Haut. 2 pouc.

254. Deux lampes, terre cuite, avec des ornemens, placées sur des cylindres de granit rose.

255. Une belle lampe représentant le port d'Anto-nin à Terracine ; elle est placée sur un cylindre de por-phyre (*voy. pl.* iii , *n°* 3).

256. Une autre , représentant l'aigle de Jupiter , sur un cylindre de porphyre.

257. Une autre , représentant un mithras égorgeant un taureau ; dans le pourtour on voit les différens instru-mens qui servaient aux sacrifices ; elle est portée par un cylindre de porphyre (*voy. mêm. pl., n°* 4).

258. Deux belles lampes sépulcrales portées par des cylindres de granit rose : l'une représente une victoire tenant d'une main une couronne , et de l'autre une palme ; la seconde est décorée d'une jolie guirlande de pampres et de raisins.

259. Une lampe sépulcrale dont l'anse est terminée par un croissant , sur un cylindre de porphyre.

260. Une autre belle lampe portée également sur un cylindre ; elle représente les douze signes du zodiaque , et dans le centre Jupiter , Mars , Mercure et Pluton (*voy. la mêm. pl. , n°* 5).

261. Deux autres belles lampes : la première posée sur un cylindre de marbre jaune , représente Diane Lucifer; et la seconde, placée sur un cylindre d'un granit rare , représente une des Parques.

262. Sept lampes , dont une à double lumignon , re-présentant un laboureur , un sphynx , une tête casquée , un cheval , un cerf, et un sacrifice fait devant un temple par deux génies.

263. Neuf lampes représentant Enée emportant son père, deux gladiateurs combattant corps à corps, l'aigle de Jupiter, un ane et un moulin à bras, un oiseau sur une branche de grenade, une tarentule, un masque scénique, deux cornes d'abondance, une couronne d'olivier.

264. Seize autres lampes de différentes formes, mais sans aucun ornement.

265. Quarante-deux fragmens de lampes, dont quelques-uns fort curieux par les objets qu'ils représentent.

## MEUBLES, ARMES, USTENCILES.

266. Une ciste mystique, placée sous une caisse de verre. Haut. 14 pouc. (*Voy. la pl.* 11, *n°* 4.)

La ciste est une espèce de corbeille de forme ronde, avec un couvercle, qu'on portait solennellement dans les fêtes de Bacchus, de Cérès, de Proserpine, etc., et qui renfermait les objets qu'on ne voulait pas exposer aux regards des profanes (1). Celle-ci est en bois, garnie à l'extérieur d'une feuille de bronze, et portée par quatre griffes. Le couvercle était surmonté d'un groupe qui servait à le lever. Les anneaux attachés au centre paraissent destinés à soutenir les guirlandes de fleurs dont on la décorait à certains jours. Sur la face principale on voit un Bige dont le conducteur presse ses chevaux pour franchir, sans le toucher, un esclave étendu devant le char. C'était un moyen imaginé

(1) On peut consulter, pour plus de détails, la savante et curieuse dissertation du P. Panel *de cistophoris*, Lyon, 1734, in-4°.

pour exciter l'émulation des cochers, et augmenter la difficulté des courses.

Ce morceau est très-précieux. M. PARIS se plaisait à raconter les précautions qu'il avait prises pour le soustraire à la vigilance des douaniers romains, chargés d'empêcher la sortie des antiquités.

267. UNE patère en bronze. Diam. 5 pouc. 6 lig.

268. UN couteau de sacrifice, en bronze (*voy. pl.* 11, *n*° 1).

269. UNE hache en bronze, trouvée à Villers-sur-Mer, dans la basse Normandie (*mêm. pl.*, *n*° 3).

270. UN strigille en bronze (*id. n*° 2).

271. DEUX baignoires, modèles en marbre jaune d'une grande rareté.

272. UNE clef antique en bronze.

273. DEUX agraffes en bronze, d'un travail grossier.

274. TROIS anneaux : deux de bronze et un d'argent.

275. UN petit disque en bronze, et deux couvercles de même métal, sur l'un desquels on lit (Bacchus favorable).

276. SIX fers et deux fragmens de lances.

277. UN doigt de marbre dont les peintres se servaient pour broyer leurs couleurs.

278. DEUX poids de marbre, posés sur des carrés de rouge antique.

# MÉDAILLES (1).

279. DEUX jolis médailliers en bois de marqueterie, de 26 pouc. de haut. sur 21 de larg.

## Ier MÉDAILLER.

Ier TIROIR : Deux médailles de Tarente (ar.). — Une de Métaponte (ar.) — Une d'Agrigente (ar.). — Une de Sicile (m. br.).—Quatre autres (p. br.).—Trois médailles d'Alexandre (une ar., une gr. br., et la 3e m. br.). — Quatre médailles de Ptolémée (une gr. br., une m. br., et les deux autres p. br).— Médailles grecques, non encore classées (5 ar. et 20 p. br.).— Sicle des Rois de Judée, en plomb. — Médaille d'Ascalon (p. br.). — Une d'Éphèse (p. br.). — As italique (4 p. br.).— Médailles celtiques et gauloises (2 ar. et 17 p. br.).

IIe TIROIR : Les médailles consulaires (60 ar., 18 p. br., 7 m. br., et 2 gr. br.).

IIIe TIROIR : Les médailles impériales (argent).—Jules-César, trois. — Marc-Antoine. — Auguste, neuf. — Tibère.—Caligula, deux. — Claude. — Galba, trois. — Othon. — Vitellius. — Vespasien, six.— Tite, deux.—Domitien, trois.—Nerva, deux.—

(1) On a dû se borner à indiquer le nombre des médailles, et l'ordre dans lequel elles sont distribuées. Leur description trouvera naturellement sa place dans un travail sur le MÉDAILLER de la ville, dont on s'occupe actuellement. Le meilleur moyen de conserver les collections publiques, est de les faire connaître; c'est encore celui qui favorise le plus leur accroissement.

Trajan, treize. — Adrien, neuf.—Sabine, femme d'Adrien. — Antonin Pie, quinze.—Marc-Aurèle.—Faustine, six.—Lucile, femme de Verus. — Crispine, femme de Commode.—Septime-Sévère, sept.—Julie, femme de Septime-Sévère, quatre.— Caracalla, quatre.—Plautille, femme de Caracalla, deux.— Géta, quatre.—Hélagabale, sept. — Julia Mæsa, cinq.

IVᵉ Tiroir : Suite des médailles impériales (ar.).—Alexandre-Sévère, neuf. — Julie Mamée. — Maximin, trois.—Pupienus — Gordien Pie, vingt-un.—Philippe père, douze.—Otacilie, trois. — Philippe fils, deux. — Trajan Dèce, six.—Etruscille.— Hérennius Etruscus, trois.—Hostilien.—Trébonien Galle, trois. — Volusien, quatre. — Émilien, deux. — Valérien, quinze.— Gallien, sept.—Salonine, femme de Gallien, sept. — Valérien jeune, six.—Salonin.—Postume, neuf.

Vᵉ Tiroir : Suite des médailles impériales (ar.).—Postume, dix-neuf. — Claude-le-Gothique. — Probus. — Crispe. — Julien II, deux. — Jovien.—Valentinien (médaille d'or). — Médailles fausses ou encore inconnues, douze.

VIᵉ Tiroir : Les médailles impériales (grands et moyens bronzes). — Jules-César, deux. — Auguste, dix (2 gr. br.).— Livie, femme d'Auguste (gr. br.). — Agrippa, trois. — Julie (gr. br.). — Caius et Lucius César (médaille de la colonie de Nismes), quatre. — Tibère, deux. — Drusus César.—Antonia Augusta.—Germanicus César, trois.—Agrippine, deux (gr. br.). —Caligula, quatre (1 gr. br.). — Claude, deux. — Messaline (gr. br.).—Néron, onze (3 gr. br.). — Galba (gr. br.).— Othon (gr. br.); médaille fausse. — Vitellius (gr. br.). —Ves-pasien, dix (3 gr. br.). — Tite.—Domitien, six.

VIIᵉ Tiroir : Suite des médailles impériales (grands et moyens bronzes). — Domitien, trois. — Nerva (gr. br.). — Trajan, quinze (8 gr. br.). — Plotine (gr. br.). — Marciana, deux. — Adrien, vingt (14 gr. br.).—Antinoüs (médaille grecque, gr. br.).

—Sabine. — Ælius César, deux (gr. br.). — Antonin Pie, vingt-quatre ( un médaillon , 21 gr. br.).

VIII<sup>e</sup> Tiroir : Suite des médailles impériales ( grands et moyens bronzes ). — Antonin Pie. — Faustine , la mère. — Marc-Aurèle, vingt-six (22 gr. br.).—Faustine, seize (14 gr. br.). — Lucius Vérus Augustus. — Lucilla , trois (gr. br.). — Commode , dix (8 gr. br.).—Crispine , trois. — Pescennius Niger.— Septime-Sévère , deux ( un médaillon , un gr. br.). — Julia Domna, deux ( gr. br.). — Caracalla , deux ( gr. br.).—Plautille (gr. br.). — Julia Maesa (gr. br.).

IX<sup>e</sup> Tiroir : Suite des médailles impériales (grands et moyens bronzes). — Alexandre - Sévère , dix (gr. br.). — Julie Mamée , quatre ( gr. br.). — Maximin I , cinq (4 gr. br.). — Maxime César, trois (2 gr. br. ). — Balbin ( gr. br.). — Pupiénus , deux (gr. br.).—Gordien Pie, douze (gr. br.).—Philippe père, cinq (gr. br.). — Philippe fils , trois (gr. br.). —Trajan Dèce , deux (un gr. br.). — Etrucille , deux.— Herennius Etruscus. — Trébonien Galle , deux. — Volusien. — Gallien. — Postume. — Aurélien. — Dioclétien , trois.— Maximien , quatre ( 1 gr. br.). — Constance , deux. — Sévère II. — Maximin Daza , deux. Julien II. — Justin.

X<sup>e</sup> Tiroir : Médailles inconnues ou non encore classées. — Médaillons , trois ; 8 gr. br. ; 2 m. br. —— Médailles impériales ( petits bronzes ). — Jules César. — Auguste , cinq. — Tibère , deux. — Antonin Pie. — Alexandre-Sévère.—Maximin. —Philippe père , deux. — Valérien , deux. —Gallien , huit.— Salonine , six. — Postume , trois. —Victorin , le père , deux.— Claude-le-Gothique , trois. — Aurélien , cinq. — Sévèrine. — Tétricus, trois. — Tacite , quatre. — Probus.

XI<sup>e</sup> Tiroir : Suite des médailles impériales ( petits bronzes ). — Probus , neuf. — Carus , deux. — Numérien , trois. —Carin. — Dioclétien , six. — Maximien , quatre. — Galeria Valeria. —

Constance Chlore , deux. — Maxence , trois. — Licinius. —
Valens. —Constantin , dix-sept. —Crispe , trois. — Constantin
jeune , trois. — Constance , dix-sept. — Magnence. —Decens ,
deux.—Valentinien , trois. —Gratien , trois.—Théodose , deux.
—Maxime. — Honorius. — Justinien. — Justin jeune.

XII⁰ Tiroir : Quatre-vingt-douze médailles frustes, ou non
classées ( petits bronzes).

XIII⁰ Tiroir : Suite. Quatre-vingt-douze médailles , (pet. br.)
et une de plomb.

## II⁰ MÉDAILLER.

I⁰ʳ Tiroir : Cinquante-quatre empreintes en soufre.

II⁰ Tiroir : Suite. Soixante et dix.

III⁰ Tiroir : MÉDAILLES MODERNES. Cinquante-quatre empreintes, en étain , des médailles des ducs de Lorraine.

IV⁰ Tiroir : Suite. — Vingt-cinq, et deux gr. médaillons.

V⁰ Tiroir : Médailles des Papes. — Clément VII (grand
médaillon). — Paul III (gr. br.). —Urbain VIII (gr. br.). —
Alexandre VII (gr. br.). — Clément XI (gr. br.) — Clément
XIII (plomb). — Pie VII ( gr. br.); médaille frappée pour le
retour du Souverain Pontife à Rome , en 1814; revers , St.-Pierre
délivré de la prison par un ange, *renovatum prodigium.* —
Un jetton de Louis XIII ; entrée de la Reine à Paris.—Louis XV,
médaille du couronnement (ar.).—Médaille de Louis XVI (br.);
revers , le génie des arts, *mentem furatus Olympo ;* modèle
du jetton distribué aux membres de l'académie de peinture et
sculpture. — Louis XVII (étain); revers , un lys brisé , *cecidit
ut flos.*—Suite de médailles de Bonaparte (19 gr. br. , 2 m. br.).
—Deux médailles satyriques , frappées en 1742 et 1743 , pendant les guerres de la France avec la Reine de Hongrie. —
Sigismond , roi de Suède ; exclusion du trône , en 1604. —

— François Mansard ( m. br. ). — Jacques Calot ( m. br. ). — J. J. Rousseau ( gr. br. dor. ). — J. David Leroy , architecte de l'Institut ( gr. br.).

VI<sup>e</sup> Tiroir : Le Pape Alexandre VIII , médaill.; revers, son tombeau. — Louis XV, médaill.; victoire remportée en 1758 par le duc d'Aiguillon, à Ste.-Caste, sur les côtes de Bretagne. — Louis XV, médaill.; revers, le pont de Neuilly-sur-Seine, 1772. — Deux monnaies romaines en bronze. — Une monnaie du Roi Charles IX , en or. — Trois monnaies de Henri III , dont une d'argent. — Petite monnaie en cuivre de Henri IV. — Cinq monerons ( 2 gr. br., 3 m. br.). — Une monnaie en argent du prince Léopold , grand duc de Toscane. — Quatre monnaies d'Angleterre. — Une de Russie. — Deux de Turquie.

VII<sup>e</sup> Tiroir : Un grand médaillon d'argent du Pape Pie VII; au revers le Colisée : il a été donné à M. Paris en 1809, par le Souverain Pontife. — Empreinte en bronze de la médaille de l'Académie des beaux-arts de France , à Rome. — Empreinte en plomb de la médaille de M. Gatteaux à la mémoire de I. G. Moitte , statuaire, membre de l'institut. (Ces trois médaillons sont renfermés dans des boîtes.)

## MÉDAILLONS DANS DES BORDURES.

280. Un beau médaillon d'argent de l'Empereur Caracalla; revers, un triomphe.

281. Un médaillon. Le pape Clément IX; revers, le pont Ælius ou St.-Ange: *Ælio ponte exornato.*

282. Un autre. Le Pape Pie VII; revers, la rotonde de Bramante à S. Pietro in monte aureo : *D. Petro ad janiculum restituit* M. DCCCIV.

283. UN médaillon d'argent. Louis XV ; revers, le dauphin et ses quatre enfans : *Nova spes domûs augustæ* ; *comes Atrebat., natus* IX *octobr.* M. DCCLVII.

284. EMPREINTE en plomb du sceau de Mgr. le comte d'Artois, gravé par Lortier en 1764.

285. UNE médaille d'argent. Louis XV ; revers, le portail de l'église Sainte - Geneviève : *Pietas augusta* M. DCCLXIV.

286. UN médaillon Louis XV ; revers, le portail Sainte - Croix d'Orléans : *Henrici* IV *votum persolvit* M. DCCLXVI.

287. EMPREINTE en étain du même médaillon.

288. UN médaillon. Louis XV ; revers, Henri IV : *Le bien bon ami des Rochelois.*

289. UN médaillon d'argent. Louis XVI ; revers, traité d'alliance avec le Prince - Evêque de Basle M. DCCLXXX.

290. EMPREINTE de la médaille frappée pour la jonction souterraine de l'Océan à la Somme M. DCCLXXXV.

291. MÉDAILLON en bronze. Louis XVI ; revers, le pont qui porte le nom de ce prince, à Paris. M. DCCLXXXVIII.

292. EMPREINTE de la médaille frappée pour la victoire remportée par les Russes à Eutaw, le 8 septembre 1781 : *Salus Regionum Australium.*

293. DEUX médailles d'argent, frappées, l'une à l'hon-

neur de Jos. et Étienn. Montgolfier, inventeurs des aérostats ; l'autre, pour l'ascension de Charles et Robert au jardin des Tuileries, le 1er décembre 1783.

294. EMPREINTE en étain de la médaille de Benjamin Franklin.

295. LE portrait d'un jeune prince ; grand médaillon de bronze doré, donné à M. PARIS comme un ouvrage du cav. Bernin, par son ami M. Graziosi, membre de l'académie romaine de peinture.

296. LE portrait de M. P. A. PARIS, de l'académie d'architecture, dessin. du cabin. du Roi, et chev. de son ordre ; gr. médaill. en br. fondu sur la cire de M. Giraud, pensionnaire de l'acad. de France à Rome.

297. DEUX médaillons en bois, d'un travail précieux ; l'un représente Henri II et Diane de Poitiers ; l'autre, deux femmes inconnues, dans le costume du XVIe siècle.

298. DEUX autres médaillons en bois : Diane et l'Amour ; Scylla entourée de chiens.

299. DEUX empreintes en bois de la médaille frappée pour le congrès de la Haye, en 1691.

## HIÉROGLYPHES ET INSCRIPTIONS.

300. DEUX empreintes, en plâtre, moulées sur des hiéroglyphes égyptiens du musée Borghèse, dans des bordures.

301. TROIS empreintes moulées sur des hiéroglyphes de l'obélisque de Monte-Citorio.

**1**

ΠΙΛΙΗΣΤΑΦΟΣΟΥΤΟΣΑΝΗΡΔΕΜΟΣΑΥΤΟ
ΩΚΕΑΝΟΣ ΠΑΣΗΣ ΕΝΠΕΡΑΜΟΣΣ
ΚΟΥΦΗΤΟΙΓΑΡΕΜΟΙΠΕΛΕΤΑΙΚΟΝΙΣΕΝΔΑ
ΥΜΝΗΣΩΤΗΝΣ ΗΝ ΩΑΝΕΡΕΥΣ
ΜΕΜΝΕΟΚΗ Ν ΖΩΟΙΣΕΜΕΘΕΝΚΑΠΟΛΛ
ΣΠΕΙΣΟΝΑΠΟΒΛΕΦΑΡΩΝΔΑΚΡΥΑΠΟΙΧ
ΚΑΙΛΕΓΕΠΟΠΙΛΙΗΝΕΥΔΕΙΝΑΝΕΡΟΥΘΕΜΓ
ΘΝΗΣΚΕΙΝΤΟΥΣΑΓΑΘΟΥΣΑΛΛΥΠΝΟΝΗ

**2**

Θ
ΑΣΚΛΗΠΙΟ
ΣΤΗΕΟΔΩ
ΕΙΚΟΜΗΔ
ΗΣΛΣΕΤΕΝ
ΟΙΡΗΓΙΝΣΤ
ΜΝΗΜΕΤΟ

302. Une empreinte moulée sur le monument persé-
politain, couvert de figures et d'hiéroglyphes, rapporté
en France en 1796, par le célèbre naturaliste Michaux.
Haut. 15 pouc., larg. 8 pouc. 6 lig.

Elle est posée sur un beau disque de porphyre.

303. Une inscription grecque sur marbre blanc (*voy.*
la pl. ci-contre, n° 1). Elle a été publiée par Fr. Jacobs,
dans son édition de l'*Anthologia græca*, tom. III, p. 306;
mais on nous pardonnera d'oser reproduire cette pièce
après ce célèbre helléniste, et d'y joindre deux traductions, l'une en latin par M. l'abbé Dartois, et l'autre en
français par M. Meline, professeur au collège de Besançon :

*Popiliæ tumulus iste* (est) : *Conjux meus eum erexit,*
*Oceanus omnis peritus* (profundus) *sapientiæ.*
*Levis cœterum mihi est, pulvis : in Acheronte autem*
*Cantabo tuam, ô vir pietatem.*
*Memento etiam, si vixeris, mei ; et sæpè tumulo*
*Funde ex oculis lacrymas* (mihi) *ereptæ ;*
*Et dic Popiliam dormire, ô vir : non enim fas est*
*Mori justos sed dulcem somnum habere.*

« Voici le tombeau de Popilia ; il a été élevé par mon
époux, homme d'une science profonde et sans bornes.
Je ne suis plus qu'une légère poussière ; mais, cher
époux, je louerai dans l'Achéron ton respect pour les
Dieux ; et si tu jouis encore de la lumière du ciel, sou-
viens-toi de Popilia, et que souvent mon tombeau soit
arrosé des larmes que ma perte te fera répandre. Dis que
Popilia est endormie, cher époux ; car les gens de bien
ne meurent point, mais ils goûtent un doux sommeil ».

304. Autre inscription grecque sur marbre blanc (*voy. la pl. ci-contre*, n° 2); elle a été publiée par le savant Muratori, dans le *Nov. thesaur. veterum inscrip.*, Milan, 1739—42, tom. II, pag. 1064; et cet antiquaire nous apprend qu'on la voyait alors à la Villa - Borghèse. Muratori ne s'étant pas occupé de la restitution de ce fragment, on en a adressé une copie à M. Abel Rémusat, professeur au collège royal de France, et membre de l'Académie des inscriptions, qui l'a communiquée à ses collègues, MM. Boissonade et Hase, deux des plus célèbres hellénistes dont s'honore aujourd'hui notre patrie. Un examen attentif de ce fragment a fait découvrir à ces savans le véritable sens de l'inscription, et ils proposent de lire :

Θεοῖς Καλαχδονίοις.

Ασχληπιο

Θεοδωρου

Νεικομηδεύς

Ἧς ἀρε]. (1) ἕνεκ. (2)

οἱ Ῥηγῖνοι ]ὸ

μνημεῖον ( *Sc.* ἀνέθεσαν )

*Diis Manibus*

*Asclepias*

*Theodori (filius)*

*Nicomedensis*

*Virtutis ipsius causa*

*Rhegini*

*Monumentum* ( *Sc. posuerant*).

(1) Αρέ]ης.  (2) Ενεκεν.

305.
ESARI. DIVI
ARTHIC. FIL
VAE. N. TROIA
IANO. AV

Ce beau fragment d'inscription a trait au voyage que l'Empereur Trajan fit en Asie. Troja ou Troas, est la ville
qu'Alexandre bâtit dans la Phrygie, à quelques milles de l'ancienne capitale des Troyens, et que les anciens nommaient
*Alexandria* ou *Alexandria Troja.* Haut. 10 pouc., larg. 14 p.

306. C. TERENTIO. C. L. PAMPHILO
SAGARIO POST AEDEM CASTORIS
CALPURNIAE. D. L. SALVIAE
MARIAE. L. E. RUFAE
C. TERENTIO. C. L. RUFIONI.
TERENTIAE. C. L. POLLINI
C. TERENTIVS. C. L. EROS
HIS OMNIBVS. QVI. SVPRASCRIPTI
SVNT ET. SIBI FACIVNDVM. CVRAVIT.

Cette belle inscription, trouvée à Rome près du temple
de Castor, a été publiée par J. J. Boissard, *Antiquit. Roman.*
IIIᵉ part., p. 106', et dans le *Thesaur.* de Gruter, tom. II,
p. 650.

307.      D.      M.
M. CAECILIO.
PRIMO. EVTER
PE. CONIVGI. BE
NE DE SE MERITO.

Cette inscription est au-dessous du buste de M. Cæcilius,
placé dans un enfoncement.

308.  **EROS**
**CINNAMVS**
**CVBICLARIVS**

Haut. 4 pouc., long. 8 pouc. 6 lig.

309.  **D.    M.**

**CANTABER AVGI | I**
**| B**
**CALLISTIONI**
**ALVMNO**

Haut. 6 pouc. 6 lig., larg. 10 pouc.

310.  **P. PAENIVS. P. L.**
**ANTEROS**
**P. PAENIVS. P. L.**
**HILARVS.**

Haut. 3 pouc. 6 lig., long. 6 pouc. 5 lig.

311.   **CALPVRNIA. C. L. HEDIA**
**SIBI. ET. SVIS.**
**C. CALPVRNIO. C. L. DIOGENI**
**C. CALPVRNIO. C. F. COL. RVFO.**
**CALPVRNIAE. (.) L. PRIMAE.**

Haut. 7 pouc., larg. 17 pouc.

**D.    M.**
312.   **P. MALIO. FIRMINO**
**VIX. ANN. XXIIII**
**M. III. D. XXVII.**
**P. MALIVS. MAXIMVS.**
**FRATRI**
**B. M. FECIT.**

Haut. 9 pouc., larg. 12 pouc.

3i3.

**D. M.**

SYNESI
TELESPHORVS
MATRI
SVAE BENE
MERENTI
FECIT.

Haut. 12 pouc., larg. 8 pouc.

3i4.

**D. M.**

C. CASSIVS VALERIA
NVS THORANIAE
SECVNDAE
CONIVGI BENE
MERENT. ET. SIBI
ET. SVIS

Haut. 8 pouc., larg. 1 pouc. 3 lig.

3i5.

**D. M.**

LYGIANES.
FECIT DAMA
LAS. PATER
FILIAE

Haut. 6 pouc., larg. 9 pouc. 3 lig.

3i6.

C. ENNIVS.
EPAPHRA
ENNIA. PHOEIAS.

Haut. 4 pouc. 6 lig., larg. 7 pouc. 3 lig.

317.           **P. FVLVIVS
               EPAPHRA**

Haut. 4 pouc. 9 lig., larg. 9 pouc. 8 lig. Cette inscription a
été tirée du tombeau de la famille des Arunces ; elle a été gravée par Piranesi.

318.           **PHILARCVRI
               PICTORIS.**

Haut. 4 pouc., larg. 9 pouc. 9 lig.

~~~~~~~~~~~~~~~~~~~~~~~~~~~~~~~~~~~~~~~~~~~~~~~~

# SECONDE PARTIE.

## MONUMENS MODERNES.

319. LE catafalque de Charles III, Roi d'Espagne, par M. PARIS; modèle en bois peint, sous une caisse de verre. Haut. 13 pouc.

320. LE tombeau de J. J. Rousseau, dans l'île des peupliers, à Ermenonville; modèle en plâtre.

321. MODÈLE en bois d'une partie du second étage des tours de la cathédrale d'Orléans, exécutées sur les dessins de M. PARIS.

322. MODÈLE d'un des escaliers des tours de la même cathédrale.

323. UN petit cube de la pierre d'Apremont, d'une grande légèreté.

# TABLEAUX, DESSINS ET ESTAMPES
## AVEC BORDURES.

### M. BARBAULT.

324. Le départ d'une sultane pour la Mecque ; mascarade exécutée à Rome par les pensionnaires de l'Académie de France, sous le directorat de M. de Troy. Haut. 14 pouc. 6 lign., larg. 12 pieds 2 pouc.

### M. BARDIN (Hyppolite).

325. LA prédication des apôtres ; sujet destiné à décorer le fronton d'une église ; joli dessin à la plume, lavé à l'encre de la Chine.

### M. BERTHELEMY, peintre du Roi.

326. ALEXANDRE fait lire à son médecin Philippe, la lettre par laquelle on l'avertissait qu'il avait promis à ses ennemis de l'empoisonner ; dessin au bistre.

327. LA nourrice de Néron verse les cendres de ce prince, dans le tombeau de ses ancêtres ; dessin au bistre.

### M. BOICHOT, sculpteur.

328. TROIS dessins à la plume, représentant des écussons supportés par des génies.

### M. Fr. BOUCHER, premier peintre du Roi.

329. UNE audience de l'Empereur de la Chine.

330. CÉRÉMONIE d'un mariage, à la Chine.

331. Un festin chinois.

332. Une chasse au filet.

333. Pêche et promenade sur l'eau.

334. Une jeune femme faisant voir un optique à un enfant.

335. Une femme assise dans un jardin, sous un large parasol; elle tient un oiseau sur son doigt; un enfant est appuyé sur ses genoux.

336. Une foire à la Chine.

Ces neuf compositions ont été exécutées en tapisserie pour l'ameublement de madame de Pompadour.

337. Louis XV ; médaillon soutenu par deux femmes debout, et couronné par des génies, dont l'un joue avec la faulx du temps ; dessin sur papier gris, aux crayons noir et blanc.

338. La réunion des fleuves, dessin aux crayons noir et blanc.

339. Trois têtes d'enfans, dessin aux deux crayons.

340. Des arbres, dessin aux deux crayons.

## M. BOUTEUX.

341. Un chat endormi, dessin à la sanguine.

## M. DÉDÉBAN, architecte pensionné.

342. Vue d'une partie de la Villa-Médicis, avec la galerie d'architecture projetée par M. Paris, pendant son directorat; beau dessin. Haut. un pied 8 pouc., larg. un pied 4 pouc.

## M. DESFRICHES , d'Orléans.

343. Vue d'un moulin sur un fond de paysage ; joli petit dessin à la mine de plomb. Oval.

## M. DESHAYES , peintre du Roi.

344. Le martyre de St.-Sébastien ; esquisse peinte.

345. Une scène de nuit : Un homme qui tient une lanterne, sonde la blessure d'un malheureux évanoui à ses pieds. Dans le fonds , un autre personnage coupe des branches d'arbres pour en former un lit au blessé. Esquisse peinte.

346. Des petits chiens jouant devant leur chenil.

## M. DESPREZ , architecte du Roi.

347. Deux vues du temple d'Isis à Pompéi ; dessins à l'aquarelle.

Elles ont été gravées dans le *Voyage pittoresque* de l'abbé de St.-Non.

## M. de WAILLY , architecte du Roi.

348. Le plafond de l'église du Grand-Jésus à Rome , peint par André Baciccio , élève du caval. Bernin.

Beau dessin au bistre de 4 pieds 4 pouc. de haut., sur 2 pieds 10 pouc. de larg. Il a été payé 1025 fr. à la vente de M. de Wailly.

## M. DURAMEAU , peintre du Roi.

349. La présentation de la Ste.-Vierge au temple ; dessin au bistre. Haut. 9 pouc. , larg. 6 pouc.

350. Une descente de croix. Le corps du Sauveur est

placé sur les genoux de la Vierge ; Ste.-Madeleine tient une des mains du Christ , qu'elle arrose de larmes ; St.-Jean , debout sur le devant , est accablé de douleur. Dans le fond on aperçoit une des saintes femmes qui se couvre le visage de ses mains ; dessin au bistre.

351. St.-Pierre, délivré de prison par un ange ; dessin au bistre , 9 pouc. de haut. sur 6 de larg.

352. Une marche de troupes. Les soldats sont déjà dans l'éloignement ; sur le devant une femme à cheval tient entre ses bras un jeune enfant ; d'autres femmes suivent à pied, portant sur leurs têtes des corbeilles remplies de provisions ; croquis au bistre.

353. Apollon et Daphné, croquis à la plume ; médaill. Larg. 3 pouc. 3 lig.

354. Deux têtes peintes ; l'une d'un joueur de violon, l'autre d'un vieillard qui tient un broc. Haut. 4 pouc. 6 lig. , larg. 3 pouc. 6 lig.

355. Madame de Viany , portrait au pastel ; oval. Haut. 7 pouc. 5 lig. , larg. 6 pouc. 4 lig.

## M. DUVIVIER.
356. Une scène du déluge , gr. tabl. Haut. 4 pieds, long. 5 pieds 4 pouc.

## M. FRAGONARD.
357. Un jeune homme et une jeune femme à une fenêtre.

358. Une femme à une fenêtre , tenant entre ses bras un enfant qu'elle regarde avec tendresse. Haut. 6 pouc. Ces deux jolis petits tableaux ont été gravés.

359. Un plafond circulaire, représentant la toilette de Vénus. Diam. 2 pieds 3 pouc.

360. La vue du temple de la Sybille, dans les jardins de la Villa-d'Este; dessin à la sanguine.

361. Vue du fond des précipices qui sont au-dessous du temple de la Sybille.

362. Le beau groupe de cyprès dans les mêmes jardins.

363. Vue prise de dessous les grands cyprès de la Villa-d'Este.

364. Vue de la grande cascade de Tivoli, prise au travers de l'arcade.

365. Vue prise du pied d'une cascade, dans les jardins de la Villa-d'Este.

366. Vue des mêmes jardins, de devant l'escalier de la gerbe.

367. Vue intérieure des ruines, nommées les écuries de Mécènes, à Tivoli.

368. Vue de l'entrée du Fontanone de la Villa-d'Este.

369. Vue des ruines d'un théâtre antique à Baïes, connu sous le nom de tombeau d'Agrippine.

Ces dix beaux dessins à la sanguine ont été exposés par Fragonard au salon de 1767, et acquis par l'abbé de St.-Non, qui a cédé cette précieuse collection à M. Paris, son ami.

370. Deux vues intérieures de jardins, dans lesquels on a ressemblé des antiques; dessins au bistre, faits à Rome en 1773.

371. Deux vues des bords de la mer, dans les environs de Gênes ; dessins au bistre.

372. Deux muses, Calliope et Terpsichore ; dessins à la sanguine.

373. St.-Louis adorant la couronne d'épines ; esquisse à l'encre de la Chine. Haut. 7 pouc. 6 lig. , larg. 4 pouc.

374. La naissance de la Ste.-Vierge ; dessin à la sanguine. Haut. 14 pouc. , larg. 10 pouc.

375. Un Saint placé sur un trône , et entouré d'une foule de peuple qui lui présente des offrandes ; dessin à la sanguine. Haut. 15 pouc. , larg. 11 pouc.

376. Le jeune homme de l'*Ecole d'Athènes* de Raphaël, qui étudie une figure de géométrie. — La statue de Ste.-Cécile , placée sous son autel , à Rome. — Un mascaron composé d'une tête de lion, entourée de serpens. Ces trois dessins , au crayon noir, sont placés dans une bordure de 18 pouc. de haut. , sur 12 pouc. 6 lig. de larg.

377. Fragmens tirés de différens tableaux de l'école d'Italie.

378. Homère , couronné de lauriers , chante en s'ac-compagnant du violon ; près de lui , un jeune homme écrit sur un rouleau les vers qu'il a recueillis ; dessin à la pierre d'Italie. Haut. 9 pouc. , larg. 7 pouc. 6 lig.

379. Arioste , composant son poëme , inspiré par l'amour et la folie ; dessin au bistre. Haut. 17 pouc. , larg. 13 pouc.

14

380. CLORINDE à cheval reçoit sa lance d'un nègre; on voit Tancrède dans l'éloignement; beau dessin au bistre. Haut. 17 pouc., larg. 13 pouc.

381. LE paysan et son seigneur; et les cordeliers de Catalogne; deux dessins au bistre, tirés des contes de Lafontaine. Haut. 9 pouc., larg. 7 pouc.

382. UN Turc assis près d'une femme, dans une attitude respectueuse; dessin à la mine de plomb. Médaill.

383. UN faune vuidant une outre, tandis que sa compagne allaite son enfant, dessin à la mine de plomb. Médaill.

384. UNE jeune fille se presse le sein; dessin aux trois crayons. Médaill. de 4 pouc. de diam.

385. UNE femme vue de côté; croquis à la sanguine.

386. TÈTE de guerrier; étude d'après un tableau d'Italie; dessin à la mine de plomb.

387. TÈTE de Flamand; croquis à la mine de plomb.

388. TÈTE d'expression; médaill. au bistre.

389. PORTRAIT de madame Fragonard; médaill. au bistre. Diam. 8 pouc.

## M^lle GERARD.

390. UN valet d'auberge tenant un broc. Haut. 6 pouc. 4 lig., larg. 3 pouc. 9 lig.

391. UN portrait; dessin au crayon noir. Médaill.

## M. GRANGER , pensionné de l'Académie.

392. MERCURE emporte le petit Bacchus dans l'O-
lympe.

Jolie composition, donnée par l'auteur à M. PARIS, comme
une marque de sa reconnaissance.

## M. GREUSE , peintre du Roi.

393. PORTRAIT du fils de M. le comte de Strogonow.
Haut. 16 pouc. 4 lig., larg. 15 pouc.

## M. HOUEL, membre de l'Acad. de peinture.

394. VUE d'un temple antique. — Vue d'une fontaine
et ruines d'un temple ; deux jolies gouaches. Haut.
8 pouc. 3 lig., larg. 6 pouc. 9 lig.

## M. INGRES , pensionnaire à Rome.

395. LE Pape Pie VII officiant dans une cérémonie
publique , à St.-Pierre ; il est placé entre deux cardinaux,
dont l'un est le cardinal Consalvi , secrétaire d'état ;
aquarelle. Haut. 14 pouc. 6 lig., larg. 11 pouc. 2 lig.

## M. LARUE , de l'Académie de peinture.

396. UN cavalier ; dessin au bistre. Médaill. de 3 pouc.
7 lig. de diam.

397. DEUX beaux vases ; dessins au bistre. Haut. 8 p.,
larg. 6 pouc.

## M. LATRAVERSE , pensionnaire du Roi.

398. L'ENCHANTEUR Ismen enlève Soliman dans son
char ; sujet tiré du Xᵉ Chant de la Jérusalem délivrée ;
dessin au bistre.

399. L'INTÉRIEUR d'une caverne ; dessin au bistre.

M. LETHIERS , directeur de l'École de Rome.

400. LE songe de Lucien ; sujet tiré d'un de ses dia-logues ; beau dessin. Haut. un pied 10 pouc., larg. un pied 7 pouc.

M. MASQUELIER , de l'Acad. de peinture.

401. UNE tête de Vierge , d'après Raphaël ; dessin à l'encre de la Chine.

M. MOITTE , sculpteur.

402. POLYDORE , fils de Priam , demande la vie à Achille prêt à l'égorger ; dessin au bistre et au blanc sur papier bleu. Haut. 17 pouc., larg. 13 pouc.

403. UNE femme, après avoir tué son enfant, se frappe elle-même d'un poignard ; sujet tiré du X<sup>e</sup> Ch. de la Henr.

M. MONTAGNY , pensionnaire à Rome.

404. APOLLON donne des instructions à son fils Phaéton, avant de lui remettre la conduite de son char ; dessin au bistre.

M. ODOWARD , peintre du Roi des Pays-Bas.

405. VUE de la fontaine de la Villa-Borghèse.

M. PARIS , architecte du Roi.

406. VUE des antiquités, rassemblées dans les jardins de la Villa-Lancelotti , à Velletri ; dessin à l'aquarelle.

407. VUE des antiquités égyptiennes , réunies dans les mêmes jardins ; dessin à l'aquarelle.

408. UNE fontaine de la Villa-Médicis ; dessin à l'aqua-relle.

409. VUE perspective d'un palais ; dessin à la san-guine.

410. LE therme antique à quatre faces , qui donne son nom au pont *de Quatro-Capi*, à Rome ; aquarelle.

411. L'ARC de Suze ; dessin au bistre.

412. LE cénotaphe de l'Impératrice Marie-Thérèse , élevé en 1781 dans l'église Notre-Dame , sur les plans de M. PARIS , et gravé sur ses dessins par Moreau le jeune.

413. LE même monument , représenté sous une autre face.

M. PÉRIGNON , de l'Académie de peinture.

414. VUE du pont et du château St.-Ange , avec l'église St.-Pierre dans le fond.

415. LES temples du Soleil et de la Fortune virile.

416. VUE de l'arc de Septime-Sévère , et des temples de la Concorde et du Capitole.

417. LES trois colonnes du temple de Jupiter-Stator.

418. VUE du cirque de Caracalla et du tombeau de Cæc. Metellus.

419. VUE d'une partie de la ville de Naples et de sa baie , avec le Vésuve en perspective.

Ces six dessins à l'aquarelle ont 14 pouc. de haut. sur 8 pouc. 3 lig. de larg.

420. Deux vues de Normandie; dessins à l'aquarelle.

M. Hub. ROBERT, de l'Acad. de peinture.

421. Deux tableaux, représentant une vue des ruines du palais des Empereurs, du côté du grand cirque, qui ont été converties en celliers; et la vue de la cascade de la Villa-Conti, à Frescati. Haut. 23 pouc. 6 l., larg. 17 pouc.

422. Deux tableaux, représentant les ruines d'un temple antique, et une vue de l'intérieur des thermes.

423. Une fontaine publique, d'un effet très-pittoresque; dessin au crayon rouge.

Il paraît que l'auteur le destinait à servir de frontispice à un recueil de vues d'Italie; du moins on lit sur le rocher d'où sort la fontaine : *Raccolta de'vedute disegnate al vero dà Roberto.* 1760.

424. Une vue intérieure du Colisée; au crayon rouge.

« Ce dessin, dit M. Paris, est d'autant plus intéressant, qu'il
» présente une des ouvertures circulaires pratiquées dans le
» pavé de la grande précinction, pour éclairer le troisième
» portique, et dont il n'existe plus de vestige depuis la chûte
» des voûtes ».

425. Vue du grand bassin de la Villa-d'Este, à Tivoli; aquarelle.

426. Des femmes lavant du linge sous un portique dont l'eau s'échappe de toutes parts; sur le devant, un groupe de femmes, avec un chien. Haut. 18 pouc., larg. 14 pouc.

427. L'intérieur d'un ménage; dessin à l'aquarelle. Haut. 13 pouc., larg. 11 pouc.

428. L'INTÉRIEUR d'une église à Rome.—Un pressoir en Italie; au crayon noir.

429. LA place St.-Pierre, à Rome; croquis à la plume et au bistre. Haut. 10 pouc., larg. 5 pouc. 9 lig.

430. PORTRAIT de madame Robert, tenant sur ses genoux une viole.

431. UNE dame allant à la promenade; dessin à la sanguine.

## ISRAEL SILVESTRE.

432. VUE de l'église Ste.-Agnès, hors des murs de Rome.

433. VUE de l'arc de Constantin, et des ruines du Colisée; deux dessins au bistre.

## M. SUVÉE (Jos.-Ben.), direct. de l'École de France.

434. LE portrait de M. Trouard, fils, peint à Rome. Tableau de 22 pouc. sur 17 pouc.

## M. VERSTAPPEN, peintre flamand.

435. DEUX jolis tableaux, représentant un clair de lune sur le lac Albano, et l'entrée d'une grotte sur les bords du même lac. Haut 13 pouc., larg. 11 pouc.

## M. VINCENT, peintre du Roi.

436. LE portrait en pied de M. Bergeret, receveur-général des finances, et trésorier de l'ordre de St.-Louis. Tableau de 22 pouc. sur 17 pouc.

437. TÊTE d'étude d'un vieillard qui tient un livre. Tableau de 25 pouc. sur 29 pouc.

438. La sainte Famille ; croquis au bistre.

439. Vue intérieure des catacombes, à Rome ; croquis au bistre. Haut. 8 pouc. sur 4 pouc. 8 lig.

## AUTEURS INCONNUS.

440. Cornélie, mère des Gracches, montre ses deux enfans à une dame qui lui demandait à voir ses bijoux. Jolie composition d'un pensionn. à Rome.

441. Une femme présente une couronne à un Amour qui s'élance pour la saisir. Gr. médaill. coul. de br.

442. Un paysage : sur le devant deux hommes à cheval ; esquisse à l'encre de la Chine.

443. L'entrée du théâtre Capranica, à Rome.

444. Deux bordures renfermant des arabesques, dessinées à la plume.

445. Vue des ruines d'un temple antique ; gouache dans un médaillon.

446. Vue de l'éruption du Vésuve en 1794, prise du môle de la lanterne ; jolie gouache de 23 pouc., sur 18 pouc.

447. Vue de l'incendie du village de *la Torre del Greco*, en 1794. Haut. 20 pouc. sur 17 pouc.

448. Deux autres vues du Vésuve pendant la nuit.

449. M. de Brou, conseiller d'état, et directeur de l'économat ; miniature dans un médaillon.

450. M. Trouard fils ; miniature par M^{me} Fragonard.

451. MADEMOISELLE Marianna Graziozzi, jeune Romaine, d'un rare talent; miniature dans un médaillon.

452. PIE VII, Souverain Pontife, en prières devant un crucifix, gravure dans un médaillon.

453. LOUIS XVI, la Reine et Louis XVII, réunis dans un gr. médaill.

454. MADAME la duchesse de Bourbon, grav. d'après Lenoir, en 1774, par Lebeau.

455. Mgr. de Cortois de Pressigny, ancien évêque de St.-Malo, ambassadeur de France près du St.-Siège, gravé à Rome en 1816 par Ingres.

456. MADAME la duchesse Jules de Polignac, essayant un morceau de musique à son clavecin; et Mᵉ Lebrun, fameux peintre; deux médaillons, gravés d'après Mᵉ Lebrun, par M. le comte de Paroy.

457. MADAME Lefaivre; médaillon à la mine de plomb.

458. M. J.-B. Lefaivre, architecte pensionnaire à Rome, né à Paris le 13 avril 1766, mort le 7 avril 1798; médaillon à la mine de plomb.

Ce jeune artiste, originaire de Besançon, était le parent et l'élève de M. PARIS, qui ne négligea rien pour développer ses heureuses dispositions. « C'est particulièrement sur les *dessins* » *précieux de cet habile maître*, qu'il acquit bientôt cette » finesse et cette légèreté si nécessaires pour bien rendre au » lavis et à la plume les détails de l'architecture ». (*Éloge* de M. Lefaivre, par M. Legrand.)

459. *Le même*, gravure en médaillon, exécutée aux frais de ses amis.

460. M. Hub. Robert, peintre, gravé par Miger, d'après le tableau d'Isabey.

461. Voltaire. Portrait sur satin, produit par l'étincelle électrique.

## SCULPTURES.

462. Le Moïse de Michel-Ange; copie fondue par Righetti, de 11 pouc. 6 lig. de haut.; sur un cube de granit oriental rose.

463. Un triton porté par une tortue, et tenant sur sa tête une coquille de l'espèce des pectinites, bronze doré de 3 pouc. 10 lig. de haut. (*Voy. pl.* III, n° 1.)
Ce morceau, connu sous le nom de *Salière de Michel-Ange*, est certainement de l'école de ce grand maître.

464. Le Mercure volant de Jean de Bologne; copie en bronze de 18 pouc. 6 lig. de haut. Il est placé sur un piédouche de jaune antique.

465. Un buste d'Homère, en bronze, sur un piédouche de marbre blanc.

466. Bacchus et Flore; modèles en terre cuite des deux statues, exécutées par Delaitre pour M de Richebourg, intendant des postes. Haut. 2 pieds 3 pouc.

467. Minerve, modèle de la statue du même artiste, sur un socle de marbre noir. Haut. 19 pouc. 9 lig.

468. Diane sortant du bain; esquisse de Berner. Haut. un pied.

469. La Fidélité, figure allégorique du même artiste ; elle porte une cicogne, et tient en lesse un chien. Haut. 14 pouc.

470. L'amour et l'Amitié, joli groupe en terre cuite, fait à Rome par Moitte, placé sur un disque de porphyre. Haut. 8 pouc.

471. Œdipe et Antigone ; esquisse terre cuite par M. Marin, ancien pensionnaire de l'Ecole de France. Haut. 5 pouc. 9 lig.

472. La charité romaine, pendant, par le même artiste.

Ces deux morceaux sont élevés sur des disques de serpentine, portés par des cylindres de coraline antique.

473. Les deux prisonniers Daces qui décoraient la porte d'entrée de la grande salle du palais Farnèse, à Rome ; copies en terre cuite, par Delaistre. Haut. 13 pouc. 9 lig.

Ces statues ont été transportées à Naples.

474. Une naïade assise entre deux urnes ; modèle de Fontaine. Haut. 3 pouc. 5 lig.

Ce morceau est placé sur un carré de marbre rouge.

475. Homère assis ; joli modèle en terre cuite. Haut. 9 pouc.

476. Les huit anges qui couronnent les tours de la cathédrale d'Orléans ; esquisses faites par Delaistre sur les dessins de M. Paris. Haut. 8 pouc. 6 lig.

477. St.-Martin à cheval, partageant son manteau avec un pauvre ; esquisse du même artiste. Haut. 14 p.

478. La statue de Henri IV, qui devait être placée dans le vestibule de la cathédrale d'Orléans ; esquisse par Pajou, sur un socle de granit gris. Haut. 11 pouc. 6 lig.

479. La statue équestre de Louis XV, qui décorait la place du nom de ce prince, à Paris ; esquisse en cire par Bouchardon, sous une caisse de verre. Haut. 12 p.

480. Le buste de M. Paris, exécuté à Rome par M. Milhomme, statuaire français. Haut. un pied 8 pouc. 6 lig. Plâtre.

481. Un autre en marbre, exécuté à Rome en 1819, par un élève de M. Canova (*Voy. la pl. 1$^{re}$, au commencement du vol.* )

482. Une jeune fille déposant un cœur sur un autel ; médaillon en plâtre.

483. M. et M$^{e}$ Graziozzi, médaillon par Sénéchal.

484. Portrait en médaillon de M$^{lle}$ Graziozzi, *par le même.*

485. Le portrait de M$^{e}$ Vanloo, médaill. par Foucou.

486. Le portrait de M. Canova, célèbre sculpteur, médaill. par Fréd. Moeglich.

487. Celui de M$^{lle}$ Angelica Kauffmann, *par le même.*

488. Le portrait de S. M. Louis XVIII ; gr. médaill. en plâtre.

489. Celui de M. de St.-Priest, pair de France.

490. Le portrait du P. Dumont, minime français, antiquaire ; médaillon en terre cuite.

491. Celui de M. Trouard fils ; médaillon en terre cuite, par Sénéchal.

492. Le portrait de M. Seroux d'Agincour, auteur de l'histoire de l'art par les monumens ; médaillon en cire.

## MEUBLES ET USTENCILES.

493. Une belle table de travail, ornée d'arabesques, exécutée sur le dessin de M. Paris, avec un tabouret à vis, couvert en maroquin vert.

494. Un petit globe terrestre, angl., renfermé dans un étui de chagrin, doublé à l'intérieur d'une carte céleste.

495. Quatre boutons en bronze doré des portes des appartemens des Tuileries.

496. Un joli vase de la fabrique de Faenza, orné de peintures faites sur les dessins de Raphaël ou de ses élèves.

497. Deux petites coupes de la même fabrique, avec des peintures.

498. Modèle d'une échelle pour les incendies, inventée par Zabaglia.

499. Modèle du tombereau employé par les ingénieurs des ponts et chaussées.

500. Une boîte renfermant les mesures de longueur en usage en France et en Italie.

Le pied de France. — Celui de Venise. — De Turin. — Du Piémont. — De Vicence. — La palme de Rome. — De Naples. — La brasse de Florence. — De Vérone.

501. Un balai dont on se sert pour laver les autels de la basilique de St. Pierre de Rome , le samedi saint.

502. Un cilice armé de pointes de fer, avec les deux bracelets.

503. Un beau trépied de bronze , d'un travail chinois.

504. Tasse chinoise avec sa soucoupe.

505. Un service de table chinois , composé d'un couteau et de deux baguettes d'ivoire , dans un étui de laque, recouvert d'un fourreau d'étoffes à fleurs.

506. Un grattoir chinois , en ivoire.

507. Deux bouteilles recouvertes d'un tissu de paille , avec des dessins et des fleurs , par les nègres du Congo.

508. Un bonnet de coton noir , avec des compartimens et des dessins d'un assez beau travail , rapporté du même pays.

509. Un petit étui de bambou , couvert d'ornemens , rapporté de la nouvelle Hollande par le capitaine Baudin.

# TABLE DES AUTEURS.

## A.

BUFFIER (le P. Cl.), histoire chronologique, 518.
BUFFON (Le Clerc de), hist. naturelle, éd. de Sonnini, 56.
BULLET (Pierre), architecture pratique, 214.
BULLIARD, dictionnaire de botanique, 82.
BUONAMICI (Gian. Franc.), metropolita di Ravenna, 255.
BUONANNI (Filippo), musæum Kircheriacum, v. Kircher.—
  Numismata Pontificum, 494.
BURKE (Ed.), a philosophical inquiry, 24.
BUTRET, taille raisonnée des arbres, 79.


## C.


CABANIS (P. J.), rapport du physique de l'homme, 94.
CAMERON (Ch.), the baths of the Romans, 240.
CAMUS DE MÉZIÈRES (Nicolas le), le guide de ceux qui veulent
  bâtir, 217.
CAMPBELL (Col.), Vitruvius britannicus, 283.
CAMPER (P.), œuvr. trad. par H. J. Jansen, 90.—Dissertation
  sur la physionomie, trad. par le même, 134.
CANCELLIERI (Franc.), memorie di S. Medico.—Descrizione
  delle carte cinesi.—Le sette cose fatali di Roma.—Lettera
  filosophico-morale.—Sonetti, 500.
CARBURI (le comte Marin), Monument de Pierre-le-Grand, 280.
CARITON (Afrodisieo), amore di Cherea e di Calliroe, 404.
CARLETTI (Gius), terme di Tito, 734.
CAROTO (Giov.), antichita di Verona, 560.
CARACCIO (Annibal), galeria farnesiana, 151. — Imagines
  farnesiani cubiculi, 152.
CARRARA (Franc.), la caduta del Velino, 106.
CARTARI (Vinc.), le imagini degli Dei, 401.
CARTEROMACO (Nicolo), v. Fortiguerri.
CASSAS (L. F.), voyage pittoresque de la Syrie, 452.
CASSINI (J. Dom.), cartes, 437.

## D.

Dorigny (Nicol.), Psyches et Amoris nuptiæ, *v.* Raphael.
Droz (Joseph), études sur le beau, 133.
Dubois (l'abbé), les offices, *v.* Cicéron.
Du Breuil (le P. Jean), perspective pratique, 116.
Duchoul (Guil.), castramétation des Romains, 636.—Religion des anciens Romains, 637.
Duhalde (le P. J. B.), description de la Chine, 610.
D'Ulin, lettre sur un monument public, 615.
Dumont (Gab. Mart.), ruines de Paestum, *v.* Major.
Duperac (Etienne), vestigi dell'antichita di Roma, 684.
Dupeyrou, œuvres de Rousseau, *v.* Rousseau (J. J.).
Durand (J. N. L.), parallèle des édifices, 219.
Dury (Samuel), œuvres d'architecture, *v.* Scamozzi.
Duryer (André), traduc. de l'alcoran de Mahomet, 4.
Dusaulchoy, histoire du couronnement de Napoléon, 532.

### E.

Echard (L.), dictionnaire géographique, traduit par Vosgien (l'abbé Ladvocat), 430.
Eidous, population des anciens temps, *v.* Wallace.
Erasme, éloge de la folie, trad. par Gueudeville, 411.
Eyriès (J. B. Benoit), voyage dans le Beloutchistan, 473.

### F.

Fabretti (Raph.), de aquis et aquæ ductibus, 694.
Falconieri (Ottav.), piramide di Cestio, 680.
Falda (Gio. Bat.), fontane di Roma, 245.—Nuovi disegni, 244.
Farin (Fr.), histoire de Rouen, revue par Amyot (T.), 541.
Faujas de Saint-Fond (Ber.), hist. de la montagne St.-Pierre, 60. — Recherches sur la pouzzolane, 238.

## G.

# H.

# J.

## M.

MONALDINI (Gius. Ant.), vite de piu celebri architetti, 776.

MONGEZ, galerie de Florence, 159.

MONGIN-MONTROL, précis sur les eaux de Bourbonne, 102.

MONROY (J. Franç.), architecture pratique, 215.

MONTAGUE (Edw. Wortley), reflections on the rise, 36.

MONTAGUE (ladi Marie Wortley), letters, 426.

MONTAIGNE (Michel de), essais, 25. — Voyage en Italie, avec des notes par Querlon, 456.

MONTANO (Gio-Battista), architettura, 204.

MONTESQUIEU (Ch. Secondat, baron de la Brède et de), œuvres, 416.

MONTFAUCON (D. Bern. de), monumens de la monarchie, 522.— L'antiquité expliquée, 627.

MONTFLEURY, théâtre, 374.

MONTI (Giulo), Gilblas di Santillano, v. Lesage.

MORELLI (Stan.), la pittura comparata, 146.

MORUS (Thom.), utopie, traduite par T. Rousseau, 40.

MOTRAYE (Aubry de la), voyage en Europe, 448.

MUNGO-PARCK, voyages en Afrique, traduit par Lallemand, 483.

MURATORI (Lod. Ant.), dissertazione sopra le antichità italiane, 546. — Annali d'Italia, 547.

MUSGRAVE (Guil.), antiquitates Britannico-Belgicæ, 724.

## N.

NANI (Battista), Republica Veneta, 556.

NARDINI (Famiano), Roma antica, 680. — La medesima con note et osservazioni, 681.

NICOLAS, dissertation chimique, 103.

NICOLE (Pierre), la logique, 20.

NIEUPOORT (G. H.), coutumes des Romains, trad. par l'abbé Desfontaines, 635.

NOEL (Fr.), dictionnaire français-latin, 313. —Dictionnaire des personnages célèbres de l'antiquité, 763.

16.

# Q.

QUERLON, voyage en Italie, *v.* Montaigne.

# R.

RABELAIS (François), œuvres, 412.

RACINE (Jean), œuvres, 370.

RADONVILLIERS (l'abbé de), manière d'apprendre les langues, 308.

RAFFEI (P. Stefan.), osservazioni sopra antichi monumenti, 658.

RAMOND, lettres sur la Suisse, *v.* Coxe.

RAPHAEL (Sanzio d'Urbino), Psyches et Amoris nuptiæ, 147.— Logge nel Vaticano, 148.— Ornati d'invenzione, 149.

RASPONUS (Cæsar), basilica lateranensis, 572.

RAUCH (F. A.), harmonie hydro-végétale, 77.

RAYNAL (Guill. Thom.), histoire philosophique, 616.— The revolution of America, 620.

REGNARD (J. F.), œuvres, édition publiée par M. de la Porte, secrétaire de la comédie française, 373.

REGNAULT, la botanique mise à la portée de tout le monde, 86.

REVETT (Nichol.), antiquities of Athens, 673. — Jonian antiquities, 674.

REYNOLDS (Josué), discours, 142. — Œuvres complètes, trad. par Jansen, 145.

RICCY (Giov. Ant.), dell'antico pago Limonio, 573, — Memorie di Alba-Longa, 574.

RICHARD (L. C.), dictionnaire de botanique, *v.* Bulliard.

RIDOLFI (Bernard), in funere Caroli III oratio habita, 335.

RIEDESEL, voyages en Sicile, trad. par M. Frey des Landres, suivis de l'histoire de la Sicile, trad. de l'arabe par M. Caussin, 458.

RIOU, voyage en Afrique, *v.* Van-Reen.

# S.

## T.

# U.

# V.

## W.

# ANONYMES.

PL. II.

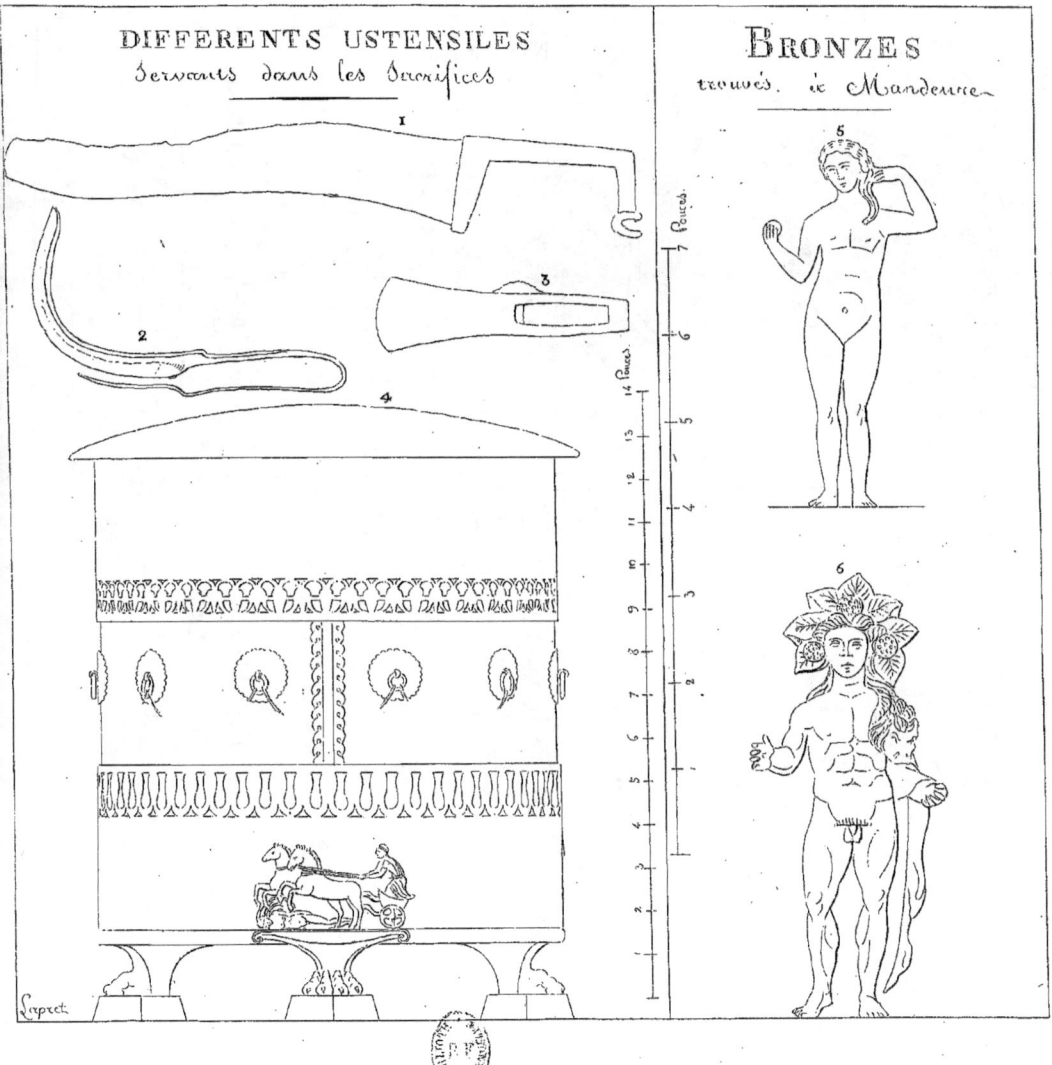

DIFFERENTS USTENSILES
Servants dans les sacrifices

BRONZES
trouvés à Mandeure

PL. III.

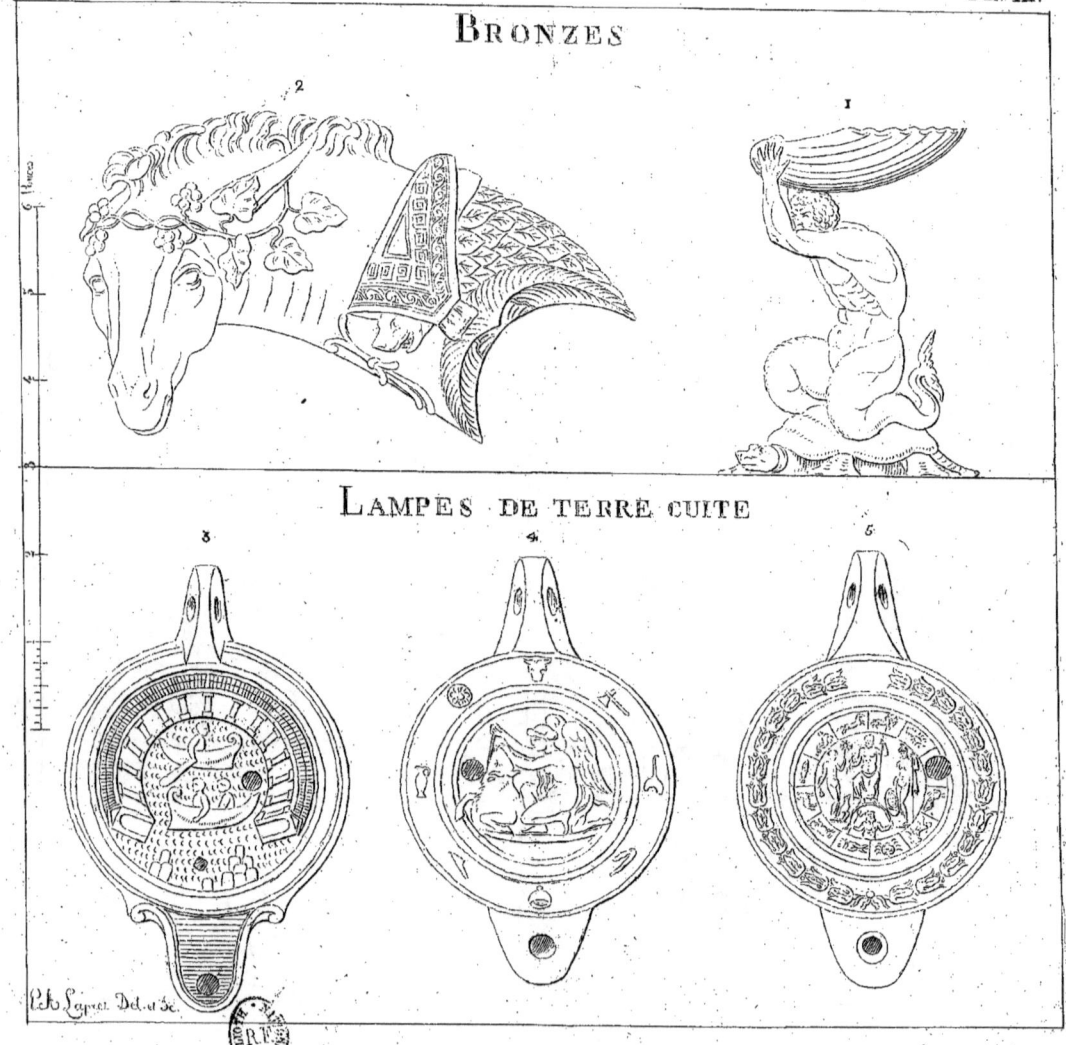

BRONZES

LAMPES DE TERRE CUITE

PL. IV.

VASES

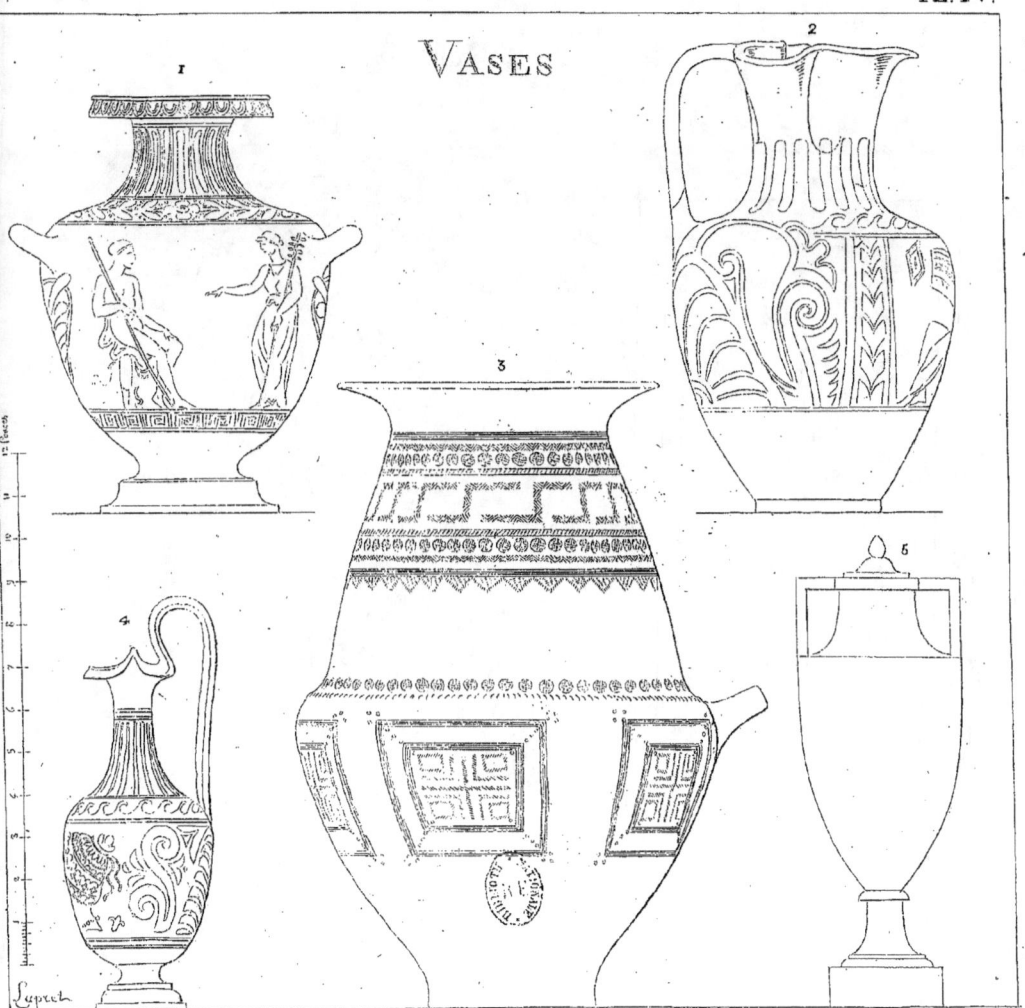

# MARBRES

C.A. Lapret Del. et Sc.

TÊTE GRECQUE DE MARBRE

P. A. Lapret. Del. et Sc.

1    2    3    4    5    6    7    8    9    10    Pouces